이제 너도
알 때가 됐어

사춘기 딸과의 실전 성교육 대화법

우리의 만남은 행운의 결과입니다

미래를 생각하면 유토피아와 디스토피아 모두 떠오릅니다. 과거에 살았던 사람들도 같았을 겁니다. 인간은 어느 한 극단으로 흐르지 않고 어떻게든 방법을 찾아 앞으로 나아온 듯합니다. 물론 퇴행의 역사도 있었지만요.

우리는 100년, 200년, 1000년 후의 모습을 알 수 없습니다. 지구의 역사를 통해 봤을 때 현재를 사는 인간은 모래알 정도 차지하는 삶이라고 할 수 있습니다. 그럼에도 불구하고 지금 이 순간에 충실해야 하는 이유가 있습니다. 바로 살아 있기 때문입니다. 생명의 가치를 넘어설 수 있는 건 없다고 생각합니다. 그리고 그 생명에 성性이 포함되어 있습니다.

성性이라는 주제를 편안하게 존중하며 나눌 수 있는 시대가 오고 있습니다.(필자들은 아직 많이 부족하다고 생각합니다.) 성性은 생명과 직결된 문제니까요.

모든 생명은 자신만의 시간과 빛깔을 갖습니다. 누구라도 생명을 획일화할 수 없고 억압해서도 안 됩니다. 생명은 다양성을 유지하며 지금까지 살아왔습니다. 그 속에 성性이 있습니다. 성性에 대한 존중이 없는데 생명을 소중하게 여길까요?

이제 우리 몸과 함께 살아온 성性을 소중히 여기고 사랑할 때가 되었습니다. 진심으로 자신의 생명(성性 포함)을 사랑해야 합니다. 딸과 성性에 대한 이야기를 나누려면 말입니다. '진심에서 우러나오는 기원과 관심은 쉽사리 먼 거리를 뛰어넘어 멀리까지 영향을 미치는 법'(《수레바퀴 아래서》 중에서, 헤르만 헤세 지음)이라고 합니다. 엄마가 자신에게, 엄마가 딸에게 진심으로 성性

과 생명을 말할 수 있다면 세상은 지금보다 나은 모습을 그리며 미래로 나아가게 될 것입니다.

> "당신과 나의 만남이 우연처럼 쉽고 사소해 보이지만, 사실은 지난하고 지극한 운동의 결과다. 당신이 내게 오는 동안의 저항을 나는 알지 못하고, 내가 당신에게 가는 동안의 저항을 당신이 알지 못할 뿐이다. 그러므로 내가 살아온 날들이 당신을 만나기 위해 부단히 애쓴 필연과 두려움을 이겨낸 행운의 결과였다는 말은 결코 과장이 아니다."

《관계의 물리학》(림태주 산문집)에 수록된 글입니다. 필자들과 독자의 소중한 만남을 이보다 명확하게 표현할 문장을 아직 찾지 못했습니다. 이 책을 펼치는 독자와 필자들의 관계가 쉽지만은 않은 과정이었다고 생각합니다. 그렇지만 우리는 만났습니다. 그러니 우리의 만남을 행운으로 새겨봅니다.

끝으로 책을 출간할 수 있도록 도와주신 분들께 감사 인사를 남깁니다. 현푸른아우성 이충민 대표, 최유현·김판길 책임 상담원·책임 강사 덕분에 더 나은 내용으로 세상과 연결할 수 있었습니다.

여러분의 행운을 기원하며
2024년 이정옥 · 이태영

3부 **사춘기 딸 성교육** 중학생 이상

4부 세상이 바뀌었어요!

5부 질문 받습니다!

프롤로그

성교육!

난감합니다.

딸 성교육!

불안합니다.

내 딸의 남자 친구?

아직은 안 됩니다, 대학교 가서 사귀었으면 좋겠어요, 학생 때는 공부만 해야죠.

대부분의 부모님은 이렇게 반응할 겁니다. 그렇다면 우리 딸들의 반응은 어떨까요?

제가 1,000명이 넘는 여학생들에게 물어봤어요. 다들 어떤 사람을 좋아하고 있는지. 그랬더니 아이돌 멤버나 배우, 주변에 있는 선배나 남자 친구가 좋다고 했어요. 그래서 제가 여학생들에게 또 물어봤어요. 그 사람이 왜 좋은지? 그랬더니 자기 이상형이래요.

그래서 제가 또또 물어봤지요. 어떤 사람이 이상형인지⋯⋯. 부모님은 딸의 이상형을 알고 계신가요? 이상형의 기준은 각자 다르지만 평균적으로 공통적인 부분이 있었어요. 1,000명이 넘는 여학생들은 이렇게 말했습니다.

1위 잘생긴 남자

2위 인성 좋은 남자!

저는 이상형만 물어보지 않았습니다. 반대로 절망적인 남자는 누구인지도 질문했어요. 절대로 만나고 싶지 않은 남자 말이에요. 개인적으로는 이상적인 남자 1위를 잘생긴 남자로 뽑아서, 절망적인 남자는 반대로 못생긴 남자라고 추측했었는데, 여러분 생각은 어떠세요?

바로바로

'인성 쓰레기인 남자'라고 합니다.

우리 딸에 대해 조금 안심이 되시죠! 우리 딸들이 외모만 보는 게 아니라는 점입니다. 이상형과 절망적인 남성형에 모두 '인성'이 들어 있다는 점은 우리 딸들이 외모에도 관심이 많지만 긍정적이고 바르게 이성을 사귀고 싶어한다는 점을 시사합니다. 그러니 성교육이 정말 중요하다는 점을 강조하고 싶습니다. 이성을 좋아하는 감정과 성은 뗄 수 없는 관계니까요.

딸들은 생리를 시작하는 시점부터 세상을 바라보는 관점이 바뀌게 됩니다. 천지개벽 같은 느낌이지요. 부모님의 사춘기 시절을 가만히 떠올려보세요. 유아적인 시점에서는 보이지 않던 것들을 알기 시작했을 겁니다. 전적으로 부모에게 의지했던 시기에서 독립적인 인격체로 바뀌려고 노력을 하지요. 모든 인간은 그 시기를 겪게 되고, 그 시기가 바로 10대입니다. 그러니 이성에 대한 관심이 당연한 것이고, 성性을 공부할 준비가 되었다는 신호입니다.

그런데 부모가 자녀의 변화를 받아들이지 못하고 불안감만 가지고 있다면? 제대로 된 성교육을 할 수 없습니다. 부모 시대의 성교육이 어땠는지 생각해보세요. 내 딸에게도 같은 교육을 하고 싶진 않잖아요.

저는 성교육 강사를 하면서 새로운 사실들을 알게 되었습니다.(그 내용을 책에 담았습니다.) 그래서 제 딸을 있는 그대로 바라볼 수 있었고, 지금은 딸과 성을 넘어 인생에 대한 이야기를 즐겁게 나누고 있습니다.

제가 했다면 여러분도 충분히 할 수 있습니다. 겁내지 마세요. 인생에 정답은 없습니다. 가장 중요하고 확실한 기준은 바로 '내 딸의(몸과 정신을 포함한) 성장 속도'입니다. 주변과 비교할 것 없이 내 딸이 이성에 관심이 있다면 그 사실을 인정하고 내 딸이 남자 친구를 사귀고 있다면 수용하여 내 딸이 자신의 개성을 펼치면서 자유롭게 살 수 있도록 도와주십시오. 그 첫 단추가 올바른 성교육에 있습니다.

수많은 강의를 통해 얻은 지혜를 부모님들과 공유하기 위해 이렇게 결과물을 세상에 내보냅니다. 곧 이어질 1부의 내용이 조금 어렵고 지루하더라도 조금만 참고 따라와 주세요.

내 딸의 성장 속도를 살피는 것이 중요한 것처럼 성교육에도 중요한 기준이 있습니다. 그 내용을 바로 1부에 담았습니다. 딸과 진심으로 소통할 수 있어야 성교육이 물 흐르듯 이루어질 수 있습니다. 기초가 튼튼한 집이 오랫동안 가족을 지켜줄 수 있듯이요.

이 책을 펼친 여러분은 그 자체만으로도 안전한 집을 짓기 시작한 겁니다. 끝까지 제가 함께 하겠습니다.

자, 그럼 시작해볼까요!

1부

무지無知의 자각

나의 무지無知를 알다

우리는 자신의 행동을 스스로 선택했다고 생각하지만 사실 그렇지 않은 경우가 더 많아요. 우리의 가치 판단은 인류의 생물학적인 조건에서 시작하여, 당대의 체제, 이데올로기, 전통, 관습 등에 묶여 있지요. 우리는 삶이 자신의 것이라고 믿고 있지만, 이는 무지無知라는 것조차 모르는 '무지'일 뿐이에요.

—이성복 시인

우리는 세상은 잘 모른다고 하면서 자신은 잘 안다고 여기며 살아갑니다. 저 또한 그랬으니까요. 특히 제 몸에 대해서는 잘 안다고 착각하며 살았습니다.

그런데 제가 성교육 강사를 하면서 가장 먼저 깨달은 것은 성性에 대한 지식이 아니었습니다. 제가 살면서 단 한 번도 의심하지 않았던 가치관과 삶의 태도들이 진정으로 제 것이 아니라는 사실이었습니다. 이 불편한 진실을 자각하고 나서야 성性이 몸을 말하는 것뿐만 아니라 삶을 살아가는 지혜와 존재에 대한 사랑을 의미한다는 깨달음을 얻게 되었습니다. 성은 행위가 아니라 자기의 몸을 새롭게 인식하는 일입니다.

소크라테스는 '자신의 무지를 자각한 사람만이 지혜를 사랑한다'고 했어요. 또 공자도 '아는 것을 안다고 하고 모르는 것을 모른다고 하는 것이 바로

'앎'이라고 제자인 자로子路에게 분명히 말했다.'고 합니다.

인간은 사회적인 존재나 정치적인 존재이기 전에 성性적인 존재라는 사실 또한 성교육 강사를 하면서 깨닫게 된 사실입니다. 우리가 자신의 성에 대해 아는 게 없다는 진실을 마주한다면 우리는 소크라테스와 공자가 말했던 무지를 자각하게 되는 것입니다.

바로 그 자리에서 시작하는 겁니다!

딸의 성교육은 바로 자기의 몸을 놀라워할 줄 아는 마음으로 새롭게 자각하는 일에서 시작됩니다. 나의 무지를 알아차릴 때 새로운 세계가 열립니다. 부모의 마음이 새롭게 열려야 딸의 마음도 열 수 있습니다. 부모의 마음이 열리지 않은 상태에서 진행하는 성교육은 또 다른 무지를 전달하는 것입니다.

나의 세계가 열린 후라야 딸의 세계에 문을 두드릴 수 있습니다. 딸의 세계는 독립된 하나의 행성 그 자체이기 때문입니다. 자신의 보폭과 속도로 심호흡하면서 천천히 걸어볼까요!

인격, 자격, 품격

자기 몸에 얼마나 관심을 가지고 있나요? 성에 대해서는 얼마나 제대로 알고 있나요? 생물학적인 부분만 알면 충분한가요? 생물학적인 부분은 제대로 알고 있는 게 확실한가요?

의심할 줄 아는 능력과 놀라워할 줄 아는 능력은 세상을 보는 관점을 넓혀 줍니다.

24시간을 살면서 진심으로 자신을 마주하는 시간은 몇 분이나 되는지, 거울 속에 비친 자신을 보고 놀라워한 적이 한 번이라도 있는지(외모가 아니라 존재 자체에 대한 놀라움) 떠올려 보세요. 자기의 몸을, 자신의 성을 놀라운 눈으로 바라볼 때 존재의 아름다움으로 들어가는 또 하나의 문이 열리는 경험을 하게 됩니다. 그럴 때만이 자신을 온전히 있는 그대로 수용할 수 있습니다.

부모가 자기의 몸을, 자신의 성을 인생의 일부분으로 받아들이고 자연스럽게 말할 수 있을 때 성교육은 시작됩니다. 성을 부끄럽고 껄끄러운 주제로 인식하고 있다면 성교육과 멀어지는 것입니다. 자신의 성이 놀랍고 아름다운 것이라는 자각이 들 때 딸의 성性도 주의하고 조심해야 하는 것이 아니라 딸의 인생으로 받아들일 수 있습니다.

이제 자기의 몸을 새로운 시선으로 바라보세요. 늙어가고 있다거나 피부가 어땠으면 좋겠다는 식의 외모지상주의 시각 말고 지금까지 이 모습으로 살아준 자기의 몸을 고마운 마음으로 바라봐 주세요. 얼마나 놀라운 일인가요? 이 세상에 단 한 명의 존재로 여러분을 살게 한 몸이 새롭게 보이시나요? 나의 몸으로 살아줘서 고맙다, 그동안 무심해서 미안했다고 토닥토닥 몸과 대화하는 시간을 가져 보세요. 그렇게 자기의 몸과 화해하는 시간이 있어야 성이 아름답고 소중하고 행복한 삶의 일부라는 인식을 할 수 있습니다.

자기의 몸과 화해하는 시간을 지나 자기의 몸을 진심으로 사랑하는 단계로 발전하는 과정을 알려주는 것이 바로 성性입니다.

내 몸을 진심으로 사랑한다는 것은 무엇을 의미하는 것일까요? 자신이 원하는 모습을 꿈꾸는 것이 아니라 세상에 단 한 명뿐인 유일한 존재로 태어난 자신을 있는 그대로 받아들이는 것을 의미합니다. 어디가 마음에 들지 않는다는 부정적 시각이 아니라 지금 그대로도 귀한 존재라는 자각 말입니다.

불교 용어로 알려진 '천상천하 유아독존天上天下唯我獨尊'은 온 세상에 있는 모든 개개의 존재 즉, 모든 생명의 존엄성과 인간의 존귀한 실존성을 상징한다고 합니다. 자기만 아는 독선적이고 이기적이라는 뜻이 아닙니다. 모든 존재에는 몸이, 몸에는 성이 포함되어 있으니 성이 귀한 것은 당연합니다.

그런데 왜 유독 여성의 성만 분리되어 권력층의 소유가 되었던 것일까요? 현재까지 남성과 여성이라는 분열의 층이 견고합니다. 성은 우리가 탄생할 때 몸과 함께 결정된 것이고 자신의 성에 대한 결정권은 자신이 갖는 것입니다.

그래서 성교육은 과학을 넘어 인권을 넘어 생명과 존재로 나아가야 합니다. 성은 귀한 우리 몸의 일부이며, 몸은 정신과 하나일 때 자각을 일으켜 사랑을 실천하게 합니다. 성은 인간의 삶 전체와 연결되어 있기 때문입니다.

몸과 성이 다를 수 없는 것처럼 성과 인권이 따로 분리될 수 없습니다. 존재와 성은 하나이며 성을 귀하게 여기는 태도가 성교육보다 우선해야 합니다. 성교육은 인권교육과 같은 말입니다.

성에 대한 자기 결정권은 인간으로 태어난 자격을 의미합니다. 그 어떤 체제나 관습, 이데올로기, 권력이 개입하면 안 됩니다.

그러나 인류사에서 여성의 성만큼 권력과 권위에 짓밟혔던 것은 없습니다. 어떤 사람이 사회적 약자를 어떻게 대하는지 보면 그 사람의 인격을 파악할 수 있다고 합니다. 성을 대하는 가치관과 태도에는 자신의 인격이 드러납니다. 품격 있는 삶은 성을 바라보는 인격에서 시작되고, 인격은 자신을 대하는 태도와 약자를 대하는 태도에서 비롯됩니다.

성에 대한 올바른 자격이 인격을 갖추게 하고 품격 있는 삶을 만들어 가게 도울 것입니다.

주체적 인간으로 사랑하다

지금까지 우리 사회는 성에 대한 인문학적 성찰 없이 성性을 전통과 정치, 경제적 담론의 희생양으로 삼아왔습니다. 그 결과 성性은 항상 약자를 억압하고 잘못된 이데올로기를 강요하는 가해자의 입장에서 설명되어 왔습니다. 인간다움이 빠진 성에 정체성이 있을 리 없습니다. 인간을 사랑한다면 성性도 주체적으로 권리를 가져야 마땅합니다.

동물은 자연적인 필요로 성을 인식하지만 인간은 욕망으로 성을 인식합니다. 따라서 성을 금기하면 할수록 욕망이 크게 생산됩니다. 성은 금기해야 할 대상도 권력의 대상도 어떤 관점에 매몰되어야 할 대상도 아닙니다. 성은 아름다운 것이고 주체적이며 휴머니즘 자체입니다.

자신의 성을 사랑한다는 것은 자신을 주체적인 인간으로 수용하고 사랑한다는 의미입니다. 나아가 타인의 성을 사랑한다는 것은 진정한 소통을 의미합니다. 주체적 인간으로 성을 만났을 때 진정한 소통이 이루어지고 조화로운 세상을 만들어냅니다.

존중과 사랑이 빠진 성에는 욕망과 집착만 남을 뿐입니다. 과학적 시각에서 봤을 때, 더 세밀하게 세포 수준에서 봤을 때 인간이 유사분열을 선택하지 않고 어려운 감수분열을 고집한 이유와 사랑은 연결됩니다. 감수분열은 인간이 다양한 유전자를 남겨 예상할 수 없는 환경에 적응하여 살아남을 수 있는 해결책이었습니다. 자연은 다양한 세포들이 서로를 수용하고 공존하며 더불어 사는 방법을 배워왔습니다. 인간도 마찬가지로 진화해 왔습니다. 존중이 빠진 성은 폭력일 수밖에 없는 것이죠.

모든 생명과 존재는 사랑받아 마땅합니다. 가장 보편적이고 일반화되어 우리가 소중함을 잊고 살았던 성을 제대로 알고 수용하고 사랑하는 과정이 세상과 소통하는 길이라는 진실을 깨달아야 합니다. 성은 소통과 관계를 의미합니다. 자신과 타인을 넘어 휴머니즘을 실현하는 길입니다. 인간과 인간이 주체적인 존재로 사랑할 수 있는 귀한 경험이 바로 성性인 것입니다.

딸 성교육을 말하는데 휴머니즘까지 가야 하는지 의문을 제기하실 분은 이제 없을 거라고 생각합니다. 우리가 지금까지 받아온 모든 성교육은 생물학적, 정치적, 경제적, 전통적, 이데올로기적 시각이 강합니다. 성찰적 관점에서 자신의 성을 사랑할 수 있는 사람만이 성을 즐기고 삶에서 진정한 관계와 소통을 이룰 수 있습니다. 우리가 살아 있는 한 성은 우리의 몸과 삶 속에 존재하기 때문입니다.

지금까지 부모님 각자의 성이 얼마나 놀랍고 경이로운 존재 안에 속해 있었는지 알게 되었다면, 잘못된 틀을 깨고 열린 세계로 나아갈 시간이 되었습니다. 더불어 딸과 자연스럽게 성을 말하며 인권과 인생에 대한 인문학적 성찰을 함께 하는 소중한 경험을 만나기 바랍니다.

나도 할 수 있습니다. 딸 성교육!

성평등지수란?

"양성평등"이란 성별에 따른 차별, 편견, 비하 및 폭력 없이 인권을 동등하게 보장 받고 모든 영역에 동등하게 참여하고 대우받는 것을 의미한다(양성평등기본법 제 3조 1항).

성평등지수는 사회 각 분야에서 여성과 남성의 평등한 정도를 나타내는 통계로 여성과 남성이 동등한 지위를 갖고 있는가를 판단·평가 할 수 있는 지표가 되는 데 2023년 한국의 성평등 수준이 세계 100위 밖으로 밀려났다. 세계경제포럼 (WEF)이 내놓은 2023년 세계 젠더 격차보고서(Global Gender Gap Report 2023) 를 보면한국의 젠더 격차 지수는 0.680을 기록, 전체 146개 국가 중 105위를 기 록했다. 지난해 99위보다 6계단 하락한 것이다.

2부

사춘기 딸 성교육

초등 고학년

몸이 보내는 신호는 아름다워요

밝고 편안한 마음!

먼저 부모의 마음이 편해야 합니다. 어떤 사건이 일어나도 평정심을 유지해야 합니다. 속으로는 후덜덜 하더라도 겉으로는 평온해야 합니다. 왜냐하면 부모의 반응이 우리 딸에게 그대로 흡수되기 때문입니다.

특히 성과 관련된 얘기는 더 편안하고 밝게 해야 합니다. 딸은 엄마가, 아들은 아빠가 성교육을 해야 한다로 나누지 말고 성에 대해 고정관념이 덜하고 더 편하게 받아들이는 사람이 하면 됩니다.

딸의 성에 대해서 "조심해, 큰일 나." 같은 부정적인 느낌을 가지고 있기 때문에 우리나라 딸들이 성을 제대로 즐기지도 못하고 죄책감부터 갖게 되는 것입니다. 사랑하는 우리 딸의 인생에서 중요한 부분이 성性인데, 부모가 살던 시대와는 다르게 살 수 있도록 해야 하지 않을까요?

또한 부모가 잘 모르는데 아는 척하는 것은 좋지 않습니다. 차라리 모른다 하고 함께 찾아보자 권하는 게 좋습니다. 일상에서도 솔직해야 하지만 특히 성에 있어서는 더 솔직해야 합니다. 감출수록 우리 딸들은 음지에서 성을 접하게 되기 때문입니다.

성을 바라보는 부모의 시각은 무의식적으로 평소에 나타납니다. 어떤 초등학교 4학년 남자아이가 아빠한테 물어봤대요.

"아빠, 섹스해봤어?"

그랬더니 아빠가 뭐라고 했게요?

"아니!"

무의식적으로 튀어나온 말인데, 이분한테는 성性이 편하지 않았던 거예요.

따라서 **솔직하되 밝고 편안한 마음**으로 준비하세요. 전문적인 용어 같은 거 틀려도 됩니다. 부모와 자녀가 편안하고 밝은 분위기에서 서로 마음이 닿은 상태가 가장 중요합니다. 그것만큼 좋은 교육은 없습니다. 성 지식보다 성은 좋은 것이라는 '느낌'이 중요합니다.

뻔하지 않은, 실전 같은 이론, 시작해볼까요!

내 몸이 낯설어요!

사춘기, 홀로서기를 준비할 때가 왔어요!
신체 편

사춘기의 사전적 의미를 살펴보면 '몸의 생식 기능이 거의 완성되며, 이성 異性에 관심을 갖게 되고 춘정春情(남녀 간의 정욕)을 느낄 만한 나이'라고 나옵니다. 그러니 이성과 성性에 관심을 갖는 게 당연하겠지요? 그런데 현실은 어떤가요? 자연스러운 몸의 상태를 거부하고 살아야 한다는 강요를 받고 있어요. 얼마나 불행합니까? 얼마나 잔인합니까?

반려동물과 함께 생활하는 분들은 이미 아실 거예요. 성 성숙이 이루어지고 발정기가 오면 교미를 해야 합니다. 교미가 이루어지지 않았을 때 동물이 얼마나 고통스러워하는지 눈으로 보셨을 거예요.

우리 딸들의 몸도 마찬가지입니다. 부모의 몸이 그랬던 것처럼요. 다만 우리 딸들의 몸은 부모가 살았던 시대보다 발육 상태가 훨~씬 좋아졌다는 점을 이해해야 합니다. 그래서 신체적 사춘기는 빨리 옵니다. 하지만 정신적 사춘기는 성인이 되어도 오지 않는 경우가 많습니다. 신체와 정신이 분리되어 발달하는 것이 가장 고통스러운 일입니다. 그러니 부모는 딸의 청소년기에 대해 제대로 이해할 필요가 있습니다.

인간을 '호모 에로티쿠스'라고 부르기도 한대요. 인류가 탄생하면서부터 지금까지 인간에게 가장 중요한 관심사 중의 하나가 바로 성性이라는 뜻이죠. 즉, 인간은 탄생부터 죽음까지 성적인 존재인 겁니다. 사회적인 존재 이전에 성적인 존재가 먼저라는 얘기죠.

사춘기 때 성적인 욕망을 갖는 것은 당연한 일입니다. 자연스러운 현상을 억압한다는 것 자체가 어불성설이죠. 우리는 사춘기에 접어든 딸이 부모 품에서 벗어나 독립적인 존재로 서기 시작한다는 진실을 받아들이는 일을 선행해야 합니다. 그리고 우리 딸이 이성에게 사랑받고 싶어하고 이성을 사랑하고 싶어하는 욕구를 갖는 것도 수용해야 합니다. 딸이 겪는 신체적 변화를 받아들이면 딸의 이성 교제나 성이 별개가 아니라는 사실을 깨닫게 됩니다.

이렇게 얘기하면 꼭 이런 분들이 계십니다.

"성과 관련된 얘기를 하면 성에 더 관심을 갖게 하는 거 아닌가요?"

억지로 못하게 하면 몰래 합니다. 그리고 우리가 아니어도 또래 집단에서 잘못된 용어들을 알게 되고 편견을 먼저 갖게 됩니다. 그것이 더 위험한 일입니다. 우리가 딸과 성에 대해 자유롭게 이야기하는 것은 성관계에 대한 것만 있는 것이 아닙니다. 자신의 성은 자연스러운 것이고 아름다우며 관계와 소통을 위해 중요한 것이라는 진실을 깨닫는 것이 목적입니다.

대부분의 어른은 사춘기를 '중2병'이라고 단정 짓는 경우가 많습니다. '중2병'이란 용어는 1999년 무렵 일본에서 처음 쓰이기 시작했다고 해요. 우리

나라에 들어온 뒤에는 허세를 심하게 부리거나 하는 청소년에게 '중2병 걸렸다.', '중2병이다.'라는 식으로 사용했다고 합니다. 또 사춘기에 흔히 나타나는 반항이나, 멋부리기, 자기 과시 등을 비꼬는 용도로도 '중2병'을 쓴다고 합니다. 이 표현은 청소년기 때 자신이 남보다 우월하다는 착각에 빠져 허세를 부리는 경우를 얕잡아 일컫는 속어입니다. 그러니 중2병보다는 청소년기 또는 사춘기 정도로 사용해 주세요. 용어에는 힘이 있다는 점을 기억해 주세요.

부모님은 사춘기思春期가 언제까지라고 생각하시나요? 먼저 청소년기의 각 단계별 특성부터 받아들여 보겠습니다. 우리가 잘못 알고 있는 지식 중 하나입니다.

청소년기의 각 단계별 특징

초기 청소년기(10세~14세) : 아동기와 분리기, 부모의 인내기

아동기와 분리되는 시기
자신의 자유를 제한하려는 부모에게 불만을 품게 되는 시기로
부모는 자녀에 대해 긍정적인 태도를 유지하는 것이 매우 중요하다.

중기 청소년기(14세~16세) : 또래 친구와 '패밀리'를 이루는 시기

아이가 부모로부터 심리적으로 독립하려는 성향을 보이는 시기
부모와 잦은 의견 충돌이 생길 수 있다.(자녀의 선택이 현명하지 못하거나 안전하게 보이지 않기 때문이다.)

말기 청소년기(16세~18세) : 독립 시험 준비기

아이가 어른인 척 시험을 해보는 단계로 성인이 되기 위한 준비를 하는 시기
부모는 성인다운 역할을 조금 허락해 주되 그에 맞는 지식을 알려주고 이에 따르
는 책임감을 강조하되 점점 늘어나는 자유에 대해 안전장치를 해두어야 한다.

독립 시험기(19세~24세) : 성인기를 앞둔 마지막 단계

혼자 힘으로 살아가는 연습을 하는 시기
성인과 흡사한 자유를 실컷 누리다가 과한 것이 좋지 않다는 것을 배우는 시기로
자녀가 중대한 실수를 저지른다 하더라도 임의로 구출해 주거나 비난하지 않고
권위주의를 내려놓은 채건강한 조언과 문제 해결 방법을 제공해야 한다.

《십대들의 성교육(장난기 빼고 존중하며 성에 대해 토론하기)》, 김미숙

'청소년기의 각 단계별 특성'을 살펴보니 어떤가요? 열 살부터 스물네 살까지가 청소년기라고 나와 있습니다. 어른이 된다는 것은 긴 시간 동안 자기의 몸과 마음의 변화를 받아들이고 관계를 형성하는 과정에서 깨달음을 얻는 시기인 것입니다.

성숙한 어른이란 시간이 지나면 당연하게, 그냥 얻어지는 것이 아닙니다. 신체적, 심리적으로 혼란스러운 시기를 겪으면서 미성숙한 사람에서 성숙한 자아 형성을 하는 경험의 과정이에요. 그러니 긴 시간 동안 수행한다는 자세로 자녀의 몸과 정신의 성장 과정을 유심히, 사랑을 가지고 살펴보되 독립된 인격체로 바라볼 수 있는 마음을 가져주십시오. 자식의 성장 속도를 멈추게 하거나 자녀를 부모의 뜻대로 할 수 없는 시기가 바로 청소년기입니다. 우리 딸들은 이미 자신이 어른이라고 생각하기 때문입니다.

신체 변화

정신적 성장보다 신체적 성장이 먼저 이루어지는 시기가 사춘기입니다. 남들도 다 겪는 거니까 조용히 지나가라, 유난스럽다 같은 말은 하지 마세요. 낯선 자기의 몸을 받아들이는 과정을 아름답게 여기도록 도와야 합니다. 성교육이 잘 이루어지려면 우리가 무의식이라고 여기는 '느낌'이 좋아야 합니다. 그 첫 단계가 몸의 변화입니다. 자기의 몸이 달라지는 것을 좋은 느낌으로 지나야 성을 아름다운 감각으로 여기게 됩니다.

학교에서 배우는 2차 성징을 암기하듯 교과서적으로 이해하는 게 아니라 자기의 몸을 통해 직접 느끼는 경험을 중요하게 여겨주십시오.

특히 우리 딸들 가운데 생리에 대해 부정적인 느낌을 갖고 있는 경우가 많습니다. 아마도 엄마나 언니, 먼저 시작한 친구들 중 누군가의 영향을 받았을 확률이 높겠지요.

그래도 본인이 직접 겪게 되면 또 다르게 받아들입니다. 부모님은 딸의 몸이 변화하는 시점을 예민하게 파악하고 아름다운 몸으로 바뀌는 딸에게 '**좋은 느낌**'을 전해주십시오. **밝고 편안하고 기쁜 마음으로!**(구체적인 방법은 '차원이 다른 실전 대화'에서 확인하세요!)

아들들은 생식기가 겉으로 드러난 구조여서 자연스럽게 살피게 됩니다. 하지만 딸들은 생식기가 안으로 숨어 있기 때문에 의도적으로 봐야 합니다. 욕실이나 자신의 방에서 문을 잠근 후 거울을 가지고 살펴보도록 해주세요. 우리나라 여성 대부분이 자신의 생식기를 제대로 살펴본 사람이 거의 없습니다.

태어날 때부터 가지고 있었던 부분을 한 번도 제대로 관찰한 적이 없으면

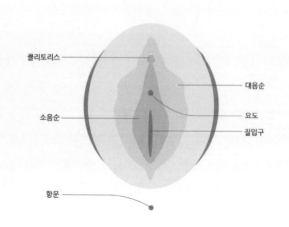

외음부의 구조

서 어떻게 자신을 안다고 할 수 있을까요? 항상 몸부터 제대로 이해하는 일
이 선행되어야 합니다.

거울로 자신의 생식기를 보면서 정확한 구조와 명칭을 익히고 그림으로
그려보는 것도 좋은 방법입니다. 제가 강의 때 여학생들에게 물어봅니다.

"소변과 생리는 어디에서 나올까요?"

그러면 학생들 대부분이 같은 곳에서 나온다고 대답합니다. 완전히 잘못
된 지식을 가지고 있는 것이죠.

어머니부터 자신의 생식기를 관찰하고 좋아하는 시간을 가져보세요. 모든
생식기는 조금씩 비대칭이며, 모든 사람이 다르게 생겼다는 점을 기억하시
고요. 음란물에서 잘못된 이미지를 보고 자신의 생식기가 이상하다고 여기
는 일이 없기를 바랍니다. 우리는 모두 정상입니다. 위대한 생명을 탄생시킬
수 있는 귀한 신체를 가진 존재지요. 지금 이 글을 읽고 계시는 부모님들처
럼요. 그리고 딸들도요. 이 얼마나 경이로운 존재입니까!

자신의 성기를 관찰하는 것은 여성의 주체성 훈련이라는 면에서도 중요합니다. 보이는 곳뿐만 아니라 보이지 않는 자신의 모습도 사랑할 수 있는 내면의 힘을 얻는 시간을 가져다 줄 것입니다.

사춘기, 홀로서기를 준비할 때가 왔어요!
정신 편

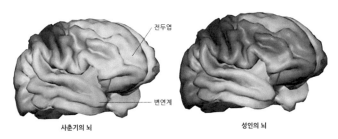

사춘기의 뇌와 성인의 뇌 비교
사춘기의 뇌는 전두엽에 비해 변연계가 활성화 되어 있다. 진한 정도가 활성화를 나타낸다.

사춘기 때는 신체적인 변화만큼 우리 딸들을 당황하게 만드는 것이 바로 심리적인 부분입니다. 가장 중요한 변화가 바로 뇌에서 이루어진다는 점이에요.

사춘기 때 뇌에서 벌어지는 일 중에 가장 크고 중요한 것이 바로 **전두엽의 재구축**입니다. 전두엽은 기억, 사고, 판단, 조절을 담당하는 부분입니다.

따라서 감정조절이 안 되고, 충동적이며 급격한 감정의 기복을 보이기도 합니다. 또한 외부자극에 민감하게 반응하는 시기여서 중독에 취약합니다. 반대로 자신의 행동을 조절하여 몸과 균형을 갖추고 집중력을 관리하는 중요한 때이기도 합니다.

과학적으로 13세 정도가 되면 신체 발달이 거의 다 이루어지고, 감정의 뇌인 변연계가 급속히 발달한다고 합니다. 하지만 사회적 행동을 담당하는 전두엽은 완전히 발달하기까지 10~12년이 더 걸린다고 합니다.(여성의 자궁도 마찬가지로 시간이 더 필요합니다.)

이때 아이들의 별명이 '아, 맞다' 입니다. 뭐든 잊어버리는 '망각의 딸(아들)'이 된다는 점입니다.

"엄마가 어제 얘기했잖아!"

"언제? 못 들었는데? 기억에 없는데?"

울화통이 터지죠.

하지만 이해해야 합니다. 화를 내면 안 됩니다. 사춘기의 뇌는 3세 때와 마찬가지로 신경 연결이 폭발하는 시기입니다. 그때 뇌에서 일어나는 증상이 뭘 자꾸 까먹는 현상입니다. 이 시기에는 정신을 못 차리는 것이 당연합니다. 뇌 속에서 불꽃축제가 일어나고 있으니까요.

"정신을 어디 다 두고 다니는 거야?"

아무리 얘기해도 정신 못 차립니다. 그러니 메모를 시키거나(물론 어디다 메모했는지도 잊어버립니다;;;) 기억해야 할 것들을 적어서 눈에 띄는 곳에 붙여두고 확인하는 연습을 해야 하는 시기입니다. 언제까지? 될 때까지! 무엇으로? 자기의 몸으로! 몸이 기억하게 하는 것이 가장 좋은 방법입니다.

사춘기 자녀를 둔 부모는 '이 또한 지나가리라.'를 좌우명으로 삼고, 말을 믿고 기다려야 합니다. 해야 하는 행동과 하면 안 되는 행동에 대해서만 훈육을 하고, 나머지 부분은 스스로 경험하고 깨달을 수 있도록 지켜봐 주십시오. 『호밀밭의 파수꾼』에 등장하는 홀든처럼 아이들이 낭떠러지로 가지 않게 지켜주는 역할을 해 주십시오.

뇌 속에서는 불꽃축제가 일어나지, 몸은 생각처럼 따라주지 않지, 부모님하고 계속 갈등이 일어나지, 학교와 학원에서 내주는 과제도 해야 하지……. 긍정적이고 인정받는 말은 듣지를 못합니다. 전두엽에 변화가 일어날 때 어떤 말을 하고 어떤 경험을 하냐가 중요한데 가만히 보면 반대의 일만 벌어지고 있거든요.

자녀가 사춘기에 접어들면 부모는 내 아이가 사춘기라는 것을 인정하고, 아이의 문제행동에 집중하지 말고 어른이 되는 과정에서 일어나는 일이라고 안심시켜 주어야 합니다. 그러면 전두엽에 불이 들어오고 자신을 성찰하는 지능을 사용하게 됩니다.

반항심이 생긴다, 학교 가기 싫다, 공부는 왜 해야 하냐, 감정 기복이 심하다, 내 마음대로 하고 싶다 등의 감정 기복이 심한 때입니다. 물론 그런 생각을 하게 된 자녀의 마음을 이해해야 합니다. 그런 생각들을 하는 시기입니다. 단, 부모가 무조건 참으라는 얘기가 아닙니다. 훈육을 해야 하는 행동에 대해서는 단호하게 행동을 교정해주셔야 합니다.

딸이 나쁜 생각을 행동으로 옮기는 것은 '훈육'해야 합니다. 책임을 지는 연습을 하는 시기가 사춘기입니다. 그러니 부모가 문제를 해결해주지 말고 어렵고 힘들더라도 자녀가 해결할 수 있도록 도와주고, 부모가 항상 곁에 있으니 해보고 안 되면 언제든지 도움을 청하라고 믿음을 주세요. 든든한 부모가 곁에 있으면 어려움을 이겨내고 잠시 흔들~하다가도 제자리로 돌아옵니다. 그렇게 스스로 깨닫는 것들이 바로 무의식에 쌓여 자녀의 삶을 풍요롭게 합니다. 자녀가 부모를 필요로 할 때는 반드시 곁에 있어 주어야 합니다.

사춘기 호르몬 3종 세트!

사춘기 때는 뇌에서 일어나는 불꽃축제와 동시에 성호르몬, 감정 호르몬, 잠 호르몬이 3종 세트로 나옵니다. 11세가 되면 성호르몬이 나오기 시작합니다. 키가 급격하게 커지고, 몸에 변화가 일어나죠. 딸은 사춘기 전보다 5배, 아들은 자그만치 50배나 되는 성호르몬이 나온답니다. 딸도 딸이지만 아들은 딸의 10배가 더 나온다고 하니 10대들의 몸은 끓어오르는 화산 같은 상태가 되는 겁니다. 화산을 어떻게 끕니까? 불가능하죠. 10대들의 몸이 활화산이지만 폭발하지 않도록 조절할 수 있게 도와주어야겠지요.

줄리엣은 15세 때, 이몽룡과 성춘향은 16세 때 부모 동의 없이 사랑에 인생을 바쳤습니다.(물론 시대가 다르긴 합니다.) 그런데 피 끓는 몸으로 우리 자녀들은 무엇을 하나요? 입시를 치러야 합니다. 부모님은 성욕이 일어났는데 조용히 앉아서 공부하라면 합니까? 어른도 어려운 것을 활화산 자체인 10대들에게 강요한다? 어른부터 똑바로 살아야죠. 그러니 마음으로 이해해야 한다는 겁니다. 그것만으로도 아이들은 차분해집니다. 어른보다 낫지요!

활화산을 잠재우는 최선의 방법은 운동을 시키는 겁니다. 땀이 뻘뻘 나는 운동을 해야 합니다. 땀 흘리는 게 싫어서 운동을 안 하고, 공부한다고 앉아만 있으면 실제로 공부는 조금하고 남은 시간 동안 온라인에서 요상한 것들만 보고 다닙니다. 그러면 에너지가 남아 있어서 일을 벌이는 겁니다. 에너지가 남아 있지 않게, 쓰러져 자게 만들어야 합니다.

두 번째, 감정 호르몬은 다른 설명을 드리지 않아도 아실 거예요. 자신의 감정이 왜 변화무쌍한지 아이들은 이해하지 못합니다. 그래서 자신의 뇌에서 어떤 변화가 일어나는지 부모와 대화를 나누고 서로 자신의 감정을 이해하는 시간이 필요합니다.

청소년 우울증이 급격하게 늘고 있습니다. 코로나 이후로 심각해졌대요. 피 끓는 10대가 코로나로 집에만 묶여 있었으니 에너지를 어디에 쓰겠어요?

딸이 아기였을 때 자야 할 시간이 지나면 어떻게 하셨나요? 딸의 몸에 남아 있는 에너지를 모두 사용하게 놀아주셨지요? 몸으로 놀아주어야 에너지가 소진됩니다. 그러면 밥을 먹으면서도 졸고, 장난감을 들고 놀다가도 갑자기 잠에 빠져들지요. 즉, 에너지를 모두 소진한 것입니다. 잠을 자면서 에너지를 충전하고 벌떡 일어나서 에너지 뿜뿜~하며 노는 게 일과였지요.

사춘기 때도 마찬가지입니다. 운동량이 적으면 잠이 잘 오지 않습니다. 그러면 중독적이고 쾌락적인 것을 찾게 되고 우리 딸들은 전자기기를 통해 감정적인 위로를 받게 됩니다.

아들들은 성호르몬이 급격하게 늘어난다고 했으니 운동을 더(아무리 강조해도 지나치지 않아요!) 시켜야 합니다. 딸들은 감정 호르몬이 급격하게 늘어나므로, 자기의 몸을 지키기 위해서라도 운동을 해야 합니다. 운동은 우울증에도 좋은 방법입니다. 자신의 감정을 조절할 수 있는 힘도 몸이 건강할 때 나옵니다.

오락가락하는 감정은 억지로 자제하거나 억압하는 게 아니라 조절하고 건강하게 해소해야 합니다. 딸의 감정을 수용해주는 것이 중요합니다. "사춘기 때 일어나는 감정 변화니 그럴 수 있다, 엄마도 그랬다, 사춘기 발달 단계를 같이 살펴보자, 스트레스와 감정 변화를 건강하게 해소하는 방법을 함께 찾아보자."고 얘기하며 부모가 딸 곁에 든든하게 존재한다는 느낌을 주십시오. 정서적으로 안정감을 느낀 딸들은 자신의 감정과 말, 행동을 돌아보고 생각하고 성찰하는 시간을 갖습니다.

부모님도 자신의 스트레스를 건강하게 해소하는 방법을 찾고, 딸과 얘기 나눠보세요. 감정은 지나가는 것인데 그것을 자신이 마음에 쌓아둬서 문제가 되는 겁니다. 그러니 강물처럼 흘러가게 하는 해소 방법을 딸과 함께 꼭 찾아보세요. 춤을 추거나 음악을 크게 듣거나 혼자 있거나(전자기기 없이) 맛있는 걸 먹으러 가거나 여행을 가거나 잠을 자거나 방법은 많습니다. 가족이 함께 자신의 감정을 해소하는 방법을 나누면 더 좋겠지요!

호르몬 3종 세트 마지막, 잠 호르몬

아기였을 때는 에너지가 빨리 소모되고 자는 동안 빨리 채워졌습니다. 그런데 사춘기가 되면 잠 호르몬이 늦게 나옵니다. 그래서 늦게 자고 늦게 일어나게 되는 겁니다.

아침마다 전쟁이지요? 아이들을 깨우느라 희극적인 장면들이 벌어집니다. 영국의 한 학교(EBS 다큐프라임 《10대 성장보고서》)는 사춘기 호르몬을 과학적으로 증명하여 등교 시간을 10시로 늦추었다고 합니다. 이 일은 학부모가 주도하여 학교를 설득한 사례였습니다. 등교 시간을 늦춘다? 학생들이 늦게 자고 늦게 일어날 것이라는 어른들의 선입견이 생기게 마련이지요. 그런데 실제로 학생들은 잠은 충분히 자고 일찍 일어나서 책을 읽거나 운동을 하고 편안한 마음으로 등교를 마쳤습니다. 물론 밤에는 전자기기 사용을 하지 못하게 했지요.

잠을 자는 습관이 정말 중요하기 때문에 이때 전자기기는 '훈육의 영역'으로 들어가야 합니다. 조절이 전혀 되지 않는다면 멈추는 것이 가장 좋습니다. 중독은 줄이는 것이 불가능합니다. 중독은 끊어야 합니다! 요즘에는 학교에서 스마트폰 중독 테스트도 하고, 수업도 하고 있지만 실제 생활과는 거리가 있어 보입니다. 그래도 안 하는 것보다는 낫지요.

수면과 기상 시간은 정해져 있습니다. 그것을 지키지 못할 때는 전자기기 사용을 중지시키세요. 그러면 잡니다.(공부는 안 합니다. 기대하지 마세요! 전자기기를 하는 것보다 그냥 멍~하고 있는 게 더 낫습니다.) 잠을 안 자면 산책을 시키거나 운동을 하게 도와주세요. 땀을 흘리고 따뜻한 물로 샤워를 하면 잠이 옵니다.

호르몬 3종 세트와 더불어 뿜어져 나오는 요상한 호르몬?이 '자기 사랑'입니다. 세상이 오직 자신을 중심으로 돌아갑니다. 모든 대화, 사고방식, 행동이 자기 위주입니다. 경주마의 눈은 가려져 있습니다. 경주할 때 방해가 되기 때문이지요. 청소년기 때 아이들은 경주마 상태라고 할 수 있습니다. 그런 아이에게 다른 사람을 배려해라? 쉽지 않습니다. 그때는 자기가 당하면 억울하고, 다른 사람을 괴롭히는 건 자기가 옳은 거라고 믿거든요.

그러면 어떻게 해야 할까요? 딸이 부모님과 눈을 맞추었을 때 이야기하세요. 그리고 훈육의 영역은 단호하되 평온한 투로 말하고 딸에게 도움이 필요한지 물어보세요. 딸이 귀담아듣지 않을 때는 서로 대화가 필요한 시기라고 말하고 진지한 대화를 할 수 있는 환경과 분위기를 만들어주세요.

이 시기에 자기 방을 치우는 학생은 많지 않습니다. 일부러 그러는 게 아니라 본인이 보기에는 지저분하지 않기 때문입니다. 시야가 좁아져서(경주마!) 자기 외에는 보이지 않거든요. 부모의 도움이 필요한지 물어보세요. 딸의 입에서 하겠다는 말이 떨어져야 거부감 없이 행동합니다. 부모가 듣고 싶은 말을 딸에게 강요하지 말고, 그 말이 딸의 입에서 나오도록 해보세요. 이 시기에는 자신의 입에서 떨어진 말이어야 움직입니다. 바로 자신이 선택했기 때문입니다. 어른이 시킨 건 자신이 말한 게 아니기 때문에 할 때도 있고 지키지 않을 때도 있습니다.

부모님은 말보다 행동으로 훈육을 해야 합니다. 딸 본인들은 말과 행동이 다르지만 언행일치하는 사람을 가장 존경합니다! 아이러니하죠? 사춘기는 '아이러니의 배를 탄 시기'입니다.^^

종일 거울을 들여다보고, 머리카락을 빗고, 자기 얼굴만 찍어대는 사람에게 주변을 살피고 배려하라는 게 가능한가요? 부모님도 연애할 때 주변 사람들이 보였나요? 아이들은 자기 얼굴과 키와 몸무게와 연애하는 시기입니다. 여드름을 만지지 말라고 하면 더 만지고, 하지 말라고 하면 더 합니다.

"그래, 이해해. 그럴 때야."

"그러니까 엄마랑 같이 치우자."

하면서 방법을 알려주세요. 방 청소를 해주지 말고 문을 조용히 닫으세요.

"언제든지 말만 해. 엄마가 같이 할게~."

여유를 두고, 같이 치울 때 방법을 알려주면서 조금 치우다가 살~짝 자리를 비우세요. 10~20분 후에 다시 와서 "엄마 도움이 필요해?"라고 물으세요. 딸이 끝을 맺을 때까지 이렇게 반복하세요. 답답한 마음에 엄마가 방을 치워주면 안 됩니다. 딸이 치운 방이 부모 마음에 들지 않아도 잔소리하지 마세요. 사춘기는 스스로 할 수 있다는 자신감도 키우면서 할 일을 배우는 시기이기도 합니다. 이때 중요한 것은 답답한 부모의 마음을 다스리고 기다리는 것뿐입니다.

상상의 관중, 추가요

이제 우리 딸(아들)들은 외모에만 관심 있는 시기를 넘어, 드디어 '상상의 관중(청중)'을 들이게 됩니다. '자신은 특별한 존재이며, 세상의 모든 이들이 자기를 바라보고 있다고 착각하는 것'을 뜻합니다. 자기 방은 세상 더러운데 화장을 안 하고는 집 앞 편의점에도 나가지 않습니다. 연예인처럼 풀 세팅을 하고 나서야 나갑니다. 그래서 시간이 오래 걸립니다. 가족끼리 외출을 할 때면 세상 나무늘보가 따로 없습니다. 가족과 약속이 중요한 게 아니라 밖에 나갈 때 상상의 관중들에게 자신이 어떻게 보일까가 중요합니다.

이런 사춘기를 겪어야 어른이 되는 것이고, 그 누구도 이 시기를 거치지 않고 어른이 된 사람은 없습니다.

"내 아이는 사춘기가 없었어."

이렇게 말하는 부모를 부러워하지 마세요. 언제고 인생에서 한 번은 합니다. 인간은 사춘기와 같은 상태를 겪어야만 어른이 됩니다. 사춘기 때 겪는 게 가장 건강합니다. 신체적 변화와 정신적 변화가 동시에 일어나야 균형이 맞거든요.

앞에서 살펴봤듯, 사춘기 때는 뇌에 일어나는 변화가 크기 때문에 어떤 경험을 하는지가 중요합니다. 좌뇌와 우뇌를 연결하는 뇌들보는 더 두꺼워지고, 전두엽을 연결하는 신경 조직은 더욱 탄탄해진다고 합니다. 그래서 사춘기 때 하는 경험에 따라 뇌 발달도 달라진대요. 활발하게 발달하고 있는 사춘기의 뇌는 나쁜 자극에 예민하게 반응하기 때문에 쉽게 병들 가능성이 높습니다. 이 때문에 감수성이 예민한 사춘기에 술이나 담배, 폭력적인 게임이나 선정적인 영상에 노출되면 더 쉽게 중독에 빠지고 오랫동안 헤어 나오지 못하게 되는 것이라고 하네요.

자신의 뇌를 소중하게 지킬 수 있도록 도와주는 것이 중요할 것입니다. 전자기기보다 재미있는 야외 활동을 함께 해주세요. 전자기기보다 재미난 것들이 있으면 휴대폰 중독에서 멀어집니다. 부모와 함께 여행을 가거나 운동을 하거나 무언가를 만들거나 자연을 경험하는 등 삶에는 재밌고 풍요로운 것들 천지입니다.

우리 인생에는 수많은 보물들이 숨어 있습니다. 가장 귀한 보물이 바로 자기 자신, 우리 딸 맞죠?^^

저마다 다른 속도로 성장하고 홀로서기를 준비한다.
부모의 홀로서기

우리 딸이 사춘기에 들어서면 부모도 홀로서기를 준비해야 합니다. 딸은 알려주지 않아도 자신이 이미 어른이라고 생각하고 그런 행동들을 합니다. 그래서 부모와 갈등이 생기는 겁니다. 부모 입장에서는 딸이 여전히 미성년자이고 어린아이 같지만 딸 입장에서 자신은 이미 20대의 아름다운 여성이라고 생각합니다. 자신이 상상하는 이미지가 옳다고 믿는 시기가 된 것이지요. 왜냐하면 성호르몬이 폭발하기 때문입니다.

따라서 부모가 먼저 마음의 준비를 하세요. '곧 내 품에서 딸을 놓아야 할 때가 오겠구나!'하고요. 부모가 싫다고 생각해도 딸은 부모의 상태를 돌아보지 않고 앞으로 쭉쭉 나갑니다. 엄마와 딸은 사소한 다툼은 있지만 거리가 크게 멀어지지는 않습니다. 딸이 말은 자기를 어린애 취급하지 말라고 하지만 엄마에게 엄청 의존하는 시기이기 때문입니다. 양가감정이 최고조에 이르는 시기가 바로 사춘기입니다.

보통 딸들은 초등학교 고학년부터 중학생 때까지 아빠와 갈등이 가장 클 수 있습니다. 그러다 고등학생이 되면 아빠를 이해하는 딸로 성장해 있기도 하죠. 그 놀라운 시기를 경험하게 되실 거예요. 그러니 제발, 아빠들은 이 시기에 아재 개그는 하지 마세요. 딸들이 정말 싫어할 뿐만 아니라 딸과 사이만 멀어집니다. 딸이 애교를 부려야 한다는 전근대적인 여성관을 들이대지 마십시오. 딸이 남성을 싫어하게 됩니다. 딸이 싫어하는 장난은 절대로 치지 마십시오. 두 번 다시 아빠와 말을 섞지 않게 됩니다.

딸이 어른이 되는 시기에 접어들었다는 사실을 받아들이세요. 이것은 아빠의 문제지 딸의 문제는 아닙니다. 아빠의 마음과 상관없이 딸은 아빠가 아닌 다른 남자에 관심이 가기 시작합니다. 딸의 성장 속도에 맞추어 대화를 하시기 바랍니다. 딸이 좋아하는 연예인에 관심을 가지고, 딸이 좋아하는 것들이 무엇인지 살펴보세요.

단, 지켜봐 주세요. 딸을 고치거나 억압하면 안 됩니다. 특히 성과 이성, 세상에 대해 공포를 심지 마십시오. 아빠의 사회생활에 대해 긍정적인 부분과 어려운 부분들을 솔직하게 얘기하세요. 그러면서 딸의 학교생활도 이해해 주십시오.

부모의 품에서 정서적으로 쑤욱~ 빠져나가는 딸을 받아들여야 합니다. 부모가 원하는 딸의 모습을 내려놓으세요. 불가능합니다. 딸이 자신은 이미 성인이 되었다고 믿는 것과 같은 현상입니다. '내려놓다'는 게 포기하라는 뜻이 아닙니다. '내려놓다'는 현재의 상황을 받아들이고 긍정적인 방향으로 나아간다는 의미입니다. 부모도 딸을 품에서 떼어내는 홀로서기를 준비하는 시기가 바로 딸의 사춘기입니다.

딸의 홀로서기

딸은 머릿속 이미지에서 벗어나야 합니다. 사춘기 때는 오직 몸으로 움직인 것만 자기 삶을 만들어낸다는 진실을 받아들이고, 책임감을 배워야 합니다. 유아적인 행동과 사고방식을 점검하고, 칭찬과 인정에 목말라하지 않도록 스스로 성공 경험 횟수를 높여야 합니다.

자기 방을 스스로 청소하는 일, 생리 팬티와 속옷은 꼭 자기의 손으로 빨아야 하며, 식사 시간은 함께 준비하고, 공부하는 것을 벼슬로 여기지 말고, 학교에 갈 때는 스스로 일어나서 준비합니다. 이런 일들이 바로 딸이 해야 하는 일입니다. 딸이 할 수 있는 일과 해야 하는 일을 부모가 해주지 마세요! 딸이 유능감을 기를 수 있는 기회를 박탈하는 행동입니다.

아주 작은 일이라도 딸이 스스로 선택하고 움직여 책임을 지고, 경험을 통해 깨달은 점을 삶에 적용할 수 있게 도와주십시오. 또 다음에는 같은 실수를 하지 않도록 스스로를 다독이며 앞으로 나아가는 연습을 시켜주십시오.

홀로서기 되새기기

이 세상의 모든 동물은 둥지에서 자식을 독립시킵니다. 그 어떤 동물도 과잉보호는 하지 않습니다. 아프더라도 곁에서 참고 기다리며 새끼가 할 수 있도록 지켜봅니다.

오직 인간만 과잉보호를 합니다. 과잉은 부족한 것보다 위험합니다. 과잉보호를 한 부모가 나중에 자녀한테 가장 많이 하는 말이 바로 "내가 너를 어떻게 키웠는데, 나한테 이래?"입니다. 그리고 억울해하죠.

그러니 딸을 과잉보호하지 마세요. 스스로 자기 삶을 헤쳐 나갈 수 있도록 도와주십시오. 딸이 처음 걸을 때 수없이 넘어졌지만 응원하고 지켜보면서 딸을 믿었던 경험을 떠올려보세요. 낭떠러지로 떨어지지 않게만 보호하고 딸이 스스로 자기 삶의 근육을 단단하게 기를 수 있게 함께 해 주십시오.

물론 가장 힘든 일일 겁니다. 사랑하는 딸을 위해서는 무엇이든 해주고 싶을 거예요. 하지만 그것이 진정으로 딸을 위한 일인지 성찰의 시간은 꼭 필요합니다.

솔직히 말하면, 딸의 사춘기는 부모가 견뎌야 하는 시간의 무게만큼 속력을 냅니다. 지구에서 중력의 힘을 무시하고 살 수 있는 생명은 없습니다. 딸의 사춘기도 마찬가지입니다.

딸의 문제를 해결하려 하지 말고 딸의 마음을 읽고 이해하려 노력해주세요. 대화에서 말보다 경청이 더욱 중요하다는 사실은 이미 아실 거예요.

《십대들의 성교육》(저자 김미숙)에서 딸이 허세를 부릴 때는 외롭다는 표현이라고 했습니다. 딸이 짜증을 내면 도와달라는 신호입니다. 딸이 무기력하다면 힘들다는 신호이고, 딸이 냉소적이라면 자신이 없다는 의미라고 합니다. 그 마음만 읽어줘도 딸은 활발한 자기 삶으로 돌아옵니다.

부모도 딸도 내적으로 성숙해지는 시기가 바로 딸의 사춘기입니다. 서로의 마음을 솔직하게 표현하되 예의를 지키며 대화하는 법을 배울 수 있는 적절한 시기입니다. 무례한 대화법을 알려 주시고 부모도 실천해야 합니다. 자신에게, 상대에게, 가족에게 예의 지키는 방법을 배우는 것이 인생의 소중한 씨앗이 될 것입니다.

◆ 딸과 대화하기 위한 준비

1. 부모와 자녀의 전자기기 전원을 끄거나 무음으로 하는 등 대화할 때는 전자기기를 모두 손에서 놓아야 합니다.

2. 자녀가 부모의 눈을 똑바로 마주하지 않고 피하거나 딴짓을 한다면 대화는 미루셔도 좋습니다. 그때는 아무리 얘기를 해도 나중에 "언제? 나 못 들었는데."라는 대답만 돌아옵니다.

3. 어떻게 말을 꺼내야 할지 모를 때는 자녀가 좋아하는 음식을 같이 먹는 것도 좋은 방법입니다. 일단 먹을 때는 일상적인 이야기만 합니다. 즐거운 마음으로 음식을 먹으면서 자녀의 기분이 좋아진 상태에서 대화를 시작하면 됩니다. 또는 가까운 곳(여행, 드라이브, 캠핑, 카페 등)으로 떠나 대화를 하는 방법도 있습니다. 자녀의 특성에 따라 대화할 수 있는 방법을 찾아보세요.

4. 부모와 자녀 모두 대화할 의지가 있어야 합니다. 대화를 강요하면 자녀는 입을 다물어버립니다. '공감의 대화법'을 사용하세요. 일단 딸의 말에 그 어떤 판단이나 문제점을 얘기하지 마세요. 무조건적인 경청과 딸의 입장에서 딸의 마음을 헤아리고 이해하려고 노력해야 딸이 마음을 엽니다. 진심이 아닌 말은 아예 하지 않는 것이 낫습니다. 영혼 없는 공감도 역효과입니다.

5. 가장 중요한 것은 자녀와 부모의 '느낌'입니다. 자녀가 잔소리나 혼난다는 느낌을 갖는다면 대화는 실패입니다. 부모가 자신을 진심으로 대하고 있다, 자신을 인격체로 대하고 있다는 느낌을 받아야 합니다. 부모도 기분이 좋은 상태에서 얘기해야 긍정적인 마음으로 자녀의 말과 행동을 수용할 수 있습니다.

◆ 실전 대화를 위한 자기 점검

　실전 대화를 읽으면서 "이건 너무 이상적인 대화잖아. 이렇게 대화하는 부모가 어딨어?"라는 생각이 들 수 있습니다. 그런데 아예 없지는 않습니다. 좋은 관계는 항상 서로의 노력이 필요한 법입니다.

　다음 표를 작성하면서 딸과의 관계를 새로운 시선으로 보는 연습을 해보기 바랍니다. 평소에 사용하지 않았던 단어는 쉽게 나오지 않습니다. 그래서 실전 대화를 이상적인 대화라고 느낄 수 있습니다. 말은 습관입니다. 평소 사용하는 무의식적 단어들을 점검하고 좋은 말을 사용하도록 노력해야 질 좋은 대화가 이루어집니다.

　평소 사용하는 단어와 말투가 습관이기 때문에 대화시 다툼이 많은 관계라면 점검할 필요가 있습니다. '실전 대화'는 평소 딸과 관계가 솔직하고 진심으로 경청하고 이해하려는 노력을 했을 때 가능합니다.

　딸의 사춘기는 부모도 성장하는 시기입니다. 부모의 대화 습관을 더 나은 방향으로 나아가게 할 수 있는 때라고 생각합니다.

평소 딸에게 가장 많이 하는 말		명령어가 많다면 이해하는 단어를 사용하려고 노력 해주세요.
딸에게 하는 긍정적인 말		딸에게 어떤 말을 듣고 싶은지 물어 보고 일상에서 자 주 쓰려고 노력해 주세요.
딸에게 하는 부정적인 말		이것도 딸에게 물 어보세요. 그런 소리를 들었을 때 딸은 어떤 기분 인지도 물어보세 요.

딸과 함께, 가족 모두 점검 하면 자신의 언어 태도에 대해서 고민하는 시간을 가질 수 있습니다. 그런 고민이 더 나은 대화와 관계를 이끌어 나갈 수 있게 도와줍니다.

◆ 차원이 다른 실전 대화

엄마 딸~, 엄마랑 사춘기 테스트해볼래? (60 페이지 참조)

딸 좋아~

  (만약 싫다고 하면 한 번 같이 해보자고 분위기를 잘 이끌어 주십시오.)

엄마 결과가 어때?

딸 나는 사춘기 시작이래.

엄마 내가 보는 딸도 사춘기 시작이라고 나왔어. 그런데 딸은 본인이 사춘기
  라고 생각해?

딸 아니. (라고 답할 때만 바로 아래 대화 사용)

엄마 앞으로 사춘기가 올 테니 같이 알아보자.
  미리 준비해 두는 것도 좋으니까. 생리가 시작됐다는 건 사춘기 호르몬
  이 나오기 시작했다는 증거야.

딸 응.

엄마 딸은 사춘기가 뭐라고 생각해?

딸 그냥……, 중2병?

엄마 그래? 중2가 되면 들을 텐데. 그 소리를 들으면 어떨 것 같아?

딸 기분 나쁠 것 같아. 좋은 의미로 하는 소리가 아니잖아.

엄마 그럼 중2병이라는 말은 어떨 때 쓰는 것 같은데?

딸 상태가 안 좋고, 자기 멋대로고, 누구의 말도 듣지 않는 이상한 애들한
  테 하는 거 아니야?

엄마 엄마도 중2병이라는 단어를 썼었는데, 이 책을 읽어 보니까 사용하면 안 되겠더라.

딸 왜? 뭐라고 나와 있는데?

엄마 중2병이라는 말은 1999년 무렵 일본에서 시작된 거래. 그 말이 우리나라에 들어오면서 사춘기와 연결해서 사용된 거고. 그러니까 중2병보다는 사춘기나 청소년기라고 쓰면 좋겠어. 중2병은 병에 걸린 것 같잖아. 그런데 사춘기나 청소년기는 어른으로 성장하는 자연스러운 과정이거든. 그건 병이 아닌데 말이야. 우리라도 바꿔보자.

딸 그래. 나도 중2병은 무슨 병 걸린 사람처럼 느껴져서 싫은 것 같아. 멀쩡한데 환자 취급하니까.

엄마 엄마도 그렇게 생각해. (분위기를 조금 더 올려서) 그럼, 딸은 사춘기 전과 사춘기 후가 어떻게 다르다고 생각해? 뭐가 달라졌어? 말이나 행동 같은 걸 한번 잘 생각해봐 봐.

딸 귀찮아. 자꾸 졸려. 화가 나. 갑자기 울컥해.

엄마 맞아. 엄마도 그랬어. 미스 기복씨라고, 감정 기복이 심해지더라. 갑자기 울고 갑자기 웃고. 감정이 롤러코스터를 탔던 기억이 있어. 그런데 그게 정상이래.

딸 (놀라며, 의아해하며, 안심하며) 정말? 엄마도 그랬어?

엄마 (고개를 끄덕이며) 응. 모든 사람은 사춘기를 겪는대. 그런데 엄마도 어른이 되고 나서야 사춘기가 뭔지 알게 됐거든. 그때 자세히 알았더라면 지혜롭게 사춘기를 지났을 텐데. 조금 아쉬운 마음이 들어. 그래서 딸하고 사춘기에 대해서 같이 얘기해 보려고 테스트 하자고 한 거야. (초등학교 ○학년 때) 가슴에 몽울이 생겨서 아팠잖아.
또는 (가슴에 몽울이 생겨서 아플 거야.)

딸 엉. 엄청 아팠어.

엄마 또 생리도 시작했고. (아직 생리 전이라면 이 대화는 나중에 해도 됩니다. 하지만 이미 생리를 시작한 친구들이 있기 때문에 생리가 무엇인지 알고 있을 테니 딸이 궁금해한다면 계속 얘기하세요.)

딸 응.

엄마 냉과 생리가 사춘기 때 가장 먼저 오는 신체적 특징이래. 중학교 가면 1학년 때 배울걸? 아마도? 사춘기 때는 몸에 변화가 먼저 오는데, 호르몬이 뿜뿜~하는 시기여서 호르몬 3종 세트가 발생한대.

딸 호르몬 3종 세트?

엄마 응. 한번 생각해 볼래?

딸 (고개를 갸웃대며) 모르겠어.

엄마 좀 전에 귀찮고 잠이 많아졌다고 했던 것 같은데?

딸 혹시…… 잠?

엄마 오~맞아! 잠 호르몬. 또? 생각해봐. 아까 화가 나고 울컥한다고도 했는데?

딸 기분?

엄마 다양한 기분을 다른 말로.

딸 음…… 감정?

엄마 오~맞아! 잠 호르몬과 감정 호르몬. 그럼 나머지 하나는 뭘까? 딸이 가장 관심이 많은 건데. 학교에서 연애하는 친구들도 있지 않아? 그 모습들을 잘 생각해보면 되는데.

딸 연애 호르몬? 이성 교제 호르몬?

엄마 연애나 이성 교제를 하게 만드는 호르몬.

딸　뭐지?

엄마　성호르몬! 남자는 테스토스테론이라는 남성 호르몬이 나오고, 여자는 에스트로겐이라는 여성 호르몬이 엄청 나온대. 그래서 여자는 생리를 하고 가슴이 커지고 허리가 들어가는 몸매가 완성되기 시작하는 거지. 남자는 몽정을 하고 수염도 나고. 공통적으로 키도 커지고 잠도 많아지고, 귀차니즘이 생기고. 또 뭘 자꾸 까먹고. 대부분 호르몬이 급격하게 분출하는 시기야. 이 시기가 바로 사춘기고 이 시기를 현명하게 지나야 성숙한 어른이 되는 거지. 미성년자에서 성인이 되는 거야. (분위기를 전환하며) 요즘 딸이 아침에 일어나는 게 저학년 때보다 힘들지 않아? 잠도 늦게 자고.

딸　맞아. 어릴 때는 일찍 자고 일찍 일어났던 것 같아.

엄마　그게 사춘기 호르몬 때문이래. 그게 정상인 거지.

딸　그러니까, 일찍 자라고 잔소리 좀 그만해!

엄마　엄마도 그러고 싶다. 에휴! 그런데 사춘기 때 모든 청소년이 아침에 늦게 일어나고 힘들어할까? 일찍 일어나는 사람은 없을까? 그 애들은 왜 그게 될까?

딸　몰라. (약간 뾰로통해져서) 원래 그런가 부지!

엄마　아닐걸! 다른 이유가 있을 텐데. 엄마가 살아보니까 이 세상에 원래 그런 건 없더라. (딸을 주의 깊게 한번 살펴보고 나서) 잘 생각해보자. 딸의 생활 모습을. 아침에 일어나서 잠들기 전까지 자기 몸이 어떤 행동들을 했는지 적어봐도 괜찮고, CCTV로 녹화한 것처럼 딸 머릿속에서 그려보는 거야. 그런 행동을 '객관화'라고 해.

딸　어려운데?

엄마　자기 행동을 되돌아보는 거야. 동영상 볼 때 돌려보기하는 것처럼. 여러 번 연습하면 쉬워질 거야. 엄마도 반성하고 후회하고 안 그러려고 노력하고 그랬어.

딸　아……

엄마　어차피 딸은 기상 시간이 정해져 있잖아. 학교에 가야 하니까. 학교에 몇 시까지 가야 하지?

딸　8시 30분까지 들어가야 해.(학교마다 다릅니다.)

엄마　적어도 10분 전에는 도착해야 하잖아. 그러면 생각을 해보자. 일어났다는 건 뭘 의미하는 걸까?

딸　눈 뜬 거.

엄마　눈만 떴다가 다시 자면? 그게 일어난 걸까? 일어났다는 건 뭘까?

딸　세수?

엄마　(웃으며) 맞아. 몸이 일어나서 세수나 샤워를 하고 옷을 입고. 몸이 이부자리에서 벗어나는 걸 의미해. 몸이 움직이는 것! 그게 일어난 거야. 누워서 핸드폰을 하는 건 일어난 게 아니고, 여전히 자는 중인 거야.

딸　근데, 아침에 일어나는 게 힘든데…….

엄마　왜 아침에 일어나는 게 힘들까? 분명히 이유가 있을 텐데?

딸　늦게 자서?

엄마　왜 늦게 잘까?

딸　할 게 많아서.

엄마　어떤 일이 많지?

딸　학교 가고, 학원 가고, 학원 숙제하고…… 얼마나 바쁜데…… 그거 하느라 늦게 잔다고. 또 씻어야 한다구.

엄마 그래, 그렇구나. 그래도 일어나야 하는 시간은 정해져 있는데, 몇 시에 자야 딸이 스스로 일어날 수 있지?

딸 12시에는 자야 일어날 수 있어.

엄마 그런데 왜 12시에 잠을 못 잘까?

딸 아까 말했잖아. 할 게 많다고!

엄마 그럼, 딸은 학교 다녀와서 바로 학원 가고, 학원 숙제하고, 수행평가하고 맨날 그렇게 해? 중간에 쉬는 시간이 1분도 없어?

딸 아니.

엄마 중간중간 쉴 때 뭘 하지?

딸 동영상 보는데.

엄마 동영상을 10분만 보고 딱! 끝내고 다시 할 일을 해?

딸 (머뭇거리며) 아……니.

엄마 그럼?

딸 보다 보면 알고리즘이 떠서 계속 보게 돼.

엄마 다음엔?

딸 이것만 보고, 이것만 보고 하다가 시간이 지나가. 그러다 엄마가 퇴근하고 와서 물어봐. 할 일 다 했냐고.

엄마 그럼?

딸 이제 할 거라고 말하고 방에 들어가서 해.

엄마 그때가 몇 시쯤 되지?

딸 보통 9시나 10시쯤?

엄마 그때부터 숙제나 할 일을 하는 거네?

딸 응, 아니. 씻어야지!

엄마 그럼, 씻고 나면 몇 시지?

딸 11시?

엄마 그때부터 해서 몇 시에 끝나?

딸 새벽 1시나 2시쯤?

엄마 아침에 몇 시에 일어나야 하지?

딸 7시? 7시 20분?

엄마 그럼 다섯 시간밖에 못 자는 거네?

딸 응.

엄마 그럼, 학교 가서도 졸리겠네? 아니면 멍 때리거나?

딸 조금.

엄마 왜 밤 11시나 되어야 숙제를 시작하게 될까? 다른 방법은 없을까?

딸 있어. 근데 그게 잘 안 돼.

엄마 맞아. 잘 안 되지. 계획을 세우고 시간을 현명하게 쓰는 게 어른인 엄마도 어렵거든. 그러니 딸은 더 어렵겠지. 그런데 말이야. 청소년기에는 가장 중요한 게 수면이거든. 질 좋은 수면을 충분히 해야, 적어도 8시간 이상 자야 해. 키도 크고 뇌도 발달하고 집중력도 좋아지고 체력도 좋아지거든. 지금 딸이 해야 할 일을 자꾸 미루느라 딸 인생에서 아주 중요한 것들을 놓치고 있다는 생각을 해봤어? 미루는 건 쉬운 거야. 하지만 미루지 않고 하는 건 어렵지. 어려운 건 몸에 오랫동안 남거든. 쉬운 건 금방 잊어버리거나 사라져. 그러니까 엄마랑 같이 계획을 짜고 시간 활용 해보자.

딸 응!

엄마 딸은 빨리 어른이 되고 싶어? 어른이 되는 게 싫어?

딸 음…… 빨리 어른이 돼서 내 맘대로 살고 싶기도 한데, 지금처럼 애들이었으면 좋겠고…… 잘 모르겠어.

엄마 엄마는 어릴 때 빨리 어른이 되고 싶었는데. 딸은 오히려 솔직하게 지금 자신의 상황을 잘 인지하고 있네. 엄마보다 낫다.^^

딸 정말? 왜 빨리 어른이 되고 싶었는데?

엄마 (딸의 눈을 지긋이 바라보며) 딸하고 같은 이유지. 내 맘대로 살고 싶어서. 그런데 시간이 지나서 지금의 나이가 되니까 후회가 되는 것들이 있어.

딸 그게 뭔데?

엄마 그 시기를 받아들이고 내가 사는 시기를 즐겼으면 어땠을까 하는. 또 좀 더 용기를 내서 도전하고 실패하는 경험을 할 걸 하는. 물론 딸이 사는 시대는 엄마가 살았던 시대와 다르지만 딸이 자신에 대해 고민하고 성찰하는 시간을 충분히 가졌으면 좋겠어. 두 번 다시 오지 않는 10대잖아. 무슨 짓을 해도 한번 지나간 시간은 다시 살 수 없거든.

딸 엄마도 후회하는구나.

엄마 그럼, 엄마는 평범한 인간이야. 실수도 많이 하는. (분위기를 전환하며) 사춘기 때 성호르몬이 영향을 끼치기 때문에 이상한 행동들을 많이 하는 거야. 그렇다고 호르몬이 나오는 데로 다 행동하는 것은 좋지 않아. 사춘기는 각종 호르몬들이 분비되는 자기 몸을 살펴보고 수용하는 시기라는 뜻이야. 무엇보다 성에 대한 인식을 통해 '자기 결정권'을 갖고 자신을 인격체로 받아들이고 타인도 인격체로 존중하고 배려하는 마음을 배우는 시기야. 자신의 성호르몬을 조절하는 방법을 배우고, 이성과 예의를 지키는 법도 배워야 하는 시기지. 관계와 소통이 가장 크게 성장하는 시기라는 뜻이지.

딸 (약간 투덜대며) 너무 많은 걸 바라는 거 아니야? 학교에서도 배우고 학원에서도 배우는데 뭘 또 배우라는 거야?

엄마 엄마는 아직도 배우는걸! 그 누구도 인생을 두 번 살지 않아. 엄마가 딸 엄마인 것도 처음이고, 딸도 엄마의 딸인 게 처음이잖아. 그러니까 배우는 방법밖에는 다른 길이 없어. 동영상처럼 건너뛰기로 살 수 있는 인생은 없거든.

딸 그렇겠네.

엄마 그러니까 잘 배워보자. 딸의 성적 변화(몸과 정신 포함)를 수용하는 것부터 먼저. 그런데 성적 변화는 사람마다 다르기 때문에 친구들을 부러워하거나 친구들과 절대로 비교하지 말기. 딸의 속도대로 수용하면 되는 거야.

딸 응.

엄마 학교에서 키가 작다고 놀리거나 다른 친구의 외모를 보고 놀리는 애들도 있을 거야. 우리 딸은 친구들의 외모를 보고 평가하는 말들은 안 했으면 좋겠어. 다른 사람의 외모에 대해서 함부로 얘기하는 애들은 사춘기의 성장 과정을 제대로 이해하지 못하기 때문에 그러는 거야. 고등학생이 되면 초중등 때 자신이 왜 그랬는지 후회하기도 해. 그러니까 외모에 있어서 다른 애들의 평가를 딸이 그대로 믿지 않았으면 좋겠어. 지금은 자라는 중이기 때문에 아직 어떻게 될지는 아무도 몰라. 사람마다 성장하는 속도가 다르니까.

딸 응.

엄마 (진지하게) 지금부터 엄마가 하는 말은 딸이 듣기 싫겠지만 꼭 들어야 하는 거니까 집중해봐.

딸 응.

엄마 사춘기 때는 각종 호르몬 때문에 이상한 행동들을 많이 하잖아. 초등학교 저학년 때와 많이 달라지지. 그래서 규칙적인 생활 습관이 중요하대. 운동과 충분한 수면이 엄청 중요해. 골고루 영양을 섭취해야 하고 긍정적인 사고를 가지고 생활해야 해.

딸 뭐야? 내가 하기 싫어하는 것들만 말하고 있잖아.

엄마 (딸과 눈을 맞추며) 알아. 엄마도 어릴 때는 듣기 싫었던 말들이었어. 이해해. 그런데 참고 들어봐. (호흡 한 번 하고) 어른들도 자신의 인생을 위해서 좋은 습관을 갖고 싶어하거든. 핸드폰을 놓고 운동을 하고 싶어하고, 책을 읽고 싶어하고 똑똑해지고 싶어하지. 골고루 먹어서 건강해지고 싶어하고. 근데 실제 행동은? 누워서 핸드폰만 보고, 배달 음식만 시켜먹고, 귀찮아서 운동은 미루고 다이어트약만 먹어. 알고리즘에 뜬 영상을 보다가 전자파 때문에 숙면을 취하지 못해서 불면증에 시달리기도 해. 그렇게 나이가 들어서 결국은 후회를 하는 거지. 어른이라고 자기 인생의 결정권을 가지고 주체적으로 사는 건 아니야. 그런 자신의 모습을 발견하고 잘못된 행동을 끊어낸 어른만 자신에게 좋은 습관을 선물로 줄 수 있는 거야. 하나씩 하나씩 하라고 하더라. 완벽하게 하려고 하지 말고 한 번에 하나씩. 지금 자기가 있는 공간에서 자기가 해야 하는 일과 할 수 있는 일만. 미루는 거, 쉬워. 쉬운 것만 찾아서 선택을 하면 나중에 어떻게 될까?

딸 쉬운 일만 찾게 돼.

엄마 맞아. 딸이 걸음마 연습할 때. 기억해?

딸 아니. 그걸 어떻게 기억해.

엄마 엄마는 기억해. 딸이 수만 번 넘어졌는데도 포기하지 않고 일어나더라. 울기도 하고 엄마한테 도와달라고도 했지만 결국에는 혼자 해내더라고. 딸이 혼자 걸어서 엄마 품에 처음 안겼을 때. 감동이었어. 또 어린이집에 처음 갔을 때, 낯설어서 걱정했는데 딸이 적응을 잘해주더라. 초등학교 입학했을 때도. 지금까지 딸이 살아온 12년(딸의 나이를 넣어주세요.) 동안 수많은 어려움이 있었지만 딸은 용기 있게 도전하고 이겨냈어. 엄마가 기억해. 지금 딸이 이렇게 건강하게 큰 게 당연한 게 아니야. 하루하루 딸이 자신에게 닥친 어려움을 이겨냈기 때문에 지금의 딸이 있는 거거든. 엄마도 마찬가지고. 그러니 사춘기, 까짓것 오라고 해. 우리 딸이 맞짱 뜰테니까. 엄마가 옆에 있잖아. (오른손 엄지와 검지로 원을 그리며) 오케이?

딸 오케이!

엄마 (딸과 하이 파이브를 한다.)

◈ 잠깐, 점검하기

사춘기 테스트 - 자녀용

	내 용	체크
1	부모님이 하는 말이 듣기 싫고 말대꾸를 하게 된다.	
2	가족보다는 친구들과 함께 있는 것이 즐겁다.	
3	형제, 자매와 자주 부딪히며 싸운다. (외동인 경우 혼자 있고 싶은 시간이 길어졌다.)	
4	좋아하는 이성 친구가 생겨서 사귀고 싶은 마음이 든다.	
5	연예인이나 아이돌에 관심이 생겼다.	
6	거울 보는 일이 늘고 외모에 대한 불만이 자꾸 생긴다.	
7	새로운 친구를 사귀는 것이 힘들다.	
8	모든 일이 귀찮고 따분하다.	
9	거짓말과 욕을 쉽게 하게 된다.	
10	예전보다 늦게 자고 싶다.	
11	잠이 늘었다. (갑자기 잠이 온다.)	
12	작은 일에도 쉽게 화가 나고 짜증난다.	
13	괜히 슬퍼지고 눈물이 날 때가 있다.	
14	기분이 좋았다 나빴다 한다.	
15	자꾸 해야 할 일이나 준비물을 잊어버리고 까먹는다.	
16	미래에 대한 걱정과 고민이 많다.	
17	몸에 대한 궁금증과 관심이 늘었다.	
18	공부는 왜 해야 하는지 모르겠고 하기 싫다.	
19	보통 방문을 잠가 놓는다.	
20	친구들에게 주목받고 인정받고 싶다.	

사춘기 테스트 - 부모용

	내 용	체크
1	엄마, 아빠와 말하거나 함께 하기 싫어한다.	
2	사소한 일에도 짜증을 내거나 화를 낸다.	
3	감정 기복이 심해졌다.	
4	부쩍 말대꾸가 늘었다.	
5	능력 이상의 꿈을 꾸고 허세를 떨며 겁이 없어졌다.	
6	부모의 말을 건성으로 듣는다.	
7	매사에 잘 집중하지 못한다.	
8	시작한 일을 끝까지 마무리하지 못한다.	
9	예전보다 늦게 자고 늦게 일어나려고 한다.	
10	자기 방에 있는 시간이 길어지고 방문을 걸어 잠근다.	
11	잠이 늘었다.	
12	친구들과 SNS, 게임 등을 하느라 하루 종일 핸드폰을 들고 있다.	
13	작은 일에도 스트레스를 쉽게 받는다.	
14	이성 친구와 연애에 부쩍 관심을 보인다.	
15	만사를 귀찮아한다.	
16	몸과 성에 대한 질문을 한다.	
17	컴퓨터나 핸드폰으로 음란한 영상이나 이미지를 보는 거 같다.	
18	화장에 관심이 많고 씻는 시간이 길어지며 외모에만 신경 쓴다.	
19	깜빡깜빡하며 할 일과 준비물 등을 잘 챙기지 못한다.	
20	거짓말과 욕이 늘었다.	

결 과	
13개 이상인 경우	현재 사춘기의 정점에 있다고 보면 됩니다. 한창 예민하여 사소한 일에도 감정이 증폭되고 부모로부터 독립하려고 하기에 아이의 행동에 대해 너무 통제하면 더 큰 반항으로 이어질 수 있으니 자연스런 성장 과정으로 받아들이면서 아이를 이해하려는 태도를 보여주세요.
6개에서 12개 사이인 경우	아직은 큰 갈등이 일어나지는 않은 상황입니다만 어쨌거나 사춘기에 해당하는 시기이고 곧 큰 반항을 보일 수 있기에 이해를 바탕으로 아이와 깊은 유대의 시간을 많이 가지는 것이 좋습니다.
5개 이하인 경우	조금씩 사춘기가 시작되고 있는 상황입니다. 미리 사춘기에 대해서 공부하고 대비를 해주세요. 아이가 부모는 전적인 지지자이며 도움을 주는 존재라는 사실을 알 수 있도록 신뢰를 높이면 잘 넘어갈 수도 있습니다.

※ 본 내용은 전문적인 테스트가 아니므로 가볍게 참고 용으로 사용하시기 바랍니다.

냉, 어느 날 팬티에서 만나는 슬라임!

우리는 사춘기 2차 성징이 생리부터라고 생각합니다. 하지만 생리를 하기 전에 우리 몸은 미리 알려 줍니다. 곧 생리가 시작될 테니 준비해~ 하고요. 그것이 바로 냉입니다.

보통 성교육을 할 때 생리에 대한 얘기를 먼저 하는데, 딸은 냉부터 시작해야 합니다. 여자의 몸이 자연의 흐름대로 신호를 보내는 겁니다. 모두 다 냉을 먼저 경험하는 것은 아니지만 냉은 보통 첫 생리를 하기 1~2년 전부터 나올 수 있습니다. 일반적으로 정상적인 냉은 뽀얀 빛을 띠며, 밝은 노란색일 때도 있습니다. 보통 한 달 동안 진행되는 호르몬 변화에 따라 질 분비물의 양과 질감도 달라집니다. 냉이 나온다는 것은 내 몸에 성호르몬이 많이 돌고, 자궁이 생리를 준비하고 있다는 신호입니다.

부모는 딸의 팬티에 분비물이 묻어나오는지 잘 살펴주시고, 미리 얘기해 주십시오. 냉은 정상적인 생리 현상이며 곧 생리를 할 수 있는 몸이 된다는 점을요.

냉은 질에 있는 땀, 분비액, 노화로 떨어져 나오는 질 벽 상피 세포, 자궁 경관 점액, 자궁 내막과 나팔관 분비물, 질 안에 사는 세균 분비물 등으로 이루어져 있어요.

여성 호르몬인 에스트로겐의 자극 때문에 분비됩니다. 그리고 냉은 질 안의 환경을 위해 산성도를 조절해요. 여성에게 꼭 필요한 좋은 물질입니다. 냉은 질을 깨끗하고 촉촉하게 유지하며, 감염을 예방합니다. 몸 상태에 따라 색이나 농도는 다양하지만 다음의 경우를 제외하면 정상입니다.

이전과 다른 안 좋은 냄새가 난다.

녹색, 회색, 고름 같은 색이 난다.

거품이 난다.

생식기가 가렵거나 붓고 빨개진다.

피가 난다.

이 경우에는 병원에 가서 치료를 받아야 합니다. 산부인과는 산모만 가는 곳이라는 잘못된 인식이 있어서 여성 의학과로 명칭을 바꾸자는 논의도 진행되고 있습니다. 부모부터 병원에 가는 것을 꺼리지 마세요. 소중한 딸과 여자의 몸을 위한 일입니다.

생리 준비~시작!

저는 강의할 때 "어느 날 팬티에서 슬라임을 만나게 될 거야."라고 말합니다. 냉에 대해 먼저 알려준 후, 이제 생리가 시작된다고 준비물을 알려줍니다. 파우치를 사고 준비물(생리대, 비옷처럼 얇은 겉옷, 물티슈, 휴지, 새 팬티, 생리 팬티, 얇은 비닐 등)을 사서 가지고 다닐 것을 권합니다.

생리가 학교에서 나올 때도 있고, 옷에 묻을 때도 있습니다. 그래서 냉이 시작되면 가방 안에 파우치를 준비해서 가지고 다니게 해주세요.

파우치에는 생리대와 색깔 있는 얇은 바람막이 점퍼, 물티슈와 새 팬티를 넣어주세요. 생리대는 집에 올 때까지 사용할 수 있는 개수를 넣어주시구요. 바람막이 점퍼는 바지에 생리혈이 묻을 경우를 대비해 투명한 것보다는 진한 색깔의 얇은 바람막이 점퍼가 좋고 의자나 화장실 변기에도 생리혈이 묻을 수 있다는 걸 알려주셔서 물티슈를 챙겨주시고 팬티나 바지, 치마를 벗어서 닦고, 몸도 닦을 수 있게 해주세요. 그러고 나서 새 팬티나 생리 팬티로 갈아입고, 바지나 치마는 생리혈만 깨끗하게 닦은 다음 바람막이로 가리면 됩니다. 생리혈이 묻은 팬티는 비닐에 싸서 파우치에 넣습니다. 옷을 갈아입을 수도 있으니 비닐은 작은 것과 중간 정도 사이즈 두 개를 넣어주세요.(집에서 연습해 보는 것도 추천합니다.)

파우치는 딸이 좋아하는 디자인과 색깔로 고르게 해주세요. 그렇게 엄마와 데이트를 하면서 좋은 추억으로 생리를 준비할 수 있도록 해주세요.

초등학생 때 부모는 큰 산처럼 보이거든요. 그런 엄마도 처음 생리를 했을 때 당황했고, 생리가 새서 곤란했던 경험을 얘기해주면 딸의 마음은 한결 가벼워집니다. 생리에 대한 불안감도 연해지고요. 실수하고 어려웠던 엄마의 다양한 경험을 솔직하게 얘기하면서 지금은 익숙해지고 적응했는데 그때는 당황을 했다, 그게 정상이니 너무 걱정하지 말라고 해주세요. 그것보다 큰 위로는 없습니다.

◆ 차원이 다른 실전 대화

엄마 딸! 친구들 중에 생리 시작한 친구 있어?

딸 응. 있어.

엄마 딸은 어때? 생리를 빨리 했으면 좋겠어?

딸 절대 싫어!

엄마 왜?

딸 키 안 크잖아.

엄마 성호르몬이 스무 살까지 나오니까 키는 계속 클 거야. 걱정 안 해도 돼.

딸 (안도하며) 정말?!

엄마 응. '이제 생리할 때가 됐으니 준비하세요~'라고 우리 몸이 알려주는 게 뭔지 알고 있어? 친구들도 알고 있었대?

딸 엥? 갑자기 하는 거 아니야?

엄마 아니야. 우리 몸은 '갑자기'라는 건 없어. 항상 미리 알려줘. 우리가 그걸 알아차리지 못해서 그렇지.

딸 그래?

엄마 딸도 이제 서서히 준비를 해야 하니까. 딸 팬티에 슬라임 같은 게 묻어 나오는지 잘 살펴봐. 밝은 노란색이나 뿌얀 빛을 띠는 슬라임 같은 거.

딸 슬라임? 그게 몸에서 나온다고? 으웩!

엄마 예를 들은 거야.^^ 딸이 알아듣기 쉬우라고. 생리는 피가 나오는 건데.

딸 아~. 팬티에 나오는 슬라임이 뭔데?

엄마 으응. 그걸 냉이라고 하는 거야. 어른도 생리를 하기 전에 냉이 먼저 나올 수도 있거든. 그래서 조금 있으면 생리가 나온다는 걸 알아차리기도 해.

딸 아~.

엄마 생리를 하기 전에 냉이 먼저 나오면서 당황하지 말라고, 이제 생리를 하게 될 테니 준비하라고 몸이 보내는 신호야. 그러니까 딸도 화장실에 갈 때마다 팬티를 잘 확인해 보도록 하자. 무조건 다 나오는 건 아니지만 보통 생리하기 1~2년 전부터 나온대. 아마 딸이 못 보고 그냥 지나쳤을지도 몰라. 그치?

딸 응. 그런데 냉은 왜 나오는 건데?

엄마 사춘기 때 호르몬 3종 세트 말했던 거 기억나?

딸 그러~엄. (자신 있게) 잠, 성, 감정 호르몬!

엄마 오~~. 잘 기억하네! ㅎㅎ 하이파이브! 예~! 그중에서 성호르몬의 영향이야. 남성 호르몬은 테스토스테론, 여성 호르몬은?

딸 ??? 몰라. 기억 안 나.

엄마 엄마도 처음엔 어려웠는데 기억하려고 노력했더니 입에 붙었어. 내 몸에 중요한 호르몬이니까 기억하려고 했지. 여성 호르몬은 에스트로겐. 이 호르몬이 몸에서 나오는 거지. 이제 유아나 어린이가 아니라는 말씀! 우리 딸이 어른이 될 준비를 한다는 증거야. 그리고 한 가지 냉이 중요한 이유가 있어.

딸 뭔데?

엄마 바로 냉이 질을 깨끗하고 촉촉하게 유지해준대. 여자한테 질은 중요한 부위잖아. 생리도 질에서 나오고. 냉이 질 안의 환경을 조절하는 거래. 우리 몸은 진짜 신비롭지?

딸   응. 그럼 냉이 나오면 엄마한테 말하면 되는 거지?

엄마   응. 딸 몸에서 냉을 만나면 엄마랑 쇼핑을 좀 해야지.ㅎㅎㅎ

딸   쇼핑! 오예~! 뭘 사는데?

엄마   ㅎㅎ 생리 준비를 해야겠지? 언제 생리를 시작할지 모르니까 미리 준비를 하는 거야. 딸이 중학교 들어가기 전에 미리 준비하는 것들이 있잖아. 가방, 옷(교복), 신발, 학용품 등등.

딸   응. 생리도 준비할 게 많아?

엄마   많지는 않지만 물건들을 준비하면서 생리에 대한 마음의 준비도 같이 하는 게 좋겠지?

딸   뭘 사야 하는데?

엄마   딸은 생리가 언제 나올지 알아?

딸   그걸 내가 어떻게 알아?

엄마   그치? 그래서 미리 준비하는 거야. 뭐가 가장 중요할까?

딸   당연히 생리대 아니야? 애들이 가지고 다니는 거 봤어.

엄마   맞아. 생리대를 먼저 사야겠지. 그런데 생리대 종류가 몇 개나 있는지 알아?

딸   당연히 모르지!

엄마   그래서 엄마랑 생리대를 종류별로 사러 갈 거야. 한번 착용도 해보고. 버리는 방법도 알려줄게.

딸   종류별로 다 봐야 해? 엄마가 쓰는 거 쓰면 안 돼?

엄마   음식도 입맛에 맞아야 맛있잖아. 또 알레르기 있는 사람들도 있고. 생리대도 그래. 딸한테 맞는 걸로 사는 게 좋거든. 선택은 딸이 해. 생리대를 몇 시간씩 착용해 보고 결정하면 돼.

딸	응.
엄마	예쁜 파우치도 하나 살 거야.
딸	우와~.
엄마	퀴즈를 한번 내볼게. 파우치에 생리대와 같이 더 넣어야 하는 물건은 어떤 것일까요? 모두 골라 보세요~.
딸	모두?
엄마	응. 그러니까 잘 들어 봐. 말한다~~
딸	(눈이 초롱초롱) 응!
엄마	물티슈, 새 팬티, 비옷처럼 얇은 겉옷, 얇은 검정 비닐!
딸	새 팬티. 물티슈?
엄마	또?
딸	또 넣어야 해?
엄마	엄마가 말한 거 다 넣어서 가지고 다녀야 해.
딸	전부 다? 왜?
엄마	생리는 언제 나올지 모른다고 했던 거 기억나?
딸	응.
엄마	그러면 학교에서 생리가 시작됐어. 생리대가 몇 개 있어야 할까?
딸	두세 개?
엄마	일단 학교에서 생리가 시작된 걸 딸이 알아차릴 수 있을까?
딸	…….
엄마	아직 경험이 없으니까 모를 거야. 냉으로 예고를 해주기도 하지만 날짜는 알 수가 없어. 그래서 준비를 해야 해. 처음에는 양이 적어서 괜찮은데, 시간이 흐르면 옷이랑 학교 의자에도 묻을 수가 있거든 옷에도.

엄마 그래서 일단 물티슈로 의자를 닦아야 해. 그리고 색깔 있는 얇은 비옷을 허리에 두른 다음 화장실로 가야지. 화장실 변기에도 생리혈이 묻을 수 있기 때문에 물티슈로 닦고, 하의를 벗은 다음 생리혈이 묻은 몸의 이곳저곳을 물티슈로 깨끗이 닦아야 해. 그러고 나서 깨끗한 팬티에 생리대를 착용하고 옷을 다시 입어. 아니면 학교 체육복으로 갈아입고. 갈아입을 옷이 없으면 비옷을 허리에 두른 다음 생리혈이 묻은 팬티를 비닐에 싸서 파우치에 넣는 거야. 옷은 중간 사이즈 비닐에 잘 싸서 집으로 가져오고.

딸 맞아. 친구들 중에 옷에 생리가 묻었던 애들이 있었어. 나는 그런 경험이 없었는데 엄청 당황하고 부끄러울 것 같아.

엄마 응. 그래서 미리 준비해주려고 하는 거야. 그런데 학교에서 생리대가 없으면 어떻게 할까?

딸 친구들한테 물어보던데?

엄마 준비하고 다니는 친구들이 있으면 다행인데 없으면?

딸 ???

엄마 그럴 땐 보건실에 가서 보건 선생님께 생리대 몇 개 달라고 하면 돼. 보건실에 다 준비되어 있어.

딸 아~!

엄마 엄마도 학생 때 그런 경험이 여러 번 있었어. 그래서 지금은 파우치를 가지고 다녀. 딸, 냉이 시작되고 생리를 시작하면 항상 그 파우치를 가지고 다녀야 해. 우리 몸은 기계가 아니라서 생리 날짜가 불규칙하거든. 특히 청소년일 때는 더욱더 불규칙하게 생리를 하거든.

딸 왜? 한 달에 한 번씩 하는 거 아니야?

엄마 그건 생리 시작하고 7년 정도 지나야 해. 한 20살쯤? 그때까지는 자궁이 다 자라지 않아서 생리가 불규칙한 사람들이 더 많아. 평균적으로 한 달에 한 번씩이라고 하는 거지. 사람마다 다 달라.

딸 그렇구나.

엄마 냉이 나온다는 건 자기 몸에 성호르몬이 많이 돌고 있다는 신호로, 자궁이 생리를 준비하고 있다는 뜻이기도 해. 딸의 자궁이 이제 본격적으로 형성되기 시작하는 거야. 완성은 아까 말한대로 스무 살쯤.

딸 (놀라며) 스무 살?

엄마 응. 그 얘기는 생리 얘기할 때 해줄게. 암튼, 그래서 자궁이 만들어지는 중이라 생리도 날짜가 불규칙할 수밖에 없다. 그냥 우리는 딸이 생리 전에 냉을 만나서 파우치 준비를 잘하면 될 것 같아. 엄마한테 기쁜 소식 꼭! 알려줘! 단, 집에서 조용히~. 큰소리로 공공장소나 남이 있는 곳에서는 얘기하지 말고!

딸 알았어. 그 정도 눈치는 있어!

엄마 ㅋㅋㅋ미안.

생리에 대한 모든 것을 알려주마.

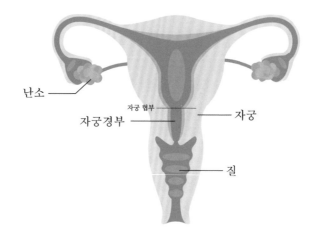

난소

자궁 협부

자궁경부 ———— 자궁

질

자궁의 구조

아이에서 어른으로 변화하는 과정

생리가 시작되면 무조건 파티부터 하지 마세요. 한동안 초경 파티가 무슨 유행처럼 번졌는데, 가족에게 생리를 알리기 싫어하는 딸들도 있습니다. 딸에게 물어보세요.

초경 때 중요한 것은 생리에 대한 '느낌'입니다. 자기 몸에서 피가 나오는데 얼마나 놀라겠어요? 냉이 나올 때 미리 알려줬어도 실제 상황은 다릅니다. 많이 놀란 딸의 마음부터 안정시켜 주세요.

생리는 딸이 아이에서 소녀로, 성인으로 변해 가는 성적 존재의 상징으로 나타나는 증상입니다. 하지만 그 전에 생리에 대해서 부정적인 피드백(예를 들어 생리를 하면 키가 안 큰다 같은 종류의 말들)을 받은 친구들은 생리를 축하할 일로 받아들이지 않습니다. 그러니 냉을 시작할 때부터 생리는 좋은 일이며 어른의 몸으로 바뀌는 일이라고 긍정적인 느낌을 주십시오.

'내 몸이 낯설어요'에서 자기의 성기를 거울로 관찰하게 했다면, 그때 자기의 몸을 소중하고 귀한 존재로 인식하게 했다면, 생리도 자연스러운 일로 받아들일 것입니다. 물론 부모가 그런 사고방식을 가지고 있어야겠지요!

이론적으로 어려운 단어들을 사용해서 설명하는 것은 딸의 귀에 들어가지 않습니다. 지금 내 몸에서 피가 나오는데 그런 어려운 말들을 귀담아 들을까요?

그냥, "이번 달에는 임신에 실패했어."라고 해주세요. 생리를 한다는 건 임신할 수 있는 능력을 갖게 되었는데, 임신에 실패했다는 것이라고 알려주세요.

임신은 어떻게 되는 것인지도 설명해야 합니다. 이때 딸의 성 지식을 먼저 알아보세요. "임신은 어떻게 되는 거지?"라고 질문했는데, 잘 모르거나 생식기 사진을 보여줬는데 변태라는 둥 난리가 나면 딸은 성관계에 대해서 정확하게 인지하고 있지 않은 겁니다. 오히려 바로 지금 올바른 성교육을 할 수 있는 기회로 삼으십시오.

임신은 정자가 여자 몸으로 들어오는 것입니다. 어릴 때 부모님과 목욕했던 기억을 떠올리게 해주세요. 그렇게 좋은 느낌이라는 점을 알려주세요. 집에서 반려동물을 기르고 있다면 쓰담쓰담하면서 스킨십을 하는 것처럼 좋은 것이라고요. 성관계도 똑같다고, 엄마랑 아빠도 그렇게 좋아해서 쓰담쓰담하면서 자연스럽게 좋은 느낌을 갖고 딸을 낳은 거라고 얘기해주세요.

생리 준비

('냉, 어느 날 팬티에서 만나는 슬라임!'과 일부 중복되는 내용이 있을 수 있습니다.)

다음으로, 딸이 임신을 할 수 있는 몸이 되긴 했지만 자궁이 완성되려면 스무 살이 되어야 한다고 상기시켜주세요. 제가 강의를 다닐 때는 자궁 모형을 시각 자료로 사용하지만 부모님은 책에 실린 자궁사진(72 페이지 그림 참조)을 보여주면서 명칭을 알려주세요. 일단 놀란 딸의 마음부터 이해하고 다독인 다음 이론을 알려주면 됩니다.

딸과 함께 마트에 가서 생리대를 종류별로 하나씩 다 삽니다. 탐폰도 삽니다. 요즘에는 생리대보다 탐폰을 사용하는 딸들이 많습니다. 특히 수영을 해야 할 경우라면 제대로 사용할 수 있게 알려줘야겠지요. 위생적으로만 잘 관리할 수 있다면 괜찮거든요. 생리컵이나 면 생리대를 사용하기도 합니다. 환경을 생각해서 실천하기도 하지만 무엇보다 자기의 몸을 위해 다른 선택을 하는 것이지요. 하지만 강요는 하지 마십시오. 딸이 스스로 선택하게 기회를 주세요. 나이가 들면서 서서히 바뀌거나 주체적으로 선택합니다.

생리대의 성분도 함께 살펴보세요. 가장 중요한 신체 부위에 닿는 제품이기 때문에 꼼꼼하게 살피는 연습을 해야 합니다. 엄마가 사용하는 것을 그냥 주지 마세요. 알레르기가 있어서 음식을 가려 먹어야 하듯 생리대에 민감한 딸들도 있습니다. 될 수 있는 한 모든 생리대 제품을 사 와서 하나씩 착용하게 해보세요. 다른 제품을 사용할 때 생리대를 버리는 방법도 알려주시면 됩니다.

공공화장실 변기에 생리혈이 조금 묻어 있는 걸 본 적이 있으실 거예요. 가끔은 펼쳐진 생리대를 마주할 때도 있었을 겁니다. 화장실은 공공장소니까 다른 사람이 불쾌할 수 있는 행동은 조심해야겠지요. 가족도 작은 공동체입니다. 집에서부터 생리대 뒤처리를 깨끗하게 하는 방법을 알려주세요. 이 것도 타인에 대한 배려이면서 자신의 품격을 알리는 행동이라는 점도요. 자 기의 몸과 관계를 잘해야 다른 사람과 맺는 관계도 성숙해집니다.

생리혈

생리를 시작하지 않은 딸에게는 생리혈이 어떤 색깔인지 한번 물어보세요. 지식이 없는 딸, 아들 중에는 파란색이라고 하는 경우도 있습니다. 에 엥?이라고 생각하시죠? 생리대 광고를 보면 모두 파란색으로 나오잖아요. (최근에는 주황색 또는 색을 보여주지 않는 광고도 있습니다.) 그래서 딸들이 처음 생리 를 할 때 깜짝 놀랄 수밖에 없습니다. 그러니까 냉이 나올 때부터 미리 얘기 해 놓으세요. 아는 만큼 덜 당황합니다.

보통 생리혈은 빨간색이라고 알고 있는데 그렇지 않습니다. 이점도 알려 주세요. 생리 첫날이나 마지막 날에는 생리혈이 나오는 속도가 다른 때보다 느립니다. 생리혈이 천천히 나오면 산소와 만나는 시간이 길어지면서 갈색 또는 초콜릿색으로 변합니다. 생리 첫날과 마지막 날을 제외하고는 빨갛거 나 붉은색, 검붉은색이 나옵니다. 덩어리 형태로 나올 때도 있지요. 생리혈 이 변했다고 어디 아픈 거 아닌지 혼자 끙끙 앓는 딸들이 꽤 많아요.

올바른 지식이 없을 때, 무지할 때 쓸데없는 스트레스로 자신을 괴롭히게 됩니다. 부모님이 미리 알려주세요.

생리대

일반적으로 생리대는 화학 처리를 합니다. 화학 물질이 들어간다는 뜻이죠. 대부분의 생리대는 화학 섬유로 만들어지고, 생리대 아래쪽으로는 흡수제가 들어 있습니다. 흡수제는 수분을 빨아들이고 잡아 주는 역할을 합니다. 생리대를 오래 착용하면 필요한 수분까지 빨아들여 질 건조증을 유발할 수도 있다는 얘기입니다. 환경부와 식약처가 2022년 '일회용 생리대 건강영향 조사' 결과를 발표했었는데 "일회용 생리대에 포함된 휘발성유기화합물이 생리통, 두통, 외음부 가려움증, 뾰루지, 짓무름, 생리혈색 변화 등 생리 관련 증상 위험을 높이는 것으로 확인됐다"는 내용입니다. 그러니 부작용을 겪는 딸들이 많을 수밖에 없습니다. 딸과 상의하여 자기 몸에 맞는 생리대를 선택하게 도와주십시오.

또 여행을 가거나 운동(수영 등)을 해야 하는 상황에서는 부분적으로 탐폰을 사용하기도 합니다. 질 안으로 삽입되는 제품이니 화학 물질을 더 살펴야 하지 않을까요? 제품 설명서, 성분표를 꼼꼼하게 살펴보는 연습을 시켜주십시오. 순면 100%라는 말이 있다고 탐폰 전체가 순면 100%라는 걸 의미하지는 않습니다.

혈액에서는 균이 잘 자랍니다. 생리대든 탐폰이든 4시간 이하로 착용하기를 권합니다. 생리혈 양이 많을 때는 자주 갈아주어야 하지만 그렇지 않을 때라도 4시간 이하를 추천합니다. 수면 중일 때는 제외하고요. 수면 중일 때는 나이트용을 사용할 수 있게 도와주세요. 생리대를 제품별, 크기별로 모두 사서 딸이 선호하는 생리대를 선택하게 해주세요. 이 또한 자기의 몸을 알아가는 과정입니다.

특히 생리대 사용에 부작용(가렵거나 질이 당기는 느낌이 들거나 불편함이 아니라 아프다는 느낌이 들면 부작용입니다.)이 많은 딸들은 면 생리대를 빨아서 쓰는 게 가장 좋습니다. 요즘에는 면 생리대도 편리하게 만들어진 것들이 많고, 수요도 늘고 있습니다. 함께 살펴보고 딸이 선택하게 도와주십시오.

초경

처음 생리를 시작했을 때는 보통 몸이 다 자라지 않은 상태입니다. 그래서 사춘기 때의 생리는 주기도 양도 어른과 다릅니다. 어느 정도 안정을 찾으려면 보통 2년~7년이 걸린다고 보고 되고 있습니다. 그러니 초반에는 무배란성 생리, 그러니까 배란은 되지 않으면서 출혈 현상만 있는 생리를 할 가능성도 있습니다.

무배란성 생리의 특징이 생리 주기가 길어질 수 있다는 것, 한번 시작하면 오랫동안 하거나 양이 많아진다 것, 무배란이기 때문에 생리통이나 생리전 증후군 증상이 나타나지 않는다는 것 등이 있습니다. 그래서 보통은 2일에서 7일을 정상으로 보지만 이렇게 하지 않을 가능성도 높습니다.

그러니 생리 기간이 너무 길어서 딸이 걱정을 하거나 생리를 한두 달 거르더라도 불안해하지 않도록 신경 써 주십시오. 생리 기간이 20일 이상 지속되거나 6개월 이상 하지 않을 경우에는 병원에 가서 살펴보는 것도 좋습니다. 어른 자궁으로 성장하는 기간이어서 그런 거니까 딸의 몸이 반응하는 대로 살펴주십시오.

생리통

이제 생리통에 대한 지식을 알려드릴게요. 모든 통증은 몸이 나에게 보내는 신호입니다. 부모님도 머리가 아프거나 배가 아플 때 자기의 몸을 살펴야 할 때라는 걸 아시죠? 몸이 신호를 보낼 때 무시하면 더 큰 병이 됩니다.

일반적으로 생리통이 있기는 합니다. 그런데 생리통을 불치병처럼 느낀다거나 일상생활이 불가능할 정도라면 자궁이 SOS를 보내고 있다는 점을 인지해야 합니다.

자궁이 있는 배꼽 아래는 따뜻하게 해야 합니다. 여자 아이돌이나 연예인들의 옷차림을 보고 크롭티 등 배가 드러나는 옷을 입으려고 하기도 해서 어렵긴 하지만 적어도 생리하기 2주 전부터는 신경 써야 합니다. 아니면 생리통이 심해지거든요.

생리통을 줄이는 또 다른 방법은 인스턴트 식품을 자주 먹지 않는 것입니다. 음식이 미치는 영향이 클 수 있습니다. 식습관만 바꾸어도 생리통이 상당 부분 줄어들 수 있습니다. 요즘 아이들은 인스턴트 식품을 거의 매일 먹다시피 하지요? 생리통이 심해질 수 있습니다. 기름진 음식도 생리 전에는 피하는 게 좋습니다. 이런 음식을 아예 먹지 말라는 것이 아니라 일주일에 1~2회로 줄이고 생리 전에는 특히 더 주의하도록 도와주십시오.

평소 체력이 약하거나 스트레스가 많은 경우에도 생리통이 심할 수 있습니다. 그리고 운동 부족일 때도 생리통이 심해질 수 있습니다. 땀을 흘리는 운동이 아니어도 몸을 이완하는 스트레칭을 생리 전 일주일만이라도 자주 한다면 생리통이 완화될 수 있습니다. 여성의 자궁은 매우 민감하고 잘 보이지 않기 때문에 아프기 전에 신경을 써서 보호해야 합니다.

화장품도 자궁에 영향을 끼친다는 보고가 있습니다. 아무리 말해도 화장하는 딸을 막을 수 없다면 화장품 성분을 제대로 알고 사용할 수 있게 도와주십시오. 화장품 성분을 분석해주는 홈페이지나 앱을 찾아서 함께 살펴주세요. 환경호르몬도 생리통에 영향을 미친다는 연구 결과가 있습니다.

가장 중요한 것은 일상생활 습관을 살피는 것입니다. 생리통이 심할 때는 진통제를 먹는 것도 방법입니다. 그냥 참으라고 하지 마세요. 학교 보건실에 가면 생리대와 진통제를 모두 받을 수 있습니다.

쉽게 구할 수 있는 진통제는 비마약성, 비스테로이드성으로 내성도 중독성도 의존성도 거의 없는 것으로 보고 있습니다. 생리 때 먹는 진통제에 거부 반응을 보이지 마세요. 생리 첫날은 많이 아플 때가 있어요. 수업에 집중이 힘들거나 일상생활을 하기 힘들다면 진통제를 복용하는 방법이 낫습니다.

진통제도 소용이 없을 정도로 통증이 있고 잠을 잘 수도 없다면 산부인과(여성 의학과)를 방문해보세요.

◆ 차원이 다른 실전 대화

딸 엄마~. 내 팬티에 초콜릿이 묻었어. 내가 초콜릿을 너무 많이 먹었나 봐. 어떻게ㅠㅠ

엄마 (미소 지으며) 초콜릿을 많이 먹는 건 인정하나 보네. 딸 축하해~첫 생리!

딸 생리? 이게 생리야? 왜 색깔이 이래?

엄마 무슨 색인 줄 알았어?

딸 빨간색. 완전 빨간색.

엄마 생리혈 얘기는 조금 있다 하고, 화장실에 가서 생리대를 착용해 보자. 팬티도 가져오고~!

딸 응.(팬티에 생리대 착용하는 법, 버리는 법 등을 다시 알려주세요. 딸이 익숙해질 때까지 여러 번 알려 주시기 바랍니다.)

엄마 첫 생리 다시 한번 축하해!

딸 고마웡~.

엄마 보통 첫 생리 때 초경 파티를 하는데 딸도 원하면 할까? 아빠한테도 말하고.

딸 응, 좋아. VS 싫어, 쑥스러워!(초경 파티는 각자의 방식으로 하면 됩니다. 정해진 틀은 없습니다. 그리고 이제부터는 부모님이 딸을 어린애로 대하지 말고 딸을 존중하고 점점 어른으로 대우해주세요.)

엄마 (질문은 누가 하든 나눠야 할 대화입니다.)

또는 딸 그런데 생리는 왜 하는 거야?(걸까?)

엄마 아주아주 쉽게 설명하자면, 생리를 한다는 건 임신할 수 있는 능력을 갖게 되었다는 뜻이야. 그런데 임신에 실패하면 생리를 하는 거지.

딸 임신은 어떻게 하는 건데? VS 꼭 남자랑 성관계를 해야 돼?(성관계에 대해 알고 있다면 솔직하게 얘기해주세요. 중학생 편을 보고 딸의 지식수준에 맞춰서 설명하시면 됩니다.)

엄마 임신은 남자의 정자가 여자 몸으로 들어오는 거야. 여자 자궁에 정자가 자리를 잡으면 아이가 생기는 거지. 딸 몸도 그렇게 생긴 거고. 서로 사랑하는 사람끼리 서로 존중하면서 사랑을 나누는 거야. 좋은 거야. 단, 여자는 자궁이 완성되는 시기가 스무 살이니까 그때까지는 조심해야겠지? 생리를 시작했으니 이제 자궁에 대해서 제대로 알아볼까? 딸은 딸 몸을 구석구석 살펴봤어?

딸 응. 목욕할 때 보잖아.

엄마 그래? 그럼 딸 생식기가 어떻게 생겼는지 자세하게 봤어?

딸 그걸 왜 봐? 볼 수 있어?

엄마 딸 몸에서 성호르몬이 나오면 가슴이 커지고, 생리도 하고. 이제 어른의 몸이 되는 거야. 즉 아기를 낳을 수 있는 몸으로 변신! 하는 거지. 생명을 탄생시키는 멋진 일이지. 그런 소중한 딸의 몸이 어떻게 생겼는지 아는 게 중요하지 않겠어? 일단 책에서 설명하는 그림(32 페이지)을 먼저 본 다음에 딸이 조용히 방에서 문 잠그고 봐봐. 그 전에, 질문 하나! 생리는 어디에서 나오는 걸까?

딸 질에서 나오는 거잖아.

엄마 그러면 소변은 어디에서 나오는 걸까?

딸 생리랑 같은 곳에서 나오는 거 아니야?

엄마 땡! 그래서 딸의 몸과 생식기를 자세하게 살펴보고 알아둬야 한다는 거야. 여자 몸에서 질은 자궁과 연결되어 있고 아기가 나오는 길이잖아. 아기가 나올 때 소변이랑 같이 나오면 될까? 인간의 몸이 그렇게 주먹구구로 만들어졌을까?

딸 (놀라며) 소변이랑 생리가 다른 곳에서 나와?

엄마 그림(32, 72 페이지 참조)을 같이 살펴보자.

엄마 아까 생리혈이 왜 초콜릿 색이냐고 했지?

딸 응. 깜짝 놀랐다니까!

엄마 보통 생리를 하면 평균적으로 5일 정도라고 보면 되는데 사람마다 다 달라. 일단 생리 첫날이나 마지막 날에는 생리혈 나오는 속도가 다른 때보다 느리대. 그러면 산소와 만나는 시간이 길어지면서 갈색이나 초콜릿색처럼 변하는 거래. 정상이고 건강한 상태니까 걱정할 필요는 없어. 엄마도 그러거든. 첫날과 마지막 날을 제외하고는 붉거나 검붉은색의 생리혈이 나와. 덩어리가 뚝뚝 떨어질때도 있고.

딸 그렇구나.

엄마 지난번에 냉 설명할 때 생리대 사러 갔었지? 사실 생리대는 화학 처리를 하거든. 여자 몸에서 예민한 곳인데 화학 물질이 포함된 생리대다 보니까 부작용들도 꽤 있어. 그래서 요즘에는 생리컵과 천으로 만든 생리대도 있어. 또 생리대가 환경오염에도 한몫 톡톡히 하기도 하지. 딸이 생리 팬티와 천 생리대도 살펴보고 착용해 본 다음에 천천히 결정하자.

딸 생리 팬티? 천 생리대? 이건 빨아야 하잖아.

엄마 한번 구매해서 사용해보는 거지. 딸의 몸을 위해서. 이제부터 생리 팬티는 딸이 직접 빨아야 해. 자신의 속옷은 자기가 빠는 것이 좋아. 대부분 세탁기에 속옷을 빠는데, 그러면 합성세제가 속옷에 묻기 때문에 좋지 않지. 딸이 샤워하면서 속옷까지 빨자고. 그게 어른이 되는 준비과정에 포함되는 거니까. 어른이 된다는 건 자기 몸과 인생을 책임질 수 있어야 한다는 거거든. 엄마가 잘 알려줄게.

딸 알았어. 근데 여행을 가거나 수영할 때 생리하면 어떡해?

엄마 지난번에 탐폰이라는 생리대도 봤었지? 질에 직접 삽입하는 생리대. 여행을 가거나 운동을 하거나 놀러 가거나 할 때는 탐폰을 가져가면 돼. 활동성이 편하거든.

딸 근데, 생리대는 얼마나 자주 바꿔야 해?

엄마 좋은 질문이야! 모든 생리대는 4시간을 넘지 않아야 한 대. 물론 잠잘 때는 제외하고. 잘 때 착용하는 생리대도 알려줬었지? 잘 때는 몸을 뒤척이기도 하고 양도 많으니까. 그리고 생리혈이 많이 묻지 않았더라도 4시간 이하로 착용할 것을 권장한대.

딸 왜 4시간을 넘으면 안 돼?

엄마 아까 생리대는 화학제품이라고 했지? 생리대는 화학 섬유로 만들어지고, 생리대 아래쪽에 흡수제가 들어 있어. 흡수제는 수분을 빨아들이고 잡아 주는 역할을 해. 그래서 생리혈이 새지 않는 거지. 하지만 생리대를 오래 착용하면 필요한 수분까지 흡수제가 빨아들여서 질 건조증을 유발할 수도 있대. 그래서 생리대를 선택할 때는 성분을 꼼꼼하게 따져야 해,

딸 그럼, 생리는 한 달에 한 번씩 하는 게 아니야? 생리 날짜를 어떻게 맞춰?

엄마   응, 딸은 이제 생리를 시작한 거잖아. 몸이 이제 자라기 시작했다는 거거든. 그래서 사춘기 때 생리는 주기나 양도 어른과 달라. 한 달에 한 번이나 규칙적인 날짜로 생리를 하기 위해서는 보통 2년 이상에서 7년 정도까지 걸린대.

딸   7년이나? 그럼 생리할지 어떻게 알아?

엄마   첫 생리 전에 냉에 대해서 얘기했던 거 기억나지? 파우치는 항상 갖고 다니고, 냉이 나오는지 살펴보면 돼. 냉이 나오지 않는다면 보통 11세 이후부터는 준비해 두는 게 좋지.

딸   아~.

엄마   그리고 첫 생리는 배란은 없이 생리만 할 가능성이 높대.

딸   배란이 뭔데?

엄마   난자와 정자는 알지?

딸   당연하지!

엄마   배란은 임신을 하려면 정자와 난자가 만나야 하잖아. 그럼 여자 자궁에 난자가 있어야겠지! 난자는 매달 한 개씩 난소라는 곳에서 만들어져. 그러고 나서 자궁으로 보내지면 거기서 하루 정도 살게 되는데 그때 정자랑 만나게 되면 임신하게 되는 거지. 이렇게 난자가 난소 밖으로 나오는 걸 배란이라고 해. 그런데 난자가 그렇게 자궁으로 보내지지 않은 상태로 생리를 할 수도 있다는 거야. 그걸 무배란성 생리라고 하는데 그때는 특징이 있어. 딸이 앞으로 겪을 수도 있으니까 잘 알아두자.

딸   응.

엄마 첫 번째는 생리 주기가 길어질 수도 있대. 보통은 2일~7일을 정상 기간으로 보지만 이 시기에는 아닐 수도 있다는 거지. 두 번째는 한번 시작하면 오랫동안 하거나 생리 양이 많아진대. 세 번째는 무배란이기 때문에 생리통이나 생리전증후군 증상이 나타나지 않는대.

딸 생리통? 생리전증후군?

엄마 생리가 시작된 첫날에 허리나 배가 엄청 아파서 진통제를 먹는 경우도 있어. 사람마다 다르기 때문에 딸의 몸을 잘 살펴야겠지?

딸 생리통이 없는 사람도 있어?

엄마 응. 있어. 생리전증후군 증상도 사람마다 달라. 없는 사람도 있고. 신체적으로는 복부 팽창감, 유방이 아프거나 두통, 피로감, 과식(반대로 입맛이 없어짐) 같은 증세가 나타난대. 정신적으로는 분노 폭발, 불안, 우울, 평소보다 예민해질 수 있대.

딸 그래서 엄마가 나한테 짜증 내는 거야?

엄마 여자들은 생리할 때가 되면 예민해질 수 있어. 그래도 딸한테 짜증 내지는 않으려고 하지. 만약 그러면 엄마한테 알려줘. 주의할게~.^^

딸 오케이! 근데 나 아픈 거 싫은데?

엄마 사람마다 다르니까 딸 몸이 어떻게 변화하고 반응하는지 집중해서 잘 살피자. 엄마한테 알려줘. 사소한 거라도.

딸 응.

엄마 그리고 약간의 생리통은 다 있어. 생리전증후군이랑. 다만 생리통이 심해지는 원인이 여러 가지 있거든.

딸 생리통이 심해진다고?

엄마 응. 그러면 하루가 너무 힘들겠지? 그건 생활 습관하고 연관이 깊어. 그러니까 기억을 잘해두자. 소중한 딸의 몸이 아프지 않도록 말이야.

딸 응.

엄마 제일 큰 원인은 인스턴트 식품을 많이 먹는 식습관이야. 초콜릿, 과자 같은 거. 기름진 음식류, 튀김 종류나 치킨, 피자, 햄버거 같은 거.

딸 아…… 나 초콜릿 좋아하는데!

엄마 ㅎㅎ 인스턴트 식품을 아예 먹지 말라는 게 아니라 생리 2주 전에는 되도록 먹지 않는 게 좋대.

딸 다행이다.

엄마 ㅋㅋ 두 번째로 생리통을 줄이는 방법은 운동을 규칙적으로 꾸준히 해야 하는 거야. 운동량이 부족하면 생리통이 심해져. 땀을 많이 흘리는 운동이 아니더라도 스트레칭이나 산책을 많이 하는 게 좋아. 적당한 운동은 생리통을 줄여 주기도 하지만 집중력 향상에도 엄~청 도움이 되거든.

딸 그래서 엄마도 운동을 열심히 하는 거야?

엄마 ㅎㅎㅎ 응. 엄마는 건강 하려고 운동하는 것도 있어. 나이가 들면 운동량을 더 늘려야 한 대. 젊었을 때보다.

딸 왜?

엄마 늙는 거니까.

딸 슬프다.

엄마 왜? 나이가 드는 건 늙는 거야. 자연스러운 현상이지. 딸이 생리를 하고 어른이 되는 것처럼. 운동은 살아 있는 한 자기의 몸에 맞게 꾸준히 해야 하는 거야. 세 번째, 자궁이 있는 배꼽 아래는 항상 따뜻하게 하면 좋대.

엄마 적어도 생리하기 2주 전부터는 가슴 아래부터 엉덩이 아래까지는 따뜻하게 입어야 생리통이 줄어. 따뜻한 핫팩을 하는 것도 좋겠지. 여자의 자궁은 몸 안에 있기 때문에 여자는 몸을 항상 따뜻하게 유지해야 해. 자궁은 아주 민감하고 예민하니까. 아직 자궁이 완성되지 않았으니까 건강한 자궁을 만들기 위해서라도 더 신경 쓰자.

딸 응.

엄마 네 번째는,

딸 (놀라며) 네 개나 돼?

엄마 다섯 개인데? ㅎㅎ 네 번째는 딸이 좋아하지 않을 걸? 아니면 되게 놀랄 수도 있고.

딸 뭔데?

엄마 화장품도 자궁에 영향을 준대.

딸 (놀라며) 안~~돼!!!

엄마 그러니까 아무 화장품이나 막 바르면 안 돼. 화장품도 천연성분이 아니고 화학 제품이니까.

딸 (실망한 표정, 시무룩!)

엄마 화장품 성분을 표시한 앱이나 사이트를 찾아서 같이 살펴보자. 딸 얼굴에 바르는 거니까 꼼꼼하게 살펴봐야지!

딸 화장해도 돼?

엄마 학교 다닐 때는 안 되고, 주말이나 휴일에만. 화학제품 말고. 친구들 따라 싼 화장품 사지 말고.

딸 응!

엄마 마지막으로 생리통에 영향을 미치는 것이 환경호르몬이래.

딸   으엥?

엄마   그런 보고가 있대. 현재 지구상에서 가장 심각한 문제가 환경호르몬이 잖아. 우리가 이 부분은 잘 인지하지 못하는데 기상이변에 관심을 가져야 해.

딸   응.

엄마   어쨌든 생리통이 너~무 심하면 하루 정도는 진통제를 먹고 쉬는 게 좋아. 그 전에 엄마가 말한 다섯 가지 중에서 네 가지는 신경을 쓰고. 그러면 덜 아프지. 만약에 진통제도 소용이 없고, 일상생활이 불가능하면 산부인과에 가서 살펴보는 게 좋아.

딸   산부인과? 아기 낳을 때만 가는 거 아니야?

엄마   아니야. 그런 인상을 심어놓은 거지. 그것도 사회적으로 잘못된 통념 (일반 사회에 널리 통하는 개념)! 그래서 요즘에는 여성 의학과로 명칭을 바꾸려고 노력 중이래. 아무튼 여성들은 모두 산부인과에 가서 자기 몸, 특히 자궁을 보살펴야 해. 우리가 치과나 안과에 가듯이. 여자의 몸에 필요하니까. 딸의 소중한 인생인데 잘 알고 살자.

딸   응. 알았어.

남자 친구 사귈래요! 인기도 측정 같은 거예요.

이제 연애 이야기!

부모가 가장 걱정하고 불안해하는 부분이 연애죠. 속 시원하게 결론부터 말씀드릴게요.

초등학생 때 연애는 연애라고 할 수 없어요. 그냥 인기가 많고 싶은 마음이 큰 거예요. 성호르몬이 나오기 시작하니까 누가 누구를 좋아하는 게 연애라고 착각하는 거죠. 이 시기에 아이들이 이성 친구를 사귄다고 해도 오래가지 않아요. 중고등학생들처럼 직접 만나서 데이트를 하는 것도 아니에요. 어디 갈 때도 없어요. 초등학생이 어딜 가겠어요? 학교나 학원, 집뿐이죠.

이때는 고백을 많이 받으면 '나 예쁘다, 나 잘 생겼다'를 증명하는 것이기 때문에 주변에서 친구들이 부러워합니다. 그걸 즐기는 거예요. 100일? 200일? 한 달도 안 돼서 헤어져요. 그리고 고백을 받으면 다 좋다고 사귑니다.

사춘기와 마찬가지로 반대하지 마시고 좋은 감정을 유지하면서 자신의 생활을 영위해 나가며, 더 나은 방향으로 성장할 수 있도록 딸의 느낌에 신경 써 주세요. 이성에게 관심이 생기는 현상은 자연스러운 것이고 당연한 거라고요. 연예인 덕질도 하게 되고 남자애들한테 관심이 생겨요. 아빠에 대한 관심이 다른 남자에게로 넘어가는 시기입니다. 이 모든 변화가 사람을 기분 좋게 하는 호르몬이라는 점을 알려주어야 더 건강하고 안전하게 이성을 받아들입니다.

부모가 불안해하고 두려워하면 아이들은 그 감각을 그대로 흡수합니다.

그럼에도 부모의 걱정하는 마음은 나 몰라라 합니다. 불안하면 혼날까 봐 자신의 행동을 더욱 숨깁니다. 그러면 일이 더 커져요. 그러니까 그런 변화들은 기분 좋은 것이라고 알려주세요.

사람이 사랑에 빠지면 좋은 호르몬이 많이 나와서 스트레스가 줄고 면역력도 좋아지기 때문에 생명이 연장된다고 합니다. 실제로 부모님이 연애하던 시절을 떠올려서 얘기해주시면 좋습니다. 물론 "지금은 왜 맨날 싸워?"라는 질문을 받을 수도 있습니다.^^

자녀와 대화할 때, 특히 성에 관련해서는 솔직하게 말하는 것이 최선의 방법입니다. 모를 때는 "모른다", 정확하지 않을 때는 "같이 찾아보자", "부모라고 다 아는 건 아니다"라고 얘기하세요. 아이 앞에서 모른다는 걸 창피해하지도 마시고, 아이의 질문에 모두 대답해줄 필요도 없습니다. 솔직하되 진심을 다해서 얘기하면 됩니다. 부모도 딸도 모두 첫 경험을 하는 것입니다. 연애 또한 처음 겪는 일이고요. 그러니 모르는 게 당연하죠.

이 시기에 애들은 금사빠('금방 사랑에 빠지다'의 줄임말)예요. 사랑의 호르몬이 어른들처럼 3년 정도 나오는 게 아니라서 100일을 넘어가는 커플이 아주 드물어요

앞에서도 밝혔지만, 이 시기에 하는 연애는 인기의 척도예요. 가상 커플처럼 톡으로만 얘기하고 전화할 시간도 부족해요. 친구들 사이에서 커플이라는 인증만 받았을 뿐 물리적인 부분은 잘 없습니다. 본격적인 연애는 중학생부터 시작합니다.

초등 연애=인기 있는 사람이 되고 싶어.

성호르몬이 나오기 시작하면 모든 것이 성적인 것에 맞춰지게 됩니다. 당연히 이성에 관심이 생길 수밖에요. 고백을 많이 받으면 자신이 인기 있는 사람, 인플루언서influencer가 된 것처럼 좋아합니다. 반대로 고백을 못 받으면? 자신은 못생겼다는 뜻으로 받아들입니다.

그러면 어떻게 될까요? 살을 뺀다고 밥을 먹지 않습니다. 성형수술을 시켜달라고 조릅니다. 다른 애들은 연애를 하고 고백을 받는데 자기는 안 그러니까 부러운 마음이 질투로 변하고 뒷담화가 시작됩니다. 뒷담화가 커지면 학교폭력으로 변질되는 겁니다. 초등학교 5, 6학년 여학생들 사이에서 일어나는 잘못된 관계는 모두 뒷담화에서 시작됩니다. 속상한 자기 마음을 부모가 들어주지 않고 연애하면 안 된다고 강하게 말하면 딸은 죄책감을 느끼기도 합니다.

어쨌거나 인기 많은 사람이 되고 싶은데, 부모가 연애를 못 하게 하니까 아이들이 인터넷에 물어봐요. 온라인상에서 잘못된 정보를 얻은 다음 부모 몰래 사귀거나 이상한 사이트에 들어가게 되는 겁니다.

연애를 하면서 헤어지는 연습도 해야 합니다. 남자 친구한테 올인해서 가족도 친구도 필요 없다고 하는 게 제일 위험해요. 아직은 보호를 받아야 하는 미성년자이고, 가족이 더 중요하며, 성장기에 있는 사람이라는 점을 인지시켜주세요. 학교, 학원, 가족과 소통을 잘하면서 연애도 할 수 있는 방법을 스스로 찾게 이끌어주시고, 부모에게 도움을 청할 수 있게 길을 열어주세요.

실질적인 방법과 대책을 제시하고, 자기의 일상을 현명하게 유지할 수 있도록 훈육해 주세요. 제가 강의 다닐 때 아이들한테 물어보면 공부 시간과 남자 친구 만나는 시간을 구별해 놓고 둘 다 열심히 하면 된다고 말하는 친구들이 있습니다. 아이들이 스스로 생각할 수 있게 기회를 주면 방법을 찾아냅니다. 그리고 그 방법을 실행하고 성장할 수 있도록 곁에서 믿고 지켜봐주세요.

성장 과정에서 자연스럽게 생기는 감정을 인정해주면 아이들은 어긋난 길을 가더라도 제자리로 돌아옵니다. 딸의 말을 경청하고 마음을 이해하려고 노력해주세요.

당당하게 Say No!

실제로 연애를 시작하면 의외로 "Say No!"를 못합니다. 이 시기에는 거절하는 방법을 제대로 알려주는 게 중요합니다.

성호르몬이 나오기 시작하면서 부모와 갈등이 생기는 것은 당연합니다. 이제 어른이 되기 위한 준비가 시작되었다는 뜻이니까요. 당연한 일입니다. 부모가 당연한 것을 받아들이지 않기 때문에 싸움이 시작되는 겁니다.

딸이 "싫어!"라고 말하면 기뻐하세요. 권위 있는 부모에게 용기 있게 자기 의견을 말할 수 있을 만큼 컸구나! 하고요.

특히 아빠들이 딸에게 강요된 스킨십을 하면 안 됩니다. 절.대.로! 이것도 성추행입니다. 부모라고 해도 함부로 딸의 몸을 만져도 되는 것은 아닙니다. 술 마시고 와서 뽀뽀하는 아빠들은 최악입니다. 그러니 딸이 아빠를 싫어할 수밖에요.

그럼, 또 이렇게 묻는 분들이 있습니다.

"그럼 애 몸을 절대로, 영원히 만지면 안 된다는 겁니까?"

물론 아니지요. 동의를 구하면 됩니다.

"아빠가 딸을 한번 안아보고 싶다. 안아도 되겠니?"

딸이 좋다고 하면, Say Yes를 하면 안아도 됩니다. 하지만 딸이 Say No를 하면 멈추세요. 다음에 또 동의를 구하시면 됩니다. 한 번만 물어보고 바로 수용해야 합니다. 자꾸 조르거나 착한 딸을 강요하면 안 됩니다.

"다음에 너 좋을 때 얘기해줘."

이렇게 딸이 자신이 싫다는 표현을 했을 때 누군가 받아들여 주는 경험이 있어야 나중에 위험한 상황에서도 Say No를 명확하게 전할 수 있습니다.

반대의 경우도 마찬가지입니다. 부모도 딸과 스킨십을 하고 싶지 않을 때가 있잖아요? 딸도 부모에게 동의를 구해야 합니다. 집안 분위기가 이렇다면 딸이 연애를 할 때도 Say No를 할 수 있습니다.

실제로 중고등학교에 가서 남자 친구를 사귈 때 남자가 조금이라도 폭력적인 성향을 보이거나 싫은 요구를 했는데 딸이 거부를 하면 착한 여자로 보지 않거나 헤어지자는 남자들이 많아요. 그러면 딸들은 Say No를 못 합니다.

딸의 밝은 미래를 위해서라도 아빠를 비롯한 주위 남성들의 노력이 절실하게 필요합니다. 할아버지나 친척들 가운데 남자들이 딸을 허락 없이 안지 않도록 해야 합니다. 딸에게 동의를 구하도록 부모가 곁에서 지도해 주시기 바랍니다.

No는 정말 No라는 점을 부모부터 인지해야 합니다. 가짜 No로 착각하는 경우가 많은데, 그건 전부 영화나 드라마, 음란물의 영향입니다. 학교폭력 가해자들한테 물어보면 피해자의 반응이 재미있어서 그랬다는 어이없는 대답이 돌아옵니다. 상대방이 No라고 말했을 때 그것을 No라고 받아들여야 한다는 점을 꼭 가르쳐야겠지요! 그 시작을 가정에서 해야 합니다.

초등 연애, 데이트와 스킨십!

이 시기의 아이들은 연애를 하고만 싶어하지 실제로 연애를 하면 어떤 일이 벌어지는지 아무것도 모르기 때문에 미리 선을 정해주는 것이 좋습니다.

남학생들은 음란물이나 인터넷, 게임 같은 것으로 연애를 먼저 경험합니다. 잘못된 경로를 먼저 접하고 또래에서 우월해 보이거나 허세를 부리고 싶은 마음이 크기 때문에 똥폼을 잡고 다닙니다. 말도 일부러 거칠게 하지요. 여학생들은 웹소설, 웹툰, 채팅앱 등에서 연애를 경험하기도 합니다.

어쨌든 남자 친구(또는 여자친구)가 뽀뽀를 하고 싶다고 하면 구체적으로 어떻게 할 것인지부터 알려주어야 합니다. 스킨십(손잡기, 포옹, 뽀뽀 등 신체 부위를 의논하세요.)을 어디까지 허락할 것인지 딸과 상의하고 선을 정해주어야 합니다.

상남자처럼 보이고 싶어서 싫다고 말했는데도 밀어붙이는 경우가 있습니다. 그럴 때는 단호한 표정과 목소리로 "선 넘지 마!"라고 크게 말하도록 알려주세요.

물론 싫다고 할 때, 상대방의 눈을 똑바로 보고 단호하게 말을 해야겠지요. 한마디로 정색을 하고, 분위기를 싸~하게 만들 필요가 있습니다. 정말로 싫다는 의사 표현을 관철해야 하니까요.

따라서 데이트를 할 때 사람이 많은 곳에서 만나야 합니다. 통금 시간은 반드시 지켜야 한다는 점을 인식하게 하시고요. 부모님이 남자 친구를 자연스럽게 만나는 것도 좋습니다. 집에서 놀 수 있게 배려하는 것도 좋고요. 거실에서 놀고 방에 들어갈 때는 문을 열어놓게 합니다.

둘만 있는 공간을 피하게 해주세요. 남자 친구의 친구들하고 만나는 것도 위험할 수 있습니다. 차라리 집으로 부르세요. 단, 부모가 없는 집에는 가게 해서는 안 됩니다. 둘만 있으면 사고가 날 수 있습니다. 공공장소와 안전한 장소(어른이 있는 곳)에서만 만나게 하세요. 사람이 많은 곳에서.

피임과 성관계도 알아두어요!

초등학생인데 피임과 성관계까지 얘기해야 하나? 라고 의아해하는 부모님이 있을 것이고, 내 아이는 아직 그런 걸 모를 것이다 라고 착각하는 부모님도 많습니다.

우리 아이들이 섬에서 혼자 사는 게 아니기 때문에, 이 시기에는 집보다 친구들이 더 중요합니다. 부모보다 친구들의 말을 맹목적으로 믿는 시기기도 하죠. 그래서 외부에서 잘못된 정보들을 얻게 됩니다. 또한 어른들의 잘못으로 인터넷에서 사진이나 영상이 무차별적으로 제공되지요.

부모가 딸의 주변 환경을 전부 차단할 수는 없습니다. 이런 시대에 살고 있다는 것을 인정하고, 우리 딸에게는 대처법을 자세하게 알려주어야겠지요!

사실 초등학생 때는 피임과 성관계에 대해서 자세히 다루지는 않습니다. 부모가 온라인 사용에 대해서 선을 긋고 관리하는 경우에는 연관 검색어나 알고리즘을 차단하기 때문에 초등학생 딸 중에는 성에 대해 잘 모르는 경우가 많습니다. 반대로 온라인 사용이 자유롭고 제재도 크게 없는 초등학생은 잘못된 것들을 많이 접하게 됩니다. 제가 강의를 다니면서 느끼는 것도 학생들이 모르면 아예 모르고 알면 너무 쓸데없이 이상한 것까지 알고 있다는 점입니다.

따라서 딸과 성에 대해 이야기를 하면서 딸의 성 지식이 어느 정도까지인지 질문으로 확인을 하십시오.

"아이가 어떻게 생기는지 알고 있어?"라고 물었는데, 딸이 대답을 대충하거나 잘 모르면 사랑하는 느낌만 알려주면 됩니다. 엄마와 아빠도 서로 사랑하니까 서로의 몸을 만지면 기분이 좋아지고 더 좋아하게 된다는 정도로, 사랑하는 사람끼리 성관계를 하는 것은 좋은 일이라고 밝은 분위기를 만들어주세요.

그리고 그냥, 갑자기 몸을 만지는 것이 아니라 성관계는 두 사람의 서사가 담긴 인생 안에 포함된 것이라는 점을 알려주십시오. 성관계를 하기 전에 서로를 알아가고 성격을 맞춰가고 배려하면서 서로의 인생을 이해하는 긴 시간이 필요하다는 점도 알려주세요.

그런데 만약에 딸이 온라인상에서나 친구들을 통해서 음란물을 접했다면 솔직하게 알려주시는 편이 더 좋습니다. '2부 중학교 이상' 편을 보고 설명해 주세요.

아직 어린데 굳이 성관계까지 얘기해야 하나? 라고 생각하실지 모르는데, 어차피 성관계 부분은 처음엔 다 충격입니다. 부모가 전달하면 충격을 그나마 완화할 수 있어요. 반면 잘못된 경로로 접하면 충격이 크기 때문에 음란물을 더 찾게 됩니다. 부모가 솔직하게 교육하는 편이 딸에게 더 좋습니다.

감정의 단계별 변화

커플러-로스 박사에 의하면 인간은 감정적으로 큰 충격을 받으면 처음에는 사실이 아닐 거라고 부인하면서 그 증거를 찾으려 한다고 합니다. 그러나 현실이 그렇지 않다는 것을 어느 순간 인식합니다. 절망하고 기분이 가라앉으며 우울하나 이 단계를 지나면 새로운 현실을 받아들이고 새로운 상황에 대해서 더 배우고 긍정적으로 느낍니다. 그리고 변화를 내재적으로 통합한 새로운 자아를 형성하게 된다고 합니다.

'충격-부인-절망-우울-실험-결정-통합' 과정의 순서인 거죠. 어른도 감정의 변화가 오면 조절이 어려운데 자라고 있는 딸은 어떻겠어요. 이 사실을 인지하고 딸의 마음을 먼저 이해하고 수용해주세요. 놀랐을 딸의 마음부터 포용하고 안아주셔야 합니다. 그것만으로도 딸은 안정감을 느끼고 일상으로 돌아올 수 있습니다.

◆ 차원이 다른 실전 대화 1

엄마 딸, 반에서 커플들 몇 명이야?

딸 대충…… 3명?

엄마 딸은 어때? 남자 친구 있었으면 좋겠어?

딸 응. VS 아니.

엄마 딸은 어떤 남자랑 사귀고 싶어?

딸 잘생긴 사람!

엄마 잘생긴 기준은?

딸 키183㎝에 몸무게 76㎏이어야 되고 운동도 잘 해야 돼. 또 옷 잘 입고 노래도 잘 부르고 춤도 잘 춰야 돼. 얼굴은 작고 어깨가 넓어야 해. 만찢남(만화를 찢고 나온 남자)이어야 해.(아이돌이나 좋아하는 연예인이 있을 경우는 쉽게 대화를 이어갈 수 있습니다.)

엄마 그래, 잘생기면 좋지. 그러면 학교에 만찢남이 있어?

딸 없어.

엄마 반 친구들 중에 남자 친구 사귀는 애들 있지?

딸 응!

엄마 사귀는 애들한테 상대방의 어떤 점이 좋은지 물어봤어?

딸 응. 그냥 좋대. 자기 눈엔 잘생겼대!

엄마 친구들이 봤을 때는 아니라고 하지?

딸 으~응!

엄마 딸이 만찢남을 잘생겼다고 하고 키, 몸무게, 춤 잘 추고 등등 조건을 얘기하지만 사람을 좋아한다는 건 이런 거랑 상관없어. 내가 저 사람을 좋아해야지, 마음먹는다고 좋아지는 게 아니란 말이지.

딸 그럼?

엄마 사춘기 때 나오는 호르몬 3종 세트 얘기해줬지?

딸 응. 잠, 감정, 성호르몬.

엄마 잘 기억하네! 감정 호르몬과 성호르몬의 영향이야. 호르몬은 내가 나오지 말란다고 안 나오는 게 아니거든. 몸에서 그런 일이 벌어지는 거야. 그래서 친구들이 봤을 때는 이상하고 못생겼는데, 자기 눈에는 잘생겨 보이는 거야. ㅎㅎㅎ 그러니까 이성을 좋아하는 마음은 자기 뜻대로 안 된다는 거지. 딸이 아무리 이상형을 가지고 있다고 하더라고 막상 심장이 두근두근 뛰는 사람은 엉뚱한 사람일 수도 있거든.

딸 그럼 어떡해?

엄마 사귀어 봐야지! 그리고 내 마음을 들여다보고 받아들여야 돼. 내 감정이 어떤지. 상대가 고백했으니까, 나 좋다니까 사귀는 건지 생각해봐야 해. 친구들이 사귀라고 부추기기도 해. 또 거절을 못해서 그냥 사귀는 건지도 생각해봐야 하고. 이성 친구 사귀는 애들 보니까 부러워서 나도 그냥 사귀는 건지 딸 마음을 잘 들여다봐야 해.

딸 그런 걸 어떻게 다 생각해?

엄마 딸한테 성호르몬이 나와서 이성을 보고 심장이 두근대고 자꾸 보고 싶고 손잡고 싶고 이런 마음이 드는지 체크를 해보는 거야. 공부를 하다가 숙제를 하다가 문득문득 그 사람이 보고 싶다? 그러면 좋아하는 거니까. 호르몬 뿜뿜 시작이거든. 딸은 아직 경험이 없잖아. 그게 어떤 느낌인지 경험해 봐야 알 수 있어. 책이나 인터넷, 영화, 드라마, 만화 같은 걸로는 절대로 알 수 없는 삶의 영역이야. 그런 경험은 딸을 훨씬 성숙하게 만들어주거든.

딸 그럼, 엄마는 내가 남자 친구 사귀는 거 반대 안 해?

엄마 응. 왜 반대해? 이성을 사귀면 좋은 에너지가 나오잖아. 그러면 기분이 좋아지고, 딸 기분이 좋으면 엄마도 좋지.

딸 아~.

엄마 그러면 면역력도 좋아진대.ㅎㅎ

딸 정말?

엄마 응. 단! 아주아주 주의해야 하는 게 있어! 아마 딸도 알고 있을 거야.

딸 뭔데?

엄마 초등학생 때는 어른들처럼 진짜 사랑하는 감정은 아니거든. 성호르몬이 이제 나오기 시작해서 호기심에 더 가까운 호르몬이니까. 사귀더라도 오래 가지 않고 헤어지게 되는 거야. 연애하는 친구들이 보통 얼마나 사귀고 헤어지는지 봤지?

딸 금방 헤어지던데?

엄마 맞아. 어른들처럼 오래 사귀어서 연애를 하고 결혼을 하는 건 아니거든. 그러니까 이 시기에는 순수하게 좋아하는 감정을 잘 느끼면서, '내가 누군가를 좋아하는 마음을 갖게 되었구나.'

엄마 '이성을 좋아하는 감정이 이런 거구나.', '누군가를 좋아하면 나는 이렇게 말하고 행동하는구나.' 이런 걸 스스로 깨달아야 해. 어른 흉내 내지 말고.

딸 왜?

엄마 그래야 헤어지더라도 큰 문제가 없거든. 학교에서 여자애들 사이에서 뒷담화하잖아? 그것 때문에 싸우고.

딸 응. 뒷담화 장난 아니야!

엄마 뒷담화 내용을 자세히 들여다보면 거의 연애일걸?

딸 연애, 성적, 외모 같은 거?

엄마 자기보다 잘난 애들을 뒷담화하는 게 사춘기 때 심리야. 사실 자기밖에 모르는 짓이지. 그래서 이성을 사귈 때 상대방에 너무 올인하지 말라는 거야. 친구를 사귈 때도 마찬가지야. 딸의 일상생활(학교, 학원, 가족, 운동, 수면)에 영향을 준다면 멈춰야 해. 그렇지 않으면 상대방한테 서운해지고 싸우게 되는 거거든. 엄마도 그랬어.

딸 엄마도 그랬어?

엄마 그럼. 그냥 어른이 되는 사람은 없어. 자기가 인식을 못해서 그렇지. 나이만 먹는다고 다 어른은 아니야. 청소년기 때 자기 외면과 내면의 변화를 잘 받아들이고 수용하는 사람이 좋은 어른으로 성장하는 거니까. 딸은 이제부터 시작이니까. 엄마가 옆에서 도와줄게. 딸의 감정 변화나 신체 변화 등을 같이 살펴보자.

딸 응. 그럼 엄마랑 아빠도 그런 감정이 생겨서 결혼한 거야?

엄마 맞아. 엄마도 아빠가 이상형은 아니었어.

딸 진짜?

엄마 아까 얘기했었지? 만찢남은 현실에 없어. 또 있다 해도 내 남자 친구가 될 확률은 높지 않아. 그 정도면 연예인이 되었겠지. 엄마는 아빠 외모보다는 다른 부분이 좋았어. 딸은 좋아하는 남자형 말고 끔찍하다고 생각하는 남자형은 어떻게 돼?

딸 자기 맘대로 하는 남자애들. 진짜 싫어!

엄마 맞아. 그런데 사춘기 때는 전부 자기 맘대로 하거든. 딸도 남자애들도. 그래서 사춘기 때 연애는 오래 가지 못해. 서로 자기 맘대로 하는 시기거든. 딸도 그렇잖아. 그러니까 상대방한테 올인하면 안 돼. 자기의 생활을 잘 살면서 연애를 하니까 더 좋다~이런 느낌이어야 하는 거야. 또 이 시기에 누구를 사귀는 건 서로 사춘기여서 오래 가지 않는다는 걸 꼭 알고 사귀어야 하고. 그래야 헤어질 때 덜 힘들거든. 당연히 헤어지겠지. 지금부터 사귀어서 어른이 될 때까지 한 명만 사귄다고? 다양한 사람을 만나봐야지. 딸도 반 친구들을 보면 겉모습과 다른 점들이 많다는 거 알지? 막상 사귀어 보니까 별로 성격이 안 맞는 애들도 있잖아.

딸 응. ○○은 얌전한 줄 알았는데 엄청 나대더라고.

엄마 아마 딸의 모습을 본 친구들도 그런 식으로 생각할 수 있어. 사람은 누구나 겉모습과 내면에 다른 모습이 많거든. 엄마랑 아빠도 그렇잖아.

딸 응.

엄마 모든 사람은 다 그렇다는 걸 알면 딸이 연애에 빠져서 자기 생활을 놓쳐서 후회하는 일이 있어도 금방 회복될 거야. 누군가를 좋아하는 마음은 좋은 거니까. 딸이 연애를 하게 되거나 누가 딸한테 고백을 하거나 딸이 고백하고 싶은 사람이 생기면 엄마한테 꼭! 알려줘.

딸 응!

◆ 차원이 다른 실전 대화 2
초등학생 딸이 연애를 시작했을 때

엄마 딸, 남자 친구 생긴 거 축하해~.

딸 (쑥스러워하며) 왜 그래, 엄마!

엄마 딸 이상형에 부합하는 사람이야?

딸 아니.ㅋㅋㅋ 엄마가 말했던 대로 의외더라고. 내가 실제로 좋아하는 사람이 내 이상형이랑 다르다는 거.

엄마 (웃으며) 연애를 한다는 건 좋아하는 감정만으로는 안 돼. 관계를 맺는 거거든. 우리 가족도 관계를 잘 맺으려면 어떻게 해야 하지?

딸 …….

엄마 서로 예의를 지켜야 하지. 가족, 친한 친구일수록 더 예의를 지켜야 관계를 지속할 수 있어. 친하고 편하니까 함부로 하는 사람 곁에는 아무도 남지 않아. 가족도 마찬가지야. 가족도 선을 넘으면 안 되지. 그 선에 대해서 서로 이야기를 하고 이해하는 연습이 필요해. 그런 관계를 만들어가고 배우는 것이 바로 연애야. 어느 한쪽이 감정 쓰레기통이 되면 절대로 안 되지. 딸도 딸 맘대로 하면 안 되고, 남자 친구도 마찬가지야.

딸 그럼, 어떻게 해야 하는데?

엄마 서로 얘기를 많이 해야지. 엄마랑 딸이 하는 것처럼. 특히 연애를 하면 서로 만지고 싶고 안고 싶고 그러니까. 그 부분에 대해서는 확실하게 이야기를 해야 해. 딸은 아직 어리기 때문에 엄마랑 아빠의 보호 아래 있어야 하거든. 딸을 믿지 못해서가 아니라 아직은 성인이 아니니까 엄마가 얘기하는 건 지켜줬으면 좋겠어.

딸 응.

엄마 제일 중요한 건, 딸의 생활이 중심이 되어야 해. 학교생활, 학원 생활, 제시간에 자고 제시간에 일어나는 것, 가족과 생활하는 공동체에 해를 끼치면 안 돼. 약속을 잡을 때는 엄마한테 꼭 물어보고. 이건 청소년이 되어도 마찬가지야. 가장 중요한 사람은 딸이고 딸의 인생을 소중하게 여겨야 해. 알겠지?

딸 응. 알았어.

엄마 두 번째는 스킨십이야. 남자 친구랑 스킨십을 할 때 서로 선을 정해둬야 해. 그리고 딸한테 무조건 물어봐야 한다고 얘기해야 해. "손잡아도 돼?"라고 묻고 딸의 동의를 구한 다음 잡아야 한다는 거야. 딸도 마찬가지로 남자 친구한테 동의를 구한 다음 스킨십을 할 것! 딸이 싫을 때가 있잖아. 그때는 NO라고 명확하고 정확하게 남자 친구 눈을 똑바로 보면서 단호한 목소리로 말해야 해. 미적거리면 Yes로 듣거든. 알았지? 꼭 서로의 의사를 묻고 동의를 얻은 다음 스킨십을 해야 한다는 거야. 어떤 관계든 마찬가지야. 엄마랑 아빠도 딸한테 물어보잖아. 그치?

딸 응. 그건 잘 할 수 있어.

엄마 그리고 아직은 어른이 아니야. 그래서 아무도 없는 집에는 절.대.로. 가면 안 돼. 둘만 있는 곳에는 가면 안 된다는 거야. 공공장소, 사람이 많이 있는 곳에서 만나야 해. 정 장소가 없으면 엄마가 집에 있을 때 데리고 와. 알았지?

딸 왜?

엄마 데이트를 하면 어른들처럼 하고 싶어 하거든. 스킨십도 하고 싶고. 자기들이 어른인 것처럼. 그건 잘못된 거야. 어른이 아니고 아직 어리잖아. 순수하게 친구처럼 관계를 예쁘게 유지해야 나중에 어른이 되어서 연애를 할 때도 연애는 좋은 거구나~라고 생각하게 돼. 그래서 조심해서 나쁠 건 없는거지. 특히 연애할 때는.

딸 근데, 스킨십은 어디까지 해야 하는데?

엄마 딸이 하기 싫은 마음이 들면 무조건 안 해야 해. 알았지? 처음엔 뽀뽀를 하고 싶어서 동의를 했지만 막상 해보니까 불안하고 불편하고 좀 그러면 안 하고 싶다고 말해야 해. 그건 딸의 잘못도 누구의 잘못도 아니야. 딸의 느낌이 가장 중요하거든.

딸 미안하게 어떻게 그래?

엄마 그건 미안한 게 아니야. 싫은데도 그냥 하는 건 딸 자신에게 하면 안 되는 일이야. 그게 남자 친구보다 더 중요해. 그런 딸의 의견을 무시한다면 헤어지는 게 나아. 딸을 정말로 좋아하는 게 아니야. 딸을 정말로 좋아한다면 딸의 마음을 중요하게 생각하는 사람이어야지. 몸을 만지거나 뽀뽀를 할 때 서로 하는 거잖아. 딸과 남자 친구 둘 다 마음이 좋아서 해야지. 어느 한쪽이 불편한 느낌이 들면 그건 무조건 No한 사람의 의견을 들어줘야 해. 알았지? 딸도 마찬가지야. 아빠가 딸한테 억지로 뽀뽀하려고 하면 싫잖아. 딸도 뽀뽀하기 싫을 때도 있고. 누군가 딸의 몸에 손을 댈 때는 서로 동의를 해야 하는 거야. 알았지? No를 하려면 용기가 필요한데, 딸은 집에서 연습을 했으니까 잘할 거야. 너 아빠한테 싫다고 잘하잖아 ㅋㅋ

딸 알았어. 남자 친구랑 스킨십에 대해서 의논해 볼게.

엄마 응. 고마워! 딸도 딸 자신의 느낌과 감정을 자세하게 살펴보자. 그래야 지혜롭게 연애를 할 수 있어. 이 정도만 지켜주면 좋겠고, 딸이 연애에 대해 궁금한 건 뭐든 엄마한테 물어봐. 엄마가 아는 건 모두 말할게. 모르는 건 같이 찾아보자.

딸 응~.

음란물, 저리 비켜!

초등학생 딸이 사는 세상 이해하기

부모님들이 가장 걱정이 많은 음란물에 대해서 알려드릴게요. 음란물은 휴대전화나 전자기기와 밀접한 관련이 있어요. 사춘기 자녀들과 가장 많은 다툼이 일어나는 부분도 바로 스마트폰 사용과 관련된 것이지요.

잠시 멈추고 생각해 보세요!

부모가 어린 시절에는 텔레비전이나 만화책 정도가 중독거리에 속했어요. 대부분은 밖에 나가서 뛰어놀았습니다. 그런데 지금 우리 딸이 살아가는 세상을 보세요. 밖에 나가서 놀면 땀이 나고 씻어야 하고 귀찮은 일이 더 많대요. 솔직히 밖에 나가도 놀 곳, 놀 친구, 시간도 없고요.

스마트폰만 있으면 온종일 혼자서도 재밌게 놀 수 있습니다. 현대사회는 스마트폰 시대=가상시대입니다. 기술력은 앞으로 더 발전할 것이고 우리 딸은 무차별적으로 어른들이 만들어 놓은 기술에 노출될 수밖에 없어요. 어른들이 스마트폰을 만들어 놓고 아이들한테 그만 보라고 한다는 게 어불성설입니다. 어른도 중독시키는 게 스마트폰인데 사춘기 청소년의 중독은 당연한 겁니다.

그러니 일단 스마트폰에 대해서 이야기를 할 때는 먼저 사과부터 해주세요. 어른들이 이런 걸 만들어 놓고 관리법은 준비하지도 않고, 돈만 벌면 된다는 생각으로 아이들에게 하는 나쁜 짓들을요. 그리고 부모부터 전자기기 사용을 조절할 수 있어야 겠지요? 아이들은 어른의 말을 듣는 게 아니라 어른의 행동을 보고 배우잖아요.

미국의 실리콘 밸리에는 애플, 구글, 마이크로소프트, 어도비, 페이스북 등의 회사가 있었습니다. 전 세계 IT산업의 중심지이면서 기술혁신을 상징하는 도시입니다.

그런데 이곳에서 일하는 사람들은 자녀들의 스마트폰 사용을 엄격하게 통제하는 경향이 높다고 합니다.

스티브 잡스는 생전에 한 인터뷰에서 "자녀들이 아이패드를 좋아하냐"는 질문에 "아이들이 아이패드를 써 본 적이 없다"고 답했고, 마이크로소프트 창시자인 빌 게이츠는 아이들이 13세가 되고 나서야 휴대폰을 사준 것으로 알려져 있습니다.

실리콘 밸리에서 보모를 고용할 때 계약서 조항에 포함하는 사항이 바로, 아이들 앞에서 휴대폰 사용을 금지한다는 내용이라고 합니다. IT 산업의 최첨단을 주도하는 부모들이 정작 자신의 아이들에게는 디지털 기기 대신 자연 속에서 자라도록 하는 교육을 한다는 겁니다. (《중학생 뇌가 달라졌어요.》)

디지털 기기를 만들고 있는 사람들이기 때문에 디지털 기기의 비밀을 누구보다 잘 알고 있는 거지요. 그리고 디지털 기기가 청소년에게 어떤 영향을 끼치는지, 인간의 뇌에 어떤 영향을 끼치는지도 잘 알고 있다는 증거이기도 하죠. 그래서 자기들의 자녀를 보호하기 위해 디지털 기기 사용을 제한하는 것입니다. 자기들은 자연에서 생활하며 독서나 운동, 타인과의 관계를 소중하게 여기는 삶을 삽니다. 디지털은 스스로 조절하고 자제해야만 인간의 삶에 유용한 도구가 될 수 있다는 비밀을 알고 있기 때문에 디지털 기기를 제한하고 통제하는 것이겠지요.

우리도 이런 비밀을 알고 있어야 합니다. 디지털 기기를 사용하되 제작 의도를 정확하게 알고 끌려가지 않도록 우리 딸을 보호해야겠지요.

이러한 점들을 딸과 이야기하면서 디지털 기기를 사용할 수밖에 없는 환경을 이해하고 수용하되 현명한 도구로 사용할 수 있도록 도와주십시오.

초등학생 딸의 문화 공유하기

초등학생 여자아이들이 가장 많이 접하는 콘텐츠는 웹툰, SNS, 유튜브입니다. 웹툰에 이미 중독된 부모님들도 계실 겁니다. 그렇지 않다면 딸이 좋아하는 웹툰은 같이 보길 추천합니다.

저도 아이들한테 추천을 받아서 웹툰에 들어가 봤어요. 일단 재밌습니다. 그리고 계속 알림이 떠요. '룰렛을 돌려라, 쿠폰을 긁어라, 새로운 무료 연작이 나왔다' 이러면서 자본주의 어른들이 애들을 가만 놔두지 않아요. 사람을 궁금하게 만들어서 중독으로 끌어들입니다. 아이들이 끊을 수가 없어요. 어른도 중독되는데 애들이 어떻게 끊어요? 아이들이 조절력이 없어서 끊지 못하는 게 아닙니다. 컨텐츠를 만들 때 중독되게 만듭니다.

사춘기는 전두엽이 폭발하는 시기라고 말씀드렸죠? 그때 좋은 것을 봐야 하는데 우리 아이들은 나쁜 것만 만들어 놓은 어른들 때문에 좋은 것을 볼 수가 없어요. 말로 하는 약속은 소용이 없습니다. 혼내는 것으로도 안 돼요.

그래서 딸과 같이 웹툰을 보고 대화를 나누어 보세요. 웹툰의 순기능과 역기능에 대해 대화를 나누는 겁니다. 부모가 먼저 부정적인 면을 얘기하면 딸은 입을 다물어버립니다.

"엄마도 보니까 중독이 될 것 같아. 재밌더라."

딸이 조절을 못 하는 게 아니라 자본주의 어른들이 그렇게 만들어 놓은 점이라는 걸 인정하고 딸이 왜 좋아하는지도 이해하세요. 그러고 나서 역기능에 대해 물으면 딸이 얘기합니다. 자기들도 웹툰을 보면서 "헐! 이건 욕이 너무 많다.", "야한 것도 엄청 많다." "끊을 수가 없고 계속 보게 된다." 이런 생각들을 합니다.

웹툰에서 가장 나쁜 점은 윤리적인 개념을 깨트린다는 점이에요. 모든 여성을 성적 대상으로 보는 웹툰이 많습니다. 웹툰 제목을 보면 선정적인 내용이 많아요. 또 광고 팝업은 윤리적으로 초등학생이 보면 안 되는 내용이 많아요.

웹툰은 가상이지만 아이들은 그런 개념이 잘 없어요. 현실보다는 가상에서 행복을 찾는 시대이기도 하고요. 그래서 웹툰에 등장하는 주인공들을 보면 외적으로 완벽하잖아요. 잘못된 미의 기준을 흡수하게 되는 거예요. 거울을 보면서 자신감이 떨어지고 성형수술을 생각하게 됩니다.

요즘 여자아이들의 이상적인 외모가 안유진, 장원영이에요. 키 174㎝에 43㎏라는 소문이 돌았죠. 또 만찢남(만화 찢고 나온 남자)인 남자 주인공을 보다가 현실에서 같은 반 남학생들을 보면 어떨까요? 전부 오징어(또는 '얼굴을 빻았다'라는 표현은 못생긴 얼굴을 가진 사람을 뜻하는 말로 씁니다.)로 보이죠. 그래서 여자아이들은 아이돌에 빠져드는 거예요.

현실과 이상이 어떻게 다른지 구별할 수 있도록 도와주셔야 해요. 엄마와 아빠가 결혼한 기준이 뭐였을 것 같은지 생각해 보게 해야 합니다. 외모가 아니라 인성이나 성격, 인격이 중요하다는 얘기도 해주세요. 사람의 인격은 그 사람의 말과 행동에서 나온다는 점도요. 욕하고 짜증 내며 자기감정도 조절 못 하고 뭐든 본인 위주로 하려는 사람을 존중하는 사람은 별로 없죠. 자신이 존중받고 싶으면 자기 먼저 존중받을 만한 말과 행동을 해야 한다고요.

그건 부모가 먼저 보여주어야겠지요. 부부가 서로 예쁘게 말하세요. 상대방 감정 상하지 않게. 그 말투를 그대로 아이들이 배웁니다. 아이들의 말투를 듣고 있으면 부모의 말투를 알 수 있어요. 아이들이 부모의 거울이라는 말, 정말 무서운 말입니다.

밖에서 재밌게 놀거리를 찾지 못하니까 가상세계에 매달리게 됩니다. SNS에 중독이 되면 부모와 점점 심하게 다툽니다. 아이돌을 좋아하는 여학생들은 라방(라이브 방송) 때문에 밤을 새우고, 음원 스트리밍 횟수를 올려주어야 한다고 멜론 같은 걸 부모한테 가입 또는 로그인해 달라고 합니다.

SNS를 통해 오프라인에서 만나기도 하기 때문에 부모가 같이 활동하세요. 부모도 가입해서 팔로우를 하고(딸이 부모를 차단하지 못하게 하세요. 만약에 차단하면 스마트폰을 압수해야 합니다.) 수시로 살피세요. 단, 못하게 하는 건 효과가 없습니다. 댓글들을 함께 읽으면서 생각을 물어보고, 사진이나 글의 수준도 함께 읽고 살펴보세요. 스마트기기는 함께 보고 얘기하는 것이 가장 좋습니다. 시간을 정해서 하길 추천합니다.

SNS에서 일어나는 문제는 단체 톡방이나 비밀 톡방에서 다른 사람을 뒷담화하는 경우이고 대부분 학교폭력으로 연결됩니다. 그러니 단체 톡방에서는 선생님의 질문에만 답하고 다른 친구들의 답에는 반응하지 말 것, 친구들끼리 단체 톡방은 만들지 말 것, 만약 단체 톡방을 만들었으면 절대로 없는 사람 얘기는 하지 말 것 등을 딸과 같이 보면서 당부하세요. 딸도 이미 알고 있을 거예요. 하지만 그 상황이 되었을 때, 자기만 가만히 있으면 곤란하기 때문에 동조를 하는 경우가 많거든요. 온라인상에서도 용기가 필요하다는 사실을 인지시키고, 딸이 처신을 잘 할 수 있도록 도와주십시오.

남학생만큼은 아니지만 여학생들도 게임을 많이 하는데, 사실 게임 캐릭터를 보면 죄다 여자들 옷을 찢어놨어요. 선정적인 여성 캐릭터가 인기가 높기도 하고요. 게임은 중독성이 포함된 것이기 때문에 무의식적으로 하게 됩니다. 게임도 생각하고 선별해서 할 수 있게 알려주세요.

우리 딸이 살아가고 있는 시대의 환경을 부모가 무슨 수로 막을 수 있을까요? 불가능합니다. 그러니 오픈하되 옳고 그름을 확실하게 알려주고 올바른 선택이 왜 중요한지 인식시키는 교육을 해야 합니다. 온라인에서 벌어지기 때문에 죄의식을 별로 느끼지 않습니다. 공부, 성적보다 옳고 그름과 예의, 존중을 먼저 가르쳐야 합니다. 그 위에서 놀거리를 선별해서 즐길 수 있어야 본인도 재밌고 타인을 돕는 사람으로 자랍니다.

가장 중요한 것은 전자기기가 없어도 신나게 놀 수 있는 방법들을 함께 고민하고 실천해주세요. 그리고 딸 혼자서도 즐길 수 있는 놀거리를 함께 찾아주세요.

음란물, 제대로 알려주기

음란물의 문제가 여러 가지 있지만 제가 제일 심각하게 보는 문제는 내면에서 인간의 가치를 하락시킨다는 점입니다. 자신의 쾌락을 위해서 여성을 오락과 재미의 대상으로만 접하면 약한 여성을 괴롭히면서 가학적 쾌감을 느끼게 되는 것입니다. 음란물에는 존중, 사랑, 책임 같은 건 아무것도 없습니다. 그냥 여자를 노예로 만들어버립니다.

> **미국 심리학자 빅터 클라인이 설명한 음란물 중독 4단계**
>
> - 1단계는 호기심으로 음란물을 봅니다.
> - 2단계는 점점 더 자극적인 것을 찾게 됩니다.
> - 3단계는 음란물 내용이 일반적이라고 생각합니다.
> - 4단계는 실제 경험해 보고 싶은 욕구가 생깁니다.

어른도 이 과정으로 중독에 이르겠지요. 쉽게 말하면, 우연히 딱! 보게 되는 데 머릿속에 잔상이 엄청 남는다는 얘기입니다. 시각적 자극이 너무 강해서 한번 보면 머릿속에 박혀 버려요. 이미지가 워낙 강하게 남아서 자신의 생활에서 만나는 모든 사람들을 음란물처럼 보게 됩니다. 머릿속에서 계속 떠오르니까 호기심이 생기고 또 보고 싶어져요.

그러면 스스로 찾아서 봅니다. 그 순간부터 중독이 되고, 직접 해보고 싶어집니다. 이 시기 남학생들은 어리기 때문에 자고 있는 여동생의 이불을 들춰서 몰래 사진을 찍고, 엄마한테 가서 엄마 가슴을 우연처럼 슬쩍 만져보기도 하고, 여동생한테 자기 성기를 쓱 대보기도 하고요. 사촌 여동생 몸을 슬쩍 만져보기도 합니다. 음란물을 본 여학생들은 자신의 신체를 들여다보거나 사진을 찍어 남긴다거나 그림으로 성관계 장면을 사실적으로 그리기도 합니다.

이 시기에는 충동을 참지 못해서 그런 건데, 이것은 아이들 잘못이 아닙니다. 어른들이 무분별하게, 대놓고 음란물을 유출시켜 놓기 때문입니다. 딸(아들)이, 우리의 아이들이 피해를 보고 있는 겁니다.

또 다른 피해자, 우리 아이들!

한 가지, 중요한 개념을 말씀드리고 싶어요. 음란물을 본 아이들을 문제아로 보는 시선을 거두시기 바랍니다. 초등학교 5학년만 돼도 친구들이 ㅅㅅ(섹스)하고 싶다, 야동(음란물) 봤냐?를 비롯한 섹드립이라고 하는 말들을 서슴없이 할 수 있습니다. 신음 소리를 내고 다니거나 엉덩이를 앞뒤로 흔들면서 성관계를 흉내 내는 아이들도 적지 않습니다. 그런 아이들을 변태라고 하는데, 사실은 '음란물 피해자'입니다. 아직 어린아이들이기 때문에 어른들이 하는 걸 먼저 하는 게 잘난 것인 줄 착각하는 피해자들입니다. 그러니 소중한 아이들을 지켜야겠지요. 올바른 어른이라면요.

우리 아이들은 음란물을 볼 수밖에 없는 세상에 살고 있습니다. 음란물에서 아이들을 구할 수 있는 방법을 고민하고 찾아야 합니다.

음란물에 노출된 아이를 절대로 탓하지 마십시오. 누구라도 무방비 상태로 맞닥뜨리게 되는 환경입니다. 그러니 대화를 통해 알려주세요. 음란물에 속으면 안 된다고요. 음란물에서 보이는 모든 이미지는 연출된 것이고, 돈만 벌면 된다는 사고방식의 어른들이 만든 것이라고요. 거짓과 왜곡의 온상지라는 것을요.

실제 상황 음란물도 있지만 어쨌든 모든 음란물은 등장인물이 서로 사랑하는 사이가 아니라는 점을 알려주세요. 이때 성관계에 대한 이야기나 피임과 관련된 이야기로 연결할 수 있습니다. 그러면 자연스럽게 성교육이 진행되는 것이죠.

무방비 상태에서 보게 된 것은 어쩔 수 없지만 음란물에 의존하지 않으려는 자신의 선택과 의지로 막을 수 있다고 용기를 주고 아이가 자신의 행동에 대해 '성찰의 시간'을 가질 수 있도록 도와주십시오.

또 음란물에 노출되었던 취약 시간이 있을 거예요. 그 시간을 피할 수 있는 구체적인 방법을 함께 의논하고 찾아주세요. 그리고 그 시간에 다른 활동을 할 수 있도록 도움을 주십시오. 음란물을 떠올릴 수 있는 시간 자체를 주지 않도록 노력하는 겁니다.

가장 추천하는 방법은 땀이 나도록 운동을 하는 겁니다. 아니면 땀이 나게 뛰어노는 것입니다. 농구, 축구, 배드민턴, 달리기 등 땀이 나게 뛰면 음란물을 보려는 에너지조차 사라지게 됩니다. 또한 자연 속에서 시간을 보내는 것도 추천합니다. 전자기기와 단절된 상황을 만들어서 산림욕을 하는 것이지요. 등산도 좋고요. 캠핑도 좋겠네요.

《살인 세대》에서는 '게임이나 음란물에 노출되었다는 것은 일시적인 상태로 도취 상태와 마찬가지여서 48시간에서 72시간이 지나면 어느 정도 벗어날 수 있다'고 씁니다. 그래서 음란물에 노출되었다면 집중적으로 3일간은 미디어 기기의 노출을 완전히 차단하고, 운동이나 캠핑 등 오프라인 활동을 늘려주는 것이 좋다고 합니다.

딸이든 아들이든 똑같이 음란물에 노출됩니다. 어떤 충동을 그대로 방출하는 것보다 충동을 변형시키고 간접적으로 만족시킬 수 있는 방법을 찾아보는 게 부모의 몫이 아닐까요?

머릿속에 들어온 이런 생각들은 몸을 움직이면 사라지게 되어 있습니다. 적극적으로 몸을 움직일 수 있게 유도해주십시오. 그러고 나서 그 에너지를 학습이나 창의적인 일, 작은 목표 달성 등 좋은 방향으로 승화시킬 수 있도록 변형시켜주세요. 음란물도 건강한 에너지로 바꾸는 지혜를 갖출 수 있는 기회로 만들기 바랍니다.

스마트폰도 공동 관리

저는 강의할 때, 초등학교 때까지는 SNS를 철저하게 막을 것을 권장합니다. 중학생이 되면 현실적으로 막을 수 없기 때문에 대화를 통해서 스스로 조절할 수 있게 돕고, 행동으로 실천할 수 있는 방법을 곁에서 도와야 합니다. 중학생들이 음란물을 어떻게 볼까요? 스마트폰을 다룰 때 부모가 가르쳐주었나요? 오히려 부모가 아이들한테 배우지 않나요? 스마트폰을 다루는 유전자가 장착되어 있는 것처럼 알아서 잘 사용합니다. 음란물에 관심을 갖게 되는 시기가 오면 막힌 것도 뚫을 수 있는 나쁜 정보들만 찾아 헤맵니다. 헤맬 필요도 없습니다. 인터넷 세상에 별의별 것들이 다 있습니다. 음란물 우회 사이트를 제가 물어볼 정도입니다. 중학생들은 다 알려줍니다.

그러니 초등학생 때까지는 철저하게 막으시고, 중학생 때부터는 공동 관리 개념을 심어주세요. 강압적으로 하시면 안 됩니다. 아이가 수긍할 수 있는 범위에서 원칙을 정하고, 가족 내 스마트폰 원칙도 같이 정하세요.

아이들은 온갖 핑계를 대겠지요. 숙제를 보내야 한다, 오늘 꼭 받아야 하는 연락이 있다 등 구구절절할 겁니다. 화내지 마시고 차분하고 조용하게 기다리세요. "시간됐다." 라고 말한 후 스마트폰을 가져올 때까지 아이를 지켜보면서 "시간됐다."(처음과 같은 톤으로) 라고 또 말하고 가져오도록 몸으로 종용하는 겁니다. 부모가 화를 내거나 언성을 높이면 훈육의 내용은 잊고 부모님이 화를 냈다는 사실만 전달됩니다. 그러니 행동으로 옮기도록 하되 말과 언성은 차분하고, 부모가 너를 기다리고 있다는 신뢰를 주면서 인내하세요. 부모가 일관되게 몇 번만 하면 아이들은 행동합니다.(부모가 기복이 있거나 일관적이지 않을 때 가장 나쁜 영향을 미칩니다.) 아이의 행동이 교정되면 "실천하는 사람이구나, 오래 기다리지 않게 해줘서 고맙다, 약속을 지키는 사람이구나."
라고 얘기해주세요. 칭찬을 할 때는 아이의 행동을 과정과 결과로 얘기하면
됩니다. 과장된 칭찬은 아이들도 부담스러워 합니다.

변화하는 세상 속에서 자신을 성찰하고 자신을 스스로 지킬 수 있는 시간
과 공간을 확보하게 도와주십시오.

◆ 차원이 다른 실전 대화1
스마트폰에 대한 이야기

엄마 딸, 딸은 스마트폰보다 재미있는 게 있어?

딸 아니.

엄마 그럼, 스마트폰을 놓고 밖에 나갔어. 어때?

딸 지난번에 놓고 나간 적 있었는데 다시 돌아와서 가져갔어. 불안해.

엄마 금단현상?

딸 그 정도까지는 아니지.

엄마 아니라고? 음. 스마트폰에서 뭐가 그렇게 재밌어?

딸 유튜브 영상. 웹툰. SNS.

엄마 딸, 스몸비라는 뜻 알아?

딸 아니?

엄마 한번 맞춰볼래? 요즘 쓰는 줄임말이니까.

딸 음~. 스마트폰하고 관련 있어?

엄마 응.

딸 스마트폰 좀비?

엄마 오~거의 맞았어. 스마트폰과 좀비를 합성한 말이래. 스마트폰에 집중한 채 걷는 모습이 마치 좀비와 같다고.

딸 나는 아니야.

엄마 그래, 엄마도 딸이 아니었으면 좋겠는데…… 걱정이 좀 되네.^^;

딸 에이~.

엄마 조심해서 나쁠 건 없으니까. 딸이 좀 더 신중했으면 좋겠어. 내가 생각하는 것과 실제 행동은 많이 다르거든.

딸 알았어.

엄마 딸은 유튜브에서 주로 어떤 걸 봐?

딸 아이돌. 웃긴 영상.

엄마 그렇구나. 스마트폰만 보다가 후회한 적은?

딸 해야 할 일 밀린 거. 숙제 밀리고 밤에 늦게 잔 거.

엄마 어쨌든 스마트폰은 어른들이 만들어 놓고 애들한테 하지 말라는 건 좀 말이 안 되는 건 맞아. 그 점은 딸한테 미안해.

딸 응? 스마트폰만 있으면 재미있는데 왜 미안해?

엄마 딸은 스마트폰 말고 재미있는 건 없어? 친구들과 논다거나 자연에서 노는 거.

딸 친구랑 만나서 스마트폰 하는데? 우린 그렇게 놀아.

엄마 스마트폰이 마냥 좋기만 할까? 아까 딸도 스마트폰 때문에 후회한 적이 있다고 했잖아. 스마트폰은 왜 조절이 안 될까? 딸은 어떻게 생각해?

딸 나는 조절 잘하는데??

엄마 음. 딸은 구글이나 유튜브, 애플, 마이크로소프트가 뭔지 알지?

딸 마이크로소프트가 뭐야?

엄마 딸이 컴퓨터, 노트북, 패드, 스마트폰 등 전자기기를 켤 때 나오는 윈도우 있잖아. 그걸 만든 회사가 마이크로소프트야. 빌 게이츠라는 사람이 공동으로 만들었어.

딸 아~빌 게이츠는 들어봤어.

엄마 구글, 유튜브, 애플은 알지?

딸 응. 알아.

엄마 그래. 그런데 지금 말한 회사들이 모두 미국에 있잖아.

딸 그래? 미국 어디?

엄마 실리콘 밸리라고. 세계 IT기업 대부분은 모두 실리콘 밸리에 있어. 다른 곳으로 이전한 기업도 있지만.

딸 오~그래?

엄마 우리가 쓰는 모든 IT제품이나 AI 같은 전자기기는 그곳에서 시작되는 거나 마찬가지야. 그러니까 그런 걸 만드는 사람들이 대부분 실리콘 밸리에 있는 거지.

딸 오!!

엄마 그러면 앞서가는 전자기기를 만드는 회사에 다니는 사람들은 스마트폰을 온종일 하겠다. 좋겠지? 그 회사에서 일하는 사람들의 자녀들은 최신 제품들을 빨리 받을 수 있을 거 아니야. 우리나라에서 애플이 엄청 비싸게 팔리잖아. 딸도 알지?

딸 응. 좋겠다.

엄마 딸도 부러워?

딸 응.

엄마 그런데 엄마가 비밀 하나 알려줄까?

딸 뭔데?

엄마 스티브 잡스 알지? 애플 만든 사람?

딸 응.

엄마 빌 게이츠도 안다고 했고?

딸   응.

엄마   그 두 사람이 자기 자녀들한테 스마트폰을 언제 줬는지 알아?

딸   몰라. 근데 이런 말 하는 거 보니까 늦게 줬다고 말하려고 하는 거지?

엄마   ㅎㅎㅎ 빌 게이츠는 자녀들이 13세가 되고 나서야 휴대폰을 사줬대. 그리고 스티브 잡스의 자녀들은 아이패드를 써 본 적도 없대. 물론 성인이 되어서는 사용했겠지.

딸   정말?

엄마   엄마가 딸한테 거짓말을 해서 뭐하냐. 그리고 한 가지 더.

딸   뭔데?

엄마   실리콘 밸리에 다니는 사람들, 그중에서도 부모들이 자녀에게 스마트폰을 안 준다는 거야. 다른 걸 더 중요하게 생각한대.

딸   다른 거?

엄마   응. 자연에서 생활하고 독서, 운동, 타인과 관계를 소중하게 여길 수 있는 삶을 위해서 전자기기를 멀리한다는 거야. 또 아이들을 봐주는 베이비시터(아이돌보미)를 뽑을 때 아이들 앞에서 핸드폰 사용을 금지한대.

딸   진짜?

엄마   응. 그렇게 똑똑하고 IT 산업을 이끄는 사람들이 자기 자녀에게는 최대한 늦게 스마트폰이나 기기를 접하게 하거나 아예 못하게 하는 이유가 뭘까? 딸이 한번 생각해 볼래?

딸   음. 인간한테 안 좋은 걸 알아서?

엄마   오~. 좀 더 자세하게 말해볼래? 특히 어디에 안 좋기 때문일까?

딸   뇌에?

엄마 오~맞았어. 딸이 잘 알고 있네! 실제로 그들이 전자기기를 만들 때, 특히 앱을 만들 때 인간의 뇌를 연구하는 팀이 있대. 인간의 뇌를 어떻게 하면 중독시킬 수 있는지 연구하는 팀이지. 마약처럼 말이야. 딸이 스마트폰을 손에서 놓지 못하잖아. 그게 사람의 뇌를 중독되게 만들기 때문이라는 거야.

딸 (놀란 표정)

엄마 그래서 미국에서는 그런 회사에 반대하는 시민단체들이 생겨났는데, 바로 그 회사에서 일하던 사람들이 만들었대. 특히 아이들의 뇌를 망가뜨리는 부분을 폭로하면서 그런 회사들에게 책임을 묻고 있대.

딸 (놀라서 입이 벌어지며 VS 믿지 않는 표정)

엄마 그러니까 딸이 스마트폰에 중독되는 건 당연한 거지. 스마트폰을 쓰는 사람은 누구나 중독된 상태니까. 그렇게 앱을 만들고 있고. 그건 어른도 마찬가지야. 그러니까 우리가 스마트폰을 어떻게 사용해야 할까?

딸 회사들에 놀아나면 안 돼.

엄마 그렇지? 스마트폰을 사용하면서 조절이 쉽지는 않겠지만 이런 사실을 알고 쓰는 것과 모르고 당하는 것은 차이가 클 거야. 그치?

딸 (약간 달라진 표정으로) 응!

엄마 그리고 스마트폰에 중독되게 만드는 건 인간의 뇌를 조정하는 거거든. 그걸 연구하는 팀이 있는 거야. 그러니까 우리는 정신을 바짝 차리고 스마트폰을 진짜 스마트하게, 현명한 도구로만 사용할 수 있게 해야 해. 아주 잠깐만 한눈을 팔아도 그들에게 넘어가게 되거든. 자본주의 어른들이 인간을 돈으로만 보기 때문이야. 마약을 하는 사람들에게 마약을 전달하는 공급책이 있는 것처럼.

엄마 그래서 딸과 우리 가족의 소중한 뇌를 지키기 위해서라도 전자기기 사용에 대해서 규칙을 정하고 도구로써 사용하도록 회의를 통해 정해보자. 아빠도 같이. 엄마 아빠도 같이 참여할 거야. 딸도 하자.

딸 (고개를 끄덕이며) 응!

엄마 (딸의 머리를 쓰다듬으며 딸을 보고 웃는다.)

◆ 차원이 다른 실전 대화 2
음란물에 대한 이야기

엄마 딸, 학교에서 ㅅㅅ이라는 말을 쓰면서 다닌 다던지, 성적인 행동이나 말을 하는 애들 있어? 요즘에는 여자애들도 많이 하던데?

딸 있어. 야동 같은 거 본 애들이나 게이 같은 거 말하는 애들.

엄마 딸은 그런 영상이나 웹툰 본 적 있어?

딸 응.

엄마 어디서?

딸 웹툰 광고에서.

엄마 일단 그런 걸 보면 차단하고. 엄마한테 말해줘. 그래야 딸의 뇌를 보호할 수 있지. 어쩔 수 없이 보는 건 딸 잘못이 아니니까. 어른들이 미안해! 그런 거 만들어서. 그러니까 음란물에 대해서 알고 대처를 해야겠지? 전자기기처럼. 포털사이트나 앱에서 광고로 이상한 거 뜬 거 본 적 있지? 엄청 가슴 큰 여자가 거의 옷을 헐벗고 나오거나, 남녀가 옷 벗고 둘이 이상한 행동을 하고 있거나 뭐 그런 거. 조금 야한 거.

딸 (고개를 끄덕이며) 응!

엄마　음란물의 가장 큰 문제점은 인간을 노예나 벌레 취급한다는 거야. 음란물에는 존중, 배려, 이해, 사랑, 우정 같은 건 아예 없어. 약한 상대를 함부로 대하는 행위만 있어. 그게 현실이라면 범죄지.

　　　영화, 드라마, 웹툰, 팬픽 소설의 공통점이 뭘까?

딸　글쎄?

엄마　모두 가짜라는 거야.

딸　가짜?

엄마　거짓말. 허구라는 말 들어봤지? 픽션!

딸　응.

엄마　영화, 드라마, 웹툰, 팬픽 소설에 등장하는 남주, 여주는 현실에 없다는 거. 특히 남자와 여자의 연애는 더 비현실적이라는 거. 허구로 만들기 때문에 현실에 없는 사람을 마음껏 상상할 수 있어서 비현실적인 캐릭터로 만드는 거야. 그리고 사람들이 그것을 진짜처럼 믿게 만드는 거고.

딸　으응. 그래도 재밌는데…….

엄마　그래. 재미로 보는 거야 괜찮지. 그런데 문제는 음란물과 예술작품을 정확하게 구분해야 한다는 거지. 딸은 미성년자니까 연령제한이 있는 건 보면 안 되고. 그런데 음란물을 어릴 때부터 보게 되잖아. 그건 딸이나 애들의 잘못은 아니지. 그런 걸 애들이 보게 돈 받고 파는 어른들이 진짜 잘못하는 거지. 그런 인간들을 보면 엄마는 화가 나.

딸　진정해, 엄마. 워워~.

엄마　응응. 미국 심리학자가 음란물 중독 4단계에 대해서 말했대.

딸　음란물 중독 4단계?

엄마 응. 음란물은 중독이 되게 만들거든. 앱을 만들 때 인간의 뇌를 연구해서 만든다고 했잖아. 그것도 중독시키는 거라고. 음란물은 무조건 중독이 되니까 안 보는 게 좋고, 나중에 성인이 되어서 볼 수는 있지만 안 보는 게 더 좋고. 어디에?

딸 뇌에?

엄마 맞아. 미국 심리학자가 말한 음란물 중독 4단계를 딸이 한번 생각해볼래? 뭔가에 중독되는 건 조금씩만 다르지 다 같은 것 같아. 한번 생각해서 말해봐. 그래야 딸도 예방을 할 수 있을 거야.

딸 음~. 스마트폰에서 영상이나 게임 같은 거 볼 때 우연히 보긴 하는데.

엄마 맞아!! 바로 그거야. 그게 바로 1단계. 우연히 음란물을 본다. 2단계는 뭘까?

딸 호기심이 생긴다?

엄마 비슷해. 2단계는 점점 더 자극적인 것을 찾게 된대. 찾는다는 건 호기심을 넘어간 거겠지? 의도가 분명하기 때문에 찾는 거니까. 3단계부터 중요한데. 3단계는 뭘까?

딸 1단계는 우연히, 2단계는 더 자극적인 것을 찾는다. 3단계는…… 몰래 숨어서 본다?

엄마 음란물 영상이 인간의 뇌를 망가뜨리잖아. 엄청 자극적이고. 그런데 3단계가 되면 음란물의 내용이 문제라고 여기지 않는대. 즉 음란물 내용이 일반적이라고 생각한다는 거야. 그냥 영화나 드라마처럼 12세용으로 봐도 된다는 잘못된 인식이 생겨버리는 거지.

딸 그건 중독된 거잖아.

엄마 지금 음란물 중독 4단계에 대해서 얘기하고 있는 거야. 2단계부터 중독에 들어간 거지. 마지막 4단계는 실제 경험해 보고 싶은 욕구가 생긴다야. 그래서 'N번방 사건'이나 성폭행들이 생기는 거야. 성폭행범들은 거의 다 음란물에 중독된 상태가 많대.

딸 윽!

엄마 요즘에는 뉴스에도 나오잖아. 청소년들이 성폭행을 저지른 뉴스. 어른들의 뇌도 망가뜨리는 게 음란물인데 자라는 중인 청소년들에게는 얼마나 안 좋겠어.

딸 으~~. 변태~!

엄마 물론 그 애들도 전부 처음에는 우연히 보기 시작했을 거야. 어른들이 잘못한 거지. 애들이 그런 거에 접근할 수 있도록 만들고 돈이나 벌고, 성폭행이나 하고. 한심한 어른들이 세상에는 너무 많거든. 그래서 딸도 제대로 알고 있어야 해. 딸도 음란물(영화, 드라마, 웹툰, 채팅앱, 팬픽 소설)을 우연히 알게 되면 엄마한테 말해줘. 같이 보고 뭐가 잘못된 건지 알려줄게. 어른들 몰래 그런 걸 보니까 범죄를 저지르게 되는 거거든. 음란물 중독 4단계(112페이지 참조) 잘 알아두자.

딸 응.

엄마 그래서 딸이 호신술처럼 자신을 지킬 수 있는 무술을 하나는 꼭! 꾸준히 했으면 좋겠어. 무술과 수영은 생존과 관련된 거니까 꼭 몸에 익혀두자. 귀찮다고 싫어하지 말고.

딸 알았어.

엄마 음란물을 보게 되면 무조건 엄마한테 얘기해.

딸 일부러 본 거 아닌데도?

엄마 일부러든 아니든 무조건 보면 엄마한테 말해야 해. 딸의 뇌를 보호해야 하니까. 음란물은 나쁜 어른들이 만들어서 뇌에 나쁜 것만 심어주는데, 그게 아주 고약해서 썩은 물처럼 뇌에 남게 되거든. 그래서 중독이 되는 거야. 엄청 큰 충격을 받게 되니까. 그래서 수목원 같은 곳으로 드라이브를 가거나 놀러 가자. 그래야 딸의 뇌를 보호할 수 있어.

딸 오~예!

엄마 그렇다고 일부러 보지는 말고. 딸의 뇌가 중요해.

딸 알았어.

엄마 친구들이 그런 걸로 잘난 척하거나 "넌 그런 것도 모르냐?"라고 놀려도 절대로 흔들리면 안 돼. 성인이 되어서 하면 되는 거야. 지금은 뇌에 정말 나쁜 영향을 끼쳐. 뇌뿐만 아니라 행동으로 나타나기 때문에 성범죄로 이어지고.

딸 응, 알았어.

엄마 딸 주변에서 일어날 수 있는 일들이기 때문에 엄마가 그 점은 보호를 해야 해. 그러니까 딸 스마트폰을 공유해야 해. 청소년기 때까지는. 성인이 되면 딸이 알아서 하고. 그래야 엄마가 딸을 보호할 수가 있어. 이해하고 지켜줘. 알았지?

딸 응!

엄마 고마워.

◆ 잠깐, 점검하기

스마트폰 중독 테스트

각 문항을 1, 2, 3, 4점의 단계로 체크해 보세요.

항목	1	2	3	4
1. 스마트폰의 지나친 사용으로 학교 수업 시간에 집중이 안 되고, 성적이 떨어졌다.				
2. 가족이나 친구들과 함께 있는 것보다 스마트폰을 사용하고 있는 것이 더 즐겁다.				
3. 스마트폰을 사용할 수 없게 된다면 견디기 힘들 것이다.				
4. 스마트폰 사용 시간을 줄이려고 해보았지만 실패했다.				
5. 스마트폰 사용으로 계획한 일(공부, 숙제 또는 학원 수강 등)을 하기 어렵다.				
6. 스마트폰을 사용하지 못하면 온 세상을 잃은 것 같은 생각이 든다.				
7. 스마트폰이 없으면 안절부절 못하고 초조해진다.				
8. 스마트폰 사용 시간을 스스로 조절할 수 없다.				
9. 수시로 스마트폰을 사용하다가 지적을 받은 적이 있다.				

10. 스마트폰이 없으면 불안하다.				
11. 스마트폰을 사용할 때 그만해야지' 라고 생각은 하면서도 계속한다.				
12. 스마트폰을 너무 자주 또는 오래 한다고 가족이나 친구들로부터 불평을 들은 적이 있다.				
13. 스마트폰 사용이 지금 하고 있는 공부에 방해가 된다.				
14. 스마트폰을 사용할 수 없을 때 패닉상태에 빠진다.				
15. 스마트폰 사용에 많은 시간을 보내는 것이 습관화되었다.				

이 테스트는 가벼운 마음으로 생각을 환기하는 용도로 활용하시기 바랍니다.
이와 유사한 테스트는 인터넷에서 다양하게 제공합니다.

미래창조과학부, 한국정보화진흥원.
2015년 인터넷 과의존 실태조사.

스마트폰 중독 테스트 결과

채점을 실시하여 일반사용자군 39점 이하, 잠재적위험사용자군 40-43점, 고위험사용자군은 44점 이상입니다.

39점 이하 일반사용자군	일반사용자군은 대부분이 스마트폰 중독문제가 없다고 느낍니다. 심리적 정서문제나 성격적 특성에서도 특이한 문제를 보이지 않으며, 자기 행동을 관리하고 있습니다. 주변 사람들과의 대인 관계에서도 자신이 충분한 지원을 얻을 수 있다고 느끼며, 심각한 외로움이나 곤란함을 느끼지 않습니다. 때때로 스마트폰의 건전한 활용에 대하여 자신을 점검할 필요가 있습니다.
40-43점 잠재적 위험 사용자군	잠재적위험 사용자군은 고위험 사용자군에 비해 경미한 수준이지만 일상생활에서 어려움을 보이며, 필요 이상으로 스마트폰 사용 시간이 늘어나고 집착을 하게 됩니다. 학업에 어려움이 나타날 수 있으며, 심리적 불안정감을 보이지만 절반 정도는 자신이 아무 문제가 없다고 느낍니다. 다분히 계획적이지 못하고 자기조절에 어려움을 보이며 자신감도 낮아집니다. 스마트폰 과다 사용의 위험을 깨닫고 스스로 조절하고 계획적인 사용을 하도록 노력하세요. 스마트폰 중독에 대한 주의가 필요합니다.
44점이상 고위험 사용자군	고위험자 사용자군은 스마트폰 사용으로 인하여 일상생활에서 심각한 문제를 보이면서 내성 및 금단현상이 나타납니다. 스마트폰으로 이루어지는 대인 관계가 대부분이며, 비도덕적 행위에 막연한 긍정적 기대가 있고 특정 앱이나 기능에 집착하는 특성을 보이기도 합니다. 현실 생활에서도 습관적으로 사용하게 되며 스마트폰 없이는 한순간도 견디기 힘들다고 느낍니다. 따라서, 스마트폰 사용으로 인하여 학업이나 대인 관계를 제대로 수행할 수 없으며 자신이 스마트폰 중독이라고 생각하게 됩니다. 또한, 심리적으로 불안정감 및 대인 관계, 곤란감, 우울한 기분 등이 흔하며, 성격적으로 자기조절에 심각한 어려움을 보이며 무계획적인 충동성도 높은 편입니다. 현실 세계에서 사회적 관계에 문제가 있으며, 외로움을 느끼는 경우도 많습니다. 스마트폰 중독 경향성이 매우 높으므로 관련 기관의 전문적 지원과 도움이 요청됩니다.

성범죄에서 나를 지켜요!

음란물과 성범죄, 이 둘은 떼려야 뗄 수 없는 관계입니다. 이미 앞장에서 살펴본 것과 같습니다. 여기서는 한 가지 더 말씀드리려고 합니다.

바로 채팅앱!

온라인 세상에서 모르는 사람과 말하지 말라는 건 비현실적인 탁상공론입니다. 요즘 아이들이 접하는 모든 앱은 모르는 사람과 얘기를 안 하고서는 사용할 수가 없습니다. 게임을 해도 아이템을 주고받고, '당근마켓'도 모르는 사람과 거래를 하는 앱이잖아요.

2022년 여성가족부에서 조사한 아동·청소년 대상 성범죄 발생 추세 및 동향 분석 결과를 보면 성매수와 성착취물 제작에 있어 피해자를 인터넷 채팅을 통해 알게 된 경우가 각각 86.5%, 71.3%로 높았습니다. 그런데 가해자와 피해자가 인터넷을 통해 최초 만난 경우 최초 접촉 경로는 채팅앱이 51.1%로 가장 많았습니다. 또한, 피해 아동·청소년이 인터넷을 통해 만난 가해자와 실제 오프라인 만남까지 이어진 경우가 72.2%에 달했으며, 아동·청소년 대상 성매수의 경우 스마트폰 등 온라인을 통해 이루어진 경우가 86.5%였습니다.

결국 랜덤채팅앱이 청소년 성매매의 온상이 된 거죠. 랜덤채팅은 익명성과 함께 GPS 기능을 통해 대화 상대와의 거리까지 알려주고, 대화 내용이 저장이 안 된다는 사실 때문에 사실상 성매매에 최적화된 온라인 공간일 수밖에 없습니다.

그런데, 여기서 잠깐!

이런 채팅앱이 몇 개나 될까요?

안드로이드 기반 앱을 약 180만 개 정도라고 추청했을 때, 그중 1%만 잡아도 1만8천 개입니다. 그러니 너무 쉽게 접근이 가능하겠죠.

랜덤채팅앱은 가입도 아주 쉽습니다. 휴대전화를 통한 본인인증이 필요 없는 경우도 많으니 그냥 거짓으로 나이 성별을 설정하고 별도 프로필 사진이나 해시태그 없이 대화 상대나 친구를 원한다는 채팅방을 열기만 하면 됩니다.

이렇게 채팅방을 개설하면, 특히! 미성년자 여성으로 채팅방을 개설하면 정말 거짓말 조금 보태서 10초면 30개 정도의 답변이 옵니다.

대부분은 이런 식입니다.

- '조건 만남 구해요, 스폰 1회에 30, 경험 없으면 80'
  (스폰은 물질적 후원이라는 뜻으로 통용됩니다.)
- '용돈 만남 하세요? 3시간 40'
- '간단이나 키알 (키스 알바)도 해요 5~20+'
- '어디 살아? 내가 모텔 가서 기분 좋게 해줄게.'
- '아빠 뻘도 괜찮아?'

또 온라인 그루밍이라고 하죠. 친절하게 다가와서 심리적으로 지배한 뒤 성폭력을 가하는 것을 말합니다.

- '친구처럼 친하게 지내고 싶어서 연락했어요.'

- '예쁘네요. 딱 제 스탈이신데.,.'
- '제가 이렇게까지 하는데 계속 거절하실 거예요? 너무 속상하네요'
- '맛난 거 사줄까요? 드라이브 갈래요?'
- '고민 있어요? 00대학교 다니는데 궁금한 거 있으면 물어봐요.'
- '아직 어려 보이는 데 여기 나쁜 사람들 많으니까 하지 마요.'

어린 친구들한테는 이렇게도 많이 합니다.

A	몇 살이야?
B	12살이요
A	난 18살이야. 내가 오빠네. 우리 노예녀 놀이해볼래?
B	그게 뭔데요?
A	내 말 잘 듣고 사진 찍는 거. 너 아직 브라 안 차지? 일단 가슴 한번 찍어보자.
B	왜 해야 하는데요.
A	재밌잖아. 그런 게 노예 놀이야.

이렇게 친절함과 재미를 가장해 친해진 뒤 점점 성적 사진 등을 요구한 후 카카오톡, 라인 등 다른 메신저로 옮기자는 요구를 해서 피해자의 신상을 캐고 나면 본격적으로 협박을 합니다.

A	너 자위 한번 해볼래?
B	그게 뭔데요?

A	너 거기 아래를 손으로 살살 만지는 거. 영상으로 찍어서 한번 보내봐. 내가 보고 제대로 알려줄게. 기분 좋아. 한번 해봐. 이런 거 해본 적 없지?
B	좀 그런데요.
A	그냥 시키는 대로 하자. 반항을 하네. 지금까지 너한테 받은 사진 많아.
B	그게 뭐요?
A	내가 지웠겠냐? 학교 게시판에 올릴까? 부모님한테 보낼까?
B	그러지 마세요. 지금 바로 보낼게요.
A	그래. 그래야지. 나 맘 바뀌기 전에 얼른 보내.

많이 놀라셨나요?

과거에 우리가 모르는 사람과 편지를 주고받는 펜팔을 했던 것처럼 요즘 아이들은 그저 온라인상에서 사람을 사귀는 것입니다. 오프라인에서 몸 사진이나 개인정보 같은 것들을 요구하는 게 정상적이지 않듯이 온라인상에서도 그런 요구가 이상하다는 점을 아이들에게 이해시키고 상대가 아무리 나에게 잘해주고 좋은 사람이라는 생각이 들더라도 성적인 대화를 유도한다든지, 신체 사진이나 영상을 보내달라든지 하는 요구가 정말 자신을 사랑해서 나온 것인지 스스로 의심하고 절대 응하지 말 것을 알려 줘야 합니다.(책에 제시된 채팅앱 예시를 딸과 함께 살펴보세요. 도움이 될 것입니다.)

더불어 상대가 기프티콘 등 이유 없는 선심을 베풀거나 이상한 요구를 할 때는 일단 경계하고 부모에게 알릴 수 있도록 평소에 강조해서 말씀해 주세요. 피해를 입었을 때 당황하거나 무서워서 계정을 탈퇴하거나 채팅방을 나가지 말고 통화 내용, 문자, SNS 등 피해 내용을 증거 자료로 보관하라는 방침도 알려주세요. 신고하면 범인이 유포한 사진·영상을 일부라도 삭제할 수 있고 심리치료나 무료 법률상담 등의 지원도 받을 수 있거든요.

부모 행동 요령

사실 아무리 교육을 해도 작정하고 달려드는 못된 놈들한테 걸려들면 어쩔 수 없습니다. 그건 아이들의 잘못이 아닙니다. 아이들을 야단치지 마세요. 괜찮다, 어른들이 나쁜 것이라고 얘기하세요.

그런데도 만약에 문제가 발생하면 신고할 수 있는 증거를 남겨야 합니다. 그런데 아이들은 문제가 터지면 어른한테 얘기를 잘 못 합니다. 부모님 걱정시킬까 봐, 부모님이 자신한테 실망할까 봐 자기 혼자 해결하려고 해요. 그러다 문제가 커지는 겁니다. 그러니 가장 중요한 것!!

"혹여나 이런 일이 벌어지면 무조건 엄마(아빠)한테 얘기해줘.", "놀랐지? 나한테 얘기해줘서 고마워. 같이 해결해보자." 이렇게 아이를 먼저 안심시켜야 합니다. 아이의 마음을 먼저 살피세요. 아무리 강조해도 부족한 1순위가 바로 아이를 안심시키고 품는 것입니다.

"그럴 줄 알았어. 그런 거 하지 말라고 했지?"라며 타박하지 마세요. 절대로 그러면 안 됩니다. 부모가 자기 편을 들어주지 않으면 아이는 세상이 무너집니다. 그리고 2차 피해를 받게 됩니다.

아이 휴대전화에서 최대한 증거들을 많이 챙겨야 합니다. 대화 내용 캡처,

협박당한 것들도 캡처해 놓고, 영상이 있으면 다운로드를 해놓아야 합니다. 요즘은 목소리를 들어보고 싶다며 전화도 많이 하자고 하거든요. 그래서 음성녹음도 좋은 증거가 돼요.

그런 다음 십대여성인권센터로 가서 변호사 선임을 받으세요. 그러면 변호사와 함께 신고의 첫 단계부터 법률적인 마지막 단계까지 모든 진술을 통일되게 할 수 있어서 법정 싸움까지 가게 되더라도 도움을 받을 수 있습니다.

본인이 해결할 수 있더라도 십대여성인권센터로 가서 도움을 받는 게 좋습니다. 실제로 자신의 딸에게 이런 일이 생기면 누구나 당황하고 대처할 방법이 떠오르지 않기 때문입니다. 도움을 주는 단체들은 성관련 도움처(279 페이지) 부분에 수록해놓았습니다.

하수, 중수, 고수

제가 보면 온라인상에서 미성년자들한테 범죄를 저지르는 것들(사람이라 부르고 싶지 않네요.)에는 하수, 중수, 고수가 있는 것 같아요. 하수는 몸 사진을 찍어서 달라고 하거나 본인이 자위하는 영상을 보내는, 누가 봐도 미친놈 수준이죠. 아이들도 그 정도는 다 알아요. 반응하지 않지요. 중수는 서로 사진을 주고받거나 만나자고 하는 정도입니다.

그런데 진짜 무서운 사람은 고수예요. 아이들의 마음을 이해해주고, 아이를 아끼고 보호하고 사랑해 줍니다. 부모한테도 받아보지 못한 이해와 사랑을 받아요. 올바르지 못한 행동은 꾸짖기도 하면서 진짜 아끼는 듯한 행동을 합니다. 이런 식으로요.

A	요새 학교 안가니까 좋지않아?
B	인강 많아서 힘들어요 n.n
A	아 글겠다 n.n
B	OO ㅠㅠㅠㅠㅠㅠㅠ
A	엄마랑 계속 있으니까 잔소리 많이 하시겠네!
B	완전 답답쓰
A	답답하다니 조금 안쓰럽네. 만날 수 있으면 뭐 맛있는 거라도 사줄 수 있을텐데…… 기프티콘 하나 보낼게. 베프랑 뭐 사먹어. 남친이 보냈다 해 ㅋㅋ

　이렇게 마음을 홀랑 열어놓게 하면 아이들이 모든 걸 바쳐요. 그러니까 평소에 공부해라, 누구와 비교하는 말, 지적하는 말, 야단치는 말은 멈추어야 합니다. 부모가 잔소리를 할 때 자녀들이 듣는 것 같지만 사실은 듣지 않습니다. 오히려 마음의 문을 닫게 됩니다. 잔소리보다는 솔직하게 대화를 하면서 서로 의견을 조율하는 방법을 선택하십시오.

　그냥 부모님의 자식으로 태어나 준 사실 자체만으로도 사랑해 주세요. 태어난 것만으로도 사랑받을 자격이 충분히 있는 아이들입니다. 아이들이 태어나기 전에 부모가 바랐던 것이 무엇이었습니까? 손가락 발가락 열 개, 눈 코 입 바로 붙어있는 건강한 아이 아니었나요? 언제부터 아이에게 기대감이라는 짐을 얹기 시작했나요? 태어나서 건강하고 바르게 자라준 것만으로도 감사한 마음을 가지고 사랑해 주세요. 나머지는 다 부모의 욕심입니다.

엄마 배 속에 있을 때, 태어났을 때, 목을 스스로 가누었을 때, 뒤집었을 때, 기어다니기 시작했을 때, 걷기 시작했을 때……. 아이가 성장할수록 기뻐해야 마땅한데, 성적이 개입되면 아이의 성장을 못마땅하게 여기는 부모가 되어 버립니다. 그 원인은 모두 부모의 지나친 욕심, 그리고 부모의 불안 때문입니다. 자식을 있는 그대로 보지 않고 자신이 원하는 모습의 자식으로 만들겠다는 헛된 욕심이죠. 자신이 원하는 자식으로 만들지 마세요. 홀로서기에 성공해 사회에 나가서 용기 있고 타인에게 해를 끼치지 않는 사람으로 독립시키는 것이 부모의 역할입니다.

보통 부모는 음란물이나 채팅앱에서 성폭행을 당하는 아이들은 내 자식과 관련이 없다고 생각합니다. 아니면 내 아이는 그러지 않을 것이라는 안일한 생각도 있지요. 허나 그런 일을 겪는 모든 아이들은 잘못이 없습니다. 그런 짓을 한 어른들의 잘못입니다. 그리고 부모가 쫓아다니면서 차단할 수도 없습니다.

예방책

가장 좋은 예방책은 바로, 자식을 있는 그대로 사랑하는 것입니다. 아이들은 부모가 진심인지 아닌지 온몸의 세포로 알아차립니다. 본능적으로 아는 겁니다. 부모 사이가 나쁘면 아이들은 전쟁터 한가운데 있는 것과 같습니다. 폭탄이 언제 자신에게 떨어질지 모르는 공포를 느끼며 삽니다.

아이러니하게도 온라인 고수들이 하는 방법을 부모가 해주면 아이를 보호할 수 있다는 점입니다. 서글프고 분노할 일입니다. 그만큼 사랑이라는 이름으로 아이들이 고통받고 있다는 사실을 입증하는 것이기 때문입니다.

그러니 공부, 성적, 대학, 경쟁 말고 있는 그대로 자녀를 사랑해 주세요. 존재 자체로, 태어나줘서 나의 딸로 와줘서 고맙다고 진심으로 안아주세요.

부모와 자식의 관계는 선택할 수 없습니다. 일단 부모의 만남과 결혼 자체가 기적적인 일입니다. 지금, 멈추고 생각해 보십시오. 3억 개가 넘는 정자 중에서 딱 하나, 바로 지금의 딸이 난자를 뚫고 탄생한 것입니다. 그 자체만으로도 사랑받아야 할 존재들입니다. 세상의 잣대로 이 경이로운 관계를 희석하는 오류를 범하지 않았으면 하는 바람입니다.

부모의 진짜 사랑(부모의 기대감은 가짜 사랑입니다.)을 받은 딸은 부모와 대화를 잘합니다. 자신이 사랑받고 있다는 사실을 알기 때문입니다. 그러면 친구들의 말보다 부모의 말을 경청하게 되고, 성 관련 이야기도 솔직하게 하는 사이가 됩니다. 그러면 첫 성관계 연령도 높아지고 다양한 상황에서 대처하는 힘도 생깁니다.

그렇지 않고 아이를 몰아붙이면 모든 것을 음지에서, 부모를 속여가면서 합니다. 부모한테 들킬까 봐 걱정할 뿐이지 결국에는 자기가 하고 싶은 대로 다 합니다. 음지에서 하는 게 더 문제고 회복도 상당히 어려울 때가 많습니다.

No Means No!

성행위나 섹스라는 표현보다는 성관계라고 사용해 주시고, 성이 먼저가 아니라 '관계'를 강조해주세요. 이 관계를 벗어나면 성범죄가 되는 것이라고요.

딸에게 성희롱, 성추행, 성폭력에 대해서도 미리 설명해 주세요. 설명할 때는 몸과 마음으로 설명해 주세요.

성희롱은 다른 사람의 몸을 놀려서 마음의 상처를 주는 것, 성추행은 다른 사람의 몸을 함부로 만져서 그 사람의 몸과 마음에 상처를 주는 것, 성폭행은 다른 사람이 원하지 않는 성관계를 해서 몸과 마음에 상처를 주는 것이라고요.

성희롱, 성추행, 성폭행은 범죄입니다. 즉 피해자가 잘못한 게 아니에요. 그런데 우리나라는 성과 관련된 사건에서는 가해자 편을 듭니다. 이상할 정도로요! 이게 바로 사회가 가하는 2차, 3차 가해입니다.

학교폭력을 살펴봐도 알 수 있어요. 가해자 대부분이 뭐라고 답하는지 아세요? 피해자의 반응이 재미있어서 그랬다고 말해요. 장난이었다고요. 개념이 없는 거죠. 상대방이 하지 말라면 하지 말아야 합니다. 이 교육이 가정에서부터 이루어져야 합니다.

No Means No!

다른 사람이 싫다고 하면 그건 싫은 거니까 하지 말아야 한다는 겁니다. 상대방이 "하지 마!"라고 하면 자신의 행동을 멈춰야 합니다. 이 훈육이 안 되어 있어요.

성과 관련된 문제가 생기면 부모가 딸에게 가장 많이 하는 말이 "싫다고 하면 되지 왜 말을 못했냐"는 타박입니다. 그런 소리, 그 상황에서 잘 안 나옵니다. 싫다고 얘기하고 상대방의 행동을 멈추게 하는 게 얼마나 어려운지 아셔야 합니다. 인간은 원래 포식자가 아니라 피식자였습니다. 두려운 상황에 직면하면 몸이 얼어붙고 말이 떨어지지 않는 게 당연합니다. 지식으로 가르친다고 되는 게 아닙니다. 어렸을 때부터 집에서 익숙해져야 그나마 가능합니다.

딸들에게는 성과 관련해서 불쾌하거나 싫으면 어떤 상황에서든지 싫다고 말할 수 있게 가르쳐주어야 합니다. 남학생들에게는 상대가 싫다고 하면 진짜 싫은 거니까 행동을 멈춰야 한다고 가르쳐야 합니다. 자신의 행동이 다른 사람의 인생에 상처를 가할 수 있다는 점을 인지하게 해야 합니다. 아주 강하게요! 제대로 된 훈육이 필요합니다.

보통 이런 일이 생겼을 경우 제가 부모님들한테 가장 놀랄 때가 있는데요.
"여자애가 먼저 같이 놀자고 그랬어요."

이러면 여학생 쪽 부모들은 '우리 애가 꼬셨다'로 해석하고, 남학생 쪽 부모는 '아, 여우 같은 지지배가 순진한 남자애 꼬셔 가지고 이렇게 됐다.'라고 하십니다.

여자든 남자든 먼저 '손을 잡자, 뽀뽀를 하자'라고 말할 수 있는 거잖아요. 남자든 여자든 인간이고 인간은 모두 성적인 존재인데, 성과 관련된 건 뭐든지 남자가 알아서 해야 하고, 남자가 하는 데로 따라야 하는 걸까요? 자기의 몸이 무엇을 원하고 거부하는지는 남자 여자가 아니라 오직 자신만 알 수 있는 거잖아요.

또한 여학생이 가해자가 될 수도 있다는 점을 딸에게도 가르쳐야 합니다. 물론 신체적으로 남학생이 힘이 세지만(본격적으로 힘의 균형이 달라지는 때는 고등학생 때입니다.) 초등학생 때는 여학생의 성숙도가 남학생보다 높기 때문에 힘에서도 여학생이 앞서기도 합니다. 따라서 딸도 가해자가 될 수 있으니 조심해야 한다고, 인권은 남녀를 가리지 않고 평등해야 한다는 점을 꼭 알려주십시오.

성과 관련해서 여자만 피해자일 거라는 것도 편견입니다. 힘의 논리를 잘 살펴보고 남자와 여자가 아니라 같은 인간이라는 생각을 가져주세요.

여자든 남자든 꼬시는 게 아니라 제안이라고 생각을 바꿔주세요. 꼬신다는 생각을 하는 부모님은 자기 삶부터 돌아보고 왜 내가 이렇게 생각하게 됐을까 고민해보시는 것도 좋겠습니다.

어쨌거나 손을 잡고 뽀뽀를 했어요. 갑자기 가슴을 만져서 싫다고 했어요. 그런데 싫다는 말을 들은 사람이 멈추지를 않아요. 한 번이라도 싫다고 했는데도 상대가 멈추지 않았다면 그건 가해 행동으로 판단합니다. 뽀뽀를 하다가도 마음이 바뀌어서 "안 돼!"라고 하면 멈춰야 합니다. 연인, 부부 관계도 마찬가지입니다.

평소 생활에서, 가족이나 친구 간에도 성에 관련된 모든 부분은 상대의 의사를 물어야 하고 인정하고 행동을 멈추어야 합니다. Say No를 할 수 있고, 그 의견이 받아들여지는 경험이 쌓여야 "싫어, 하지 마!"라고 어떤 상황에서도 용기 있게 말 할 수 있습니다.

또 한 가지 성범죄가 모르는 사람한테서 일어날 확률보다는 주변에 아는 사람들한테 당하는 확률이 월등히 높습니다. 그렇기 때문에 우리 딸들이 Say No를 하기가 어려운 것입니다.

올바른 도덕적 가치관이 중요해요.

누구나 다 나쁜 짓을 할 수 있어요. 그런데 안 하는 사람들도 있죠. 성호르몬의 지배를 받아 허세를 부리거나 센 척하는 건 약한 사람들이나 하는 짓이에요. 진짜 강하고 센 사람은 도덕적 가치관을 지키는 사람들이죠. 이런 사람은 주변의 말이나 분위기에 동요하지 않아요. 멋지고 강한 사람입니다. 이러한 개념이 성인의 삶에도 영향을 끼친다는 걸 알아야 합니다. 오랜 시간 강의를 통해 살펴본 결과입니다.

올바른 도덕적 가치관을 가진 사람들과 관계를 맺는 것은 어떤 것인지 부모님이 딸과 함께 대화를 나누어야 합니다.

요즘에는 '제페토' 같은 메타버스에서도 성범죄가 일어납니다. '제페토'라는 가상공간은 누구나 쉽게 가입할 수 있고 자신을 닮은 캐릭터를 만들어 꾸미고, 다른 캐릭터와 어울려 채팅이나 게임을 하고 물건도 사고 문화생활을 할 수 있는 곳입니다. 현실 세계와 다를 바 없는 곳으로 이용자의 80% 이상이 초등학생입니다. 캐릭터의 엉덩이를 만진다던가 자신의 캐릭터를 상대의 캐릭터 몸에 밀착시키고 비비거나 쫓아다니며 스토킹을 하고 조건만남을 요구하거나 아이템을 선물하며 실제 만남으로 이어지는 사례까지 다양합니다. 가상공간이야말로 도덕적 가치관이 필요한 곳 아닐까요? 익명성이 보장되니까요.

2023년에는 메타버스 아바타를 이용해 10대 여자아이를 상대로 '그루밍 성범죄'를 저지른 30대 남성에게 아동청소년성보호에 관한 법률·아동복지법 위반으로 구속영장이 신청되는 사례가 보고됐습니다.

어떤 상황에서든 성범죄가 발생하면 아이들은 부모에게 말하는 것을 두려워 합니다. 가해자가 아이의 이러한 심리를 이용하여 가족에게 알리겠다는 협박으로 행동을 조종하려 하곤 합니다. 따라서 문제를 예방하기 위해서는 평소에 아이들과 많은 이야기를 나누어야 합니다. 뉴스나 유튜브, SNS를 통해서 아이들도 알고 있을 거예요. 기사 내용을 함께 보면서 아이의 생각을 물어보고, 잘못된 개념은 바로 잡아 주세요.

요즘에는 아이들도 캡처를 해서 증거를 남겨야 한다는 건 알고 있어요. 가해자가 대화 내용이나 사진, 영상으로 협박을 하면 협박하는 대로 하는 것이 아니라 아무리 협박을 해도 시키는 대로 하지 않겠다는 반응을 보여줘야 합니다. 범죄자가 사진을 유포하겠다고 협박하면 아이에게 "유포해."라고 대답하게 하세요. 이후 부모는 "유포된 증거를 가지고 경찰서 가서 신고하자." (십대여성인권센터로 가시면 됩니다.) 라고 하시면 됩니다.

'내가 너네 집으로 찾아간다, 너희 집 앞에 가서 협박한다, 너네 부모한테 전화한다'라고 하면 "맘대로 하세요."라고 말하게 하세요. 그런 다음 이런 사실을 부모에게 모두 알리도록 해야 합니다. 그다음 부모는 "우리 경찰서 가면 돼."라고 아이를 안심시키세요.

범죄자들은 피해자가 협박에 응해 협조하더라도 결국 잔인하게 유포할 가능성이 큽니다. 그러니 처음부터 아예 유포하라고 얘기하고 나서 범죄자가 유포하면 그 증거를 가지고 경찰서에 가서 도움을 요청하면 됩니다. 사진이 유포되면 화이트해커가 유포된 사진을 삭제하는 데 도움을 줄 수 있습니다. 하지만 모든 사진을 완전히 삭제하는 것은 불가능할 수 있습니다.

그래도 아이 잘못이 아니라고 아이를 안심시켜 주어야 합니다. 그런 짓을 한 어른이 잘못한 거잖아요. 그 피해를 왜 아이들이 뒤집어쓰고 상처받아야 하나요?

그런 다음 아이와 부모 모두 심리상담을 꾸준히 진행해야 합니다. 중간에 그만두면 효과가 없습니다. 아이를 위해서라도 끝까지 인내를 가지고 상담을 받기 바랍니다.

그런데 문제가 뭐냐면 내 아이가 먼저 했다고 판단했을 때인데요. 설사 그렇다 하더라도 이 아이들은 모두 미성년자입니다. 초등학생이 어른들의 범죄 세상을 어떻게 구별하고 대처를 합니까? 미성년자는 어른들이 책임을 져야 하고 보호해야 하는 존재잖아요.

성범죄에서 기억할 점

- 모든 성범죄를 지칭하는 명칭은 가해자 중심으로 해야 한다는 점.
- 어떤 상황에서도 피해자를 보호해야 하며, 피해자의 잘못이 아니라는 점.
- 잘못된 언론과 검사, 경찰들도 존재한다는 점.
- 무조건 부모에게 상황을 신속하고 정확하게 이야기를 해야 한다는 점.

성범죄는 그 어떤 이유를 불문하고 피해자를 보호해야 한다는 점이 가장 중요합니다. 그리고 피해자가 2차 가해를 당하지 않도록 부모가 정신을 차리고 대응하는 수밖에 없습니다. 사법 시스템을 바꾸는 길은 오랜 시간이 소요됩니다. 물론 그 노력은 부모가 포기하지 않고 끝까지 이어나가야겠지요.

책 뒷면에 수록된(281 페이지 성 관련 도움처 참조) 기관들을 프린트해 놓거나 휴대전화에 저장하십시오. 성범죄는 빠른 시간에 신고하고 해결하는 것이 가장 중요합니다.

우리 아이들이 오프라인에서 즐겁고 재밌는 일들이 생기면 온라인 세상에만 빠져서 지내지는 않을 거예요. 현대사회에서 온라인보다 더 재밌는 오프라인 놀이를 찾기가 어렵긴 해요. 그래서 어른이 그걸 찾아주어야 합니다.

친구와 노는 게 가장 좋긴 하지만 진정한 친구 관계를 맺는 게 서툰 아이들은 이제 친구 관계에 대한 것도 공부를 해야 합니다.ㅠㅠ 그러니 아이와 윷놀이, 배드민턴, 제기차기, 마블 게임, 카드놀이, 여행 등 함께 할 수 있는 어떤 것이든 놀이를 찾으세요. 그리고 운동도 함께 하세요. 가족과 함께 하는 놀이를 통해서 관계를 배우게 됩니다.

아무리 강조해도 지나치지 않는 건 바로 운동이에요. 운동을 하면 숙면을 하게 되고 집중력도 높아집니다. 또 이상한 짓을 하려는 에너지를 운동으로 돌리게 됩니다. 저는 농담으로 '아이를 뼈만 남기세요'라고까지 합니다.

운동은 뇌에도 좋아요. 인간의 뇌는 다른 사람과 관계를 맺고 몸을 움직이기 위해서 존재해요. 다른 사람과 관계를 맺지 않고 운동을 하지 않는 뇌는 쪼그라듭니다. 온라인 세상에 갇혀 있으면 뇌가 영양분을 빼앗기게 됩니다. 충분한 에너지가 부족하기 때문입니다.

운동과 함께 진행해야 하는 것이 바로 아이를 존재 자체로 사랑하는 것입니다. 제가 반복해서 쓰고 있는 문장이지요? 몇만 번을 반복해도 지나치지 않는 말입니다. 어른들도 애정결핍이 많아서, 인정받고 싶어서 튀는 행동을 합니다. 아이들은 어떨까요? 더 하겠죠. 태어나 준 자체, 지금 그 모습 그대로 사랑스럽고 아름다운 존재라고 여길 수 있도록 진심으로 사랑해 주세요.

◆ 차원이 다른 실전 대화

엄마 딸, 성범죄에 대한 뉴스들이 많잖아. 딸은 성범죄가 뭔지 알고 있어?

딸 성범죄? 성폭력이나 성희롱. 이런 거?

엄마 성에 관련된 모든 범죄를 말하는 건데. 다음 중 성범죄에 해당하지 않는 것을 골라 볼래?

딸 (눈을 빛내며) 좋아.

엄마 강간죄, 강제추행죄, 외설죄, 음란죄

딸 음란죄? 아닌 것 같은데? 외설죄는 뭐야?

엄마 그걸 알려주면 답을 말하는 건데? 잘 생각해서 찍어봐봐.

딸 음란죄?

엄마 정답은…… 전부 성범죄에 해당해. 강간죄는 뭔지 알아?

딸 성폭력?

엄마 응, 비슷해. 폭행이나 협박을 수단으로 써서 성행위를 강제로 하는 것. 상대방의 의사에 반해서 힘으로 성행위를 일방적으로 하는 걸 말해.

딸 강제추행은?

엄마 강제추행도 같아. 직접적인 성행위(성기삽입)를 하지는 않지만 그런 행위를 모습으로 취하거나 몸을 붙이거나 허락 없이 다른 사람의 몸을 만지고 더듬고 하는 모든 행위들이 포함되지.

딸 음란죄는 음란물을 보는 거 아니야? 그래서 난 이걸로 골랐는데.

엄마 음란물을 개인이 혼자 조용히 보는 건 죄에 해당하지 않지. 그걸 보고 실제로 생활에서 따라 한다거나 그런 행위를 다른 사람들 앞에서 하는 것. 혼자 하는 게 아니라 다른 사람이 있는 데서 그런 행동을 하는 건 음란죄에 해당해.

엄마 외설죄도 비슷해. 외설죄는 다른 사람의 성생활의 자유를 강제로 침해하거나 공공연히 여러 사람이 보는 앞에서 외설 행위를 하는 일이라고 사전에 나와(함께 검색해 보세요.). 또 외설적인 글이나 그림, 기타 물건을 제조, 반포, 판매, 진열해서 성도덕을 문란하게 하는 건 죄라고 해. 그러니까 'N번방 사건'에서 성기 사진이나 영상을 주고받는 것들도 음란죄와 외설죄에 해당되겠지. 상대방의 동의 없이 친구들끼리 공유하는 것도 죄에 해당되는 거야.

딸 아~.

엄마 'N번방 사건'도 인터넷에서 벌어진 일이잖아. 요즘에는 채팅앱을 통해서 성범죄가 많이 일어나거든. 온라인에서 관계를 맺는 건 한계가 있어. 거짓말이 난무하니까. 모든 폭력에는 성이 연결되어 있어. 그래서 성범죄에 대해서 딸도 제대로 알아야 해. 나한테는 일어나지 않을 일이야가 아니라 누구에게나 일어날 수 있는 일이라는 걸 기억하고, 대처법도 알아두자.

딸 응!

엄마 성범죄는 힘이 있는 사람이 힘이 없는 사람한테 가하는 폭력인데, 성적으로 폭력을 저지르는 거야. 살인은 생명을 없애는 걸로 폭력을 저지르는 거고. 힘이 있는 사람과 없는 사람의 기준을 잘 알아야겠지? 여기서 힘에 해당하는 게 뭐가 있을까?

딸 무술?

엄마 다음 중에서 골라봐. 힘에 해당하지 않는 것은? 나이, 성별, 계급, 돈, 체격, 권위, 권력, 국가

딸 (엄마 눈치를 보며, 아까와 똑같이) 없어. 다 힘에 해당 돼.

엄마 찍지 말고. ㅎㅎㅎ 예를 하나씩 들어봐.

딸 그것까지는…….

엄마 나이부터. 연장자가 연소자에게 부당한 것을 명령하는 것. 성별은 딸이 해볼래?

딸 남자가 힘이 세니까 여자를 때리는 거?

엄마 맞아.

딸 근데 우리 반에서는 여자애들이 남자애들 때리던데?

엄마 초등학교까지는 여자가 성장이 빨라. 실제로 여자애들이 남자애들보다 힘이 센 경우도 있고. 그런데 중학이 되면 남자애들이 신체적으로 힘이 세지지. 남성호르몬이 많이 나오니까. 힘이 센 사람이 약한 여자 또는 남자한테 함부로 하는 것 모두 해당하지. 그래서 학교폭력을 보면 가해자와 피해자의 관계에도 힘의 구도가 보여. 자, 다음은 계급.

딸 계급? 왕은 없으니까…… 음~.

엄마 딸 학교에도 있는데. 아빠 회사에도 있고.

딸 아~, 학교 선생님이 학생에게 하는 것.

엄마 맞아. 선생님과 학생. 대학교에서는 교수와 학생. 회사에서는 상사와 사원 등 자본주의 사회는 계급으로 얽혀있어. 그렇게 따지면 돈도 힘이 되겠지? 권위도 여기에 해당되고. 서로 연결이 되어 있어. 체격은 알겠지? 힘이 센 사람이 약한 사람한테 힘을 가하는 거니까. 청소년 성매매 같은 거. 어른이 미성년자한테 하는 행위들도 힘을 남용하는 거니까 폭력이지. 체격과 관련해서 또 하나가 있는데 뭘까?

딸 ???

엄마 비장애인이 장애인한테 가하는 폭력이야. 함부로 말하고 배려 없이 하는 행동들. 국가도 있는데.

엄마 내국인들이 이주 노동자를 차별하는 것도 힘으로 폭력을 행사하는 거지. 폭력은 우리 일상에서 많이 찾아볼 수 있어.

딸 아~, 동물 학대도 그런 폭력이겠네?

엄마 맞아! 잘 찾았네~~! 성범죄뿐만 아니라 모든 범죄에는 폭력이 포함되어 있고 그 속에는 존중이나 배려, 공감, 인권(동물은 동물권)은 찾아볼 수 없지. 어떤 상황에서도 폭력은 안 되는 거니까. 따라서 성범죄는 성에서 끝나는 게 아니라 신체, 경제, 사회적인 모든 것이 포함되어서 일어난다는 걸 딸이 인식하면 좋겠어.

딸 응, 알았어.

엄마 이런 일들이 현실에서도 일어나지만 특히 성범죄는 온라인에서 일어나서 오프라인으로 확산되거든. 채팅앱이나 SNS를 지혜롭게 판단하는 눈이 필요해. 초등학생일 때는 아예 하지 않는 것이 좋아. 아직 딸이 그런 걸 판단할 수 있는 능력이 부족하거든. 공부를 많이 해야 해. 친구들 중에 랜덤채팅 같은 거 얘기하더라도 딸은 들어가지 않았으면 좋겠어. 어떤 식으로 어린 학생들을 꼬시는지 예를 같이 보자.

딸 예가 있어?

엄마 응. 이 책에 있어. 같이 보자.

딸 응.(책에 제시된 부분을 같이 본다. 131~133 페이지)

엄마 어때, 딸?

딸 놀랐어!!

엄마 엄마도 놀랐어. 그래서 우리가 잘 알고 대처하는 방법을 생각하고 배워야 하는 거야. 온라인에서 대화를 할 때 공통적인 점이 있는데 뭔지 알겠어?

딸 음~~. 잘 모르겠어.

엄마 오프라인에서 딸이 친구를 만나서 얘기하면 표정이나 목소리에서 친구가 거짓말을 하는지 화가 났는지 아닌지 느낌으로 알 수가 있잖아.

딸 응.

엄마 그런데 온라인에서는 그런 걸(비언어적 표현) 하나도 알 수가 없다는 거야. 화가 났지만 반대 메시지를 보낼 수도 있는 거지. 그 사람의 감정을 알 수가 없어. 그러면 내가 듣고 싶어하는 말만 해주니까 자기를 좋아하는지 알고 마음을 열게 돼. 마음을 연 후에는 그 사람이 어떤 말을 해도 믿게 되지. 그때부터는 상대가 몸 사진을 요구하거나 이상한 영상을 보내라고 해도 보내게 되는 거야. 그걸 그루밍 성범죄라고 해.

딸 그루밍 성범죄?

엄마 응. 그루밍(심리적으로 지배한 뒤 성폭력을 가하는 것) 성범죄. 최근에 일어나는 성범죄의 특성 중에 하나야. 온라인에서 그루밍을 하는 거지. 아주 친절하게 자기를 엄청 좋아하는 것처럼 믿게 만드는 거야. 특히 부모님한테 혼나서 기분이 좋지 않을 때, 친구랑 싸워서 속상할 때 등 외로운 부분을 집중적으로 이용하는 거지. 이런 일에는 어른들도 속아. 보이스피싱 알지?

딸 응.

엄마 엄마도 당할 뻔했잖아. 기억나?

딸 응. 맞아. 그때 깜짝 놀랐잖아.

엄마 그러니까 누구나 당할 수 있거든. 딸이 그런 앱은 성인이 되어서 했으면 좋겠어. 정 하고 싶다면 말이야. 아예 안 하는 게 더 좋겠지만.

딸 응.

엄마 그러니까 딸이 서운하고 슬픈 일이 있더라도 온라인에서 위로받으려고 하지 말고 엄마한테 얘기해주면 좋겠어.

엄마 가족한테 얘기하는 게 진정한 위로잖아. 알았지?

딸 (고개를 끄덕이며) 응!

엄마 만약에 어른이 작정하고 그런 식으로 접근하면 딸이 어떻게 해야 할지 모를 수도 있어. 그럴 때는 엄마한테 꼭 얘기하고 그 메시지를 보여줘. 그런 메시지나 DM 같은 건 삭제하지 말고 캡처를 잘해둬야 증거가 될 수 있어. 그런 건 엄마가 같이할 거니까 걱정하지 마. 딸이 잘못한 게 아니라 그런 짓을 한 어른이 잘못한 거니까 벌을 받게 해야지. 알았지?

딸 응!

엄마 성은 소중한 것이고, 관계는 아름다운 거야. 성이 범죄가 될 때 피해자의 잘못은 없어. 무조건 가해자의 잘못이야. 그러니까 창피한 일도 아니고 잘못한 것도 아니야. 무조건 엄마한테 얘기해야 해. 그런 비슷한 일이라도 생긴다면 신고를 해야 하니까! 그냥 넘어가면 안 돼. 그리고 학교든 어디든 성과 관련해서 딸이 불쾌하거나 싫은 느낌을 받으면 어떤 상황에서든 싫다고 말해. NO라고. 엄마가 딸 옆에서 같이 해결할 거야. 반대로 딸도 상대방이 싫다거나 NO라고 말하거나 안 된다고 했을 때 바로 받아들여야 해. 우기거나 하면 안 되고. 오케이?

딸 응.

3부

사춘기 딸 성교육

중학생 이상

나는 소중해요. 자기 결정권

초등학교를 졸업하는 시점부터 아이들의 불안감이 굉장히 높아집니다. 중학교에 대한 두려움과 설렘이 동시에 밀려오기 때문입니다. 이 시기가 되면 부모는 자녀가 초등학생 때와 급격히 달라진다는 점을 인지해야 합니다. 신체적, 정신적으로 모두 큰 변화가 옵니다.

이때가 바로 성교육을 넘어 인권에 대해 알려줄 수 있는 적기입니다. 부모님도 이 시기의 자녀에게 예의와 존중, 책임감에 대한 훈육을 준비해야 합니다. 성교육은 초등학생 때보다 심화해야 하고요. 중학교에 입학하기 전까지는 부모의 손길이 필요하고, 부모에게 의존하는 경향이 높습니다. 그래서 부모의 말을 들을 확률이 높아요.

중학교에 입학을 하면 두세 달 정도는 학교에 적응할 수 있도록 신경 써 주세요. 모든 아이들은 이때 긴장도가 가장 높습니다. 그리고 중학교 졸업 후 고등학교 입학 때 가장 높은 긴장도를 갖게 됩니다.

이 시기부터는 아이가 '자기 결정권'을 가지고 자신뿐만 아니라 타인도 존중할 수 있도록 직접적인 훈련을 해야 합니다. 성뿐만 아니라 인생에서도 자기 결정권을 가진 사람은 주도적인 삶을 살아갑니다.

가정에서부터 딸이 자기 결정권을 제대로 알고 갖출 수 있도록 도와주십시오. 아이가 아니라 어른을 준비하는 청소년으로 대우해 주십시오. 물론 딸은 자기결정에는 반드시 책임이 따른다는 것을 인지하고, 결과에 책임을 지는 사람이 되도록 실천해야 합니다.

자위, 올바른 방법을 배워요!

여자도 자위를 하나요?

이런 질문을 하는 무지의 부모는 없겠지요? 자위는 여자든 남자든, 아이든 노인이든 모두 합니다. 엄마 배 속에서도 유아 때도 자위를 합니다. 인간은 모두 성적인 존재니까요.

따라서 딸이든 아들이든 자위행위의 예절과 방법을 제대로 알아야 할 때입니다. 특히 여성의 성기는 남성의 성기보다 복잡하고 눈에 덜 띄는 구조이기 때문에 위생적으로, 건강하게 자위행위를 할 수 있어야 합니다. 자기의 몸을 병균으로부터 지켜야 하니까요.

자위행위는 성호르몬이 나오는 인간에게 자연스러운 것이라고 알려주십시오. 엄마 배 속에서부터 했다고도 알려주세요. 딸이든 아들이든 자위행위는 **깨끗하게 기분 좋게 편안하게 안전하게** 할 수 있도록 도와야 합니다.

자위행위에도 예절이 있습니다. 자기 자신에게 해야 하며, 나 혼자 있는 공간에서, 기분이 좋을 때 해야 합니다. 자위행위를 할 때는 천~천히, 오~래 자기의 몸이 변화하는 것을 느끼면서 좋은 기분으로 편안하게 해야 합니다. 자신의 생식기를 자극해서 쾌감을 느끼는 행동이 자위행위이고, 이것은 자기 위로이기도 해서 건강한 성생활입니다.

깨끗하게 손을 씻고 손을 아래위로 비비거나 음핵(클리토리스, 32 페이지 그림 참조) 자위로 방향을 잡아 주세요. 음핵은 성적 쾌감만을 위한 조직으로 신경이 모여 있기 때문에 가벼운 자극에도 큰 기쁨을 받을 수 있습니다. 음핵은 여성 소음순 안쪽 속살 쪽에 스폰지 모양의 해면체 조직입니다. 성적으로 흥분하거나 자극을 받으면 이 부분에 피가 찼다가 빠지면서 쾌감을 느끼게 되는 겁니다. 음핵은 물론이고 대음순, 소음순에도 혈액이 차고 발기를 합니다. 성적으로 흥분하면 눈에 보이는 외부 생식기와 내부 생식기 전반에도 혈액이 들어오는 겁니다.

자위를 할 때는 손가락으로 문질러 줄 수도 있고, 손바닥으로 생식기를 지그시 눌러 줄 수도 있습니다. 깨끗한 손으로 상처나 통증을 느끼지 않을 정도라면 자유롭게 하게 하세요.

절.대.로. 음란물을 보면서 하는 것은 안 됩니다.(아무리 강조해도 지나치지 않아요.) 그러면 자위행위를 빨리 끝내게 되고 기분이 좋기보다는 죄책감을 느끼게 됩니다. 차라리 하지 않는 게 더 낫습니다.

학생들이 자위 횟수에 대한 질문을 많이 합니다. 음란물을 접하면 자위에 대한 생각이 많아지겠지만 보통은 자연스럽게 성욕이 올라옵니다. 보통은 3~4일 정도의 텀을 두라고 권고합니다. 성욕이 생긴다고 본능대로만 행동하지 말고 편안한 마음으로 깨끗한 상태에서 방해받지 않을 때 하도록 알려 주십시오.

여자도 성감대를 잘 알고 있어야 성인이 되었을 때 건강하고 즐거운 성생활을 할 수 있습니다. 자위는 자기의 몸, 성감대를 알 수 있는 좋은 방법입니다. 생리를 배우듯이 여성의 성감대, 자위도 잘 알아서 기분 좋게 하는 것이 가장 중요합니다.

여성의 생식기에는 상재균(생체의 특정 부위에 정상적으로 존재하는 세균)과 유산균(해로운 세균을 물리치는 성질이 있어 우리에게 도움을 주는 세균)이 살고 있는데 유산균이 훨씬 많은 산성 pH3~4.5일 때 질이 가장 건강하다고 합니다.

건강하게 질을 만들려면 산성 상태를 유지해야 하는데, 산성 세정제를 꼭 사용할 필요는 없습니다. 일반적인 관리법으로도 충분합니다.

혹시 질염 등으로 질이 약해진 상태라면 질에 좋은 산성 유산균 프로바이오틱스 제품을 복용해 볼 것을 권합니다. 질은 외부에서 확인하기가 쉽지 않기 때문에 평소에 자기의 몸을 스스로 소중하게 관리할 수 있게 도와주세요.

자위 가이드라인

- 자연스러운 현상이니 죄책감 없이 하세요.
- 제일 편한 시간, 방해받지 않는 장소, 불안하지 않은 마음으로 하세요.
- 성적인 상상을 이용하세요.
- 깨끗한 손으로만 도구 없이 자신의 성감대를 자극하세요.
- 자기 몸의 변화, 느낌, 쾌락을 잘 느끼고 관찰하세요.
- 자위가 끝나면 분비물과 뒤처리를 깨끗하게 하세요.
- 주의!! 음란물은 반드시 끄고, 자신의 감각을 방해하는 것도 정리한 후, 하세요.

질 관리법

- 주 2~3회 정도 질 안은 건드리지 않고 질 바깥쪽 부위만 닦아요.
- 샤워기를 질 입구에 가까이 대서 높은 수압 때문에 물이 질 안으로 들어가지 않게 해요.
- 미지근한 물로 배꼽에서부터 흘려보내면서 질 바깥쪽을 씻어주어요.
- 씻고 난 후에는 잘 말려주어요. 마른 수건으로 꼼꼼히 닦아주세요. 드라이기를 사용할 때는 차가운 바람으로 생식기 주변을 말려주세요.
- 소변본 후에 너무 세게 벅벅 닦지 마세요.
- 향기 나는 휴지나 생리대(생리 때만 사용하세요.), 팬티 라이너를 자주 사용하지 마세요.
- 하의는 스키니진처럼 너무 꽉 끼게 입지 마세요.
- 생리 중이나 생리 후에 질이 취약하니 신경을 쓰세요.

◆ 차원이 다른 실전 대화

딸이 자위한 사실을 알게 되었을 때

엄마 (마주 보고 앉아서) 딸, 방에 팬티가 그대로 있던데? 설명 좀 해줄래?

딸 ……

엄마 음, 엄마가 우연히 네가 이불 속에서 엎드린 채 땀을 흘리는 모습을 봤어. 자위와 비슷한 행동을 한 것 같은데? 엄마가 말하는 것보다 딸이 얘기해주면 좋겠어. 창피한 거 아니니까 얘기해줄래?

딸 음~.

엄마 (기다려 준다.)

딸 음~. 사실은 자위를 해봤어.

엄마 그래, 솔직히 말해줘서 고마워. 인간은 누구나 성호르몬이 나오거든. 그러면 자위를 할 수도 있는 거야. 잘못한 거 아니니까 괜찮아. 자연스러운 거야.

딸 (조금은 안심하는 눈빛)

엄마 자위를 할 수는 있지만 주의해야 할 것이 있어서 그걸 말해주려고 물어보는 거야. 그러니까 같이 얘기해 보자.

딸 응.

엄마 엄마가 궁금한 건, 자위를 어떻게 알게 되었는지야.

딸 웹소설을 보고 따라 해 봤어.

엄마 야동은?

딸 한 번 봤어.

엄마 웹소설이나 야동을 본 것과 실제로 딸이 해보니까 어땠어?

딸 궁금해서 해봤는데, 나쁘지 않았어.

엄마 나쁘지 않았다는 게 무슨 뜻이야?

딸 말 그대로, 나쁘지 않았다고.

엄마 좋았다는 의미야?

딸 (고개를 갸웃하며) 글쎄…….

엄마 딸의 몸이 자위를 할 준비가 된 상태에서 한 게 아니라 웹소설이나 야동 같은 외부자극의 영향을 받아서 했기 때문에 충분히 기분 좋은 느낌을 받지 못한 거야.

딸 그래? 잘못한 거야?

엄마 잘못한 건 아니야. 다만 웹소설이나 야동을 보고 나서는 하지 않는 게 좋아. 성호르몬이 딸 몸에 신호를 보낼 때, 몸과 마음에서 하고 싶은 욕구가 생겨. 그때 하면 돼. 엄마가 올바른 방법을 알려줄게.

딸 (눈빛을 반짝이며) 그런 방법이 있어?

엄마 그럼! (밝은 목소리로) "깨끗하게 기분 좋게 편안하게 안전하게"

딸 깨끗하게 기분 좋게 편안하게 안전하게?

엄마 (생식기 시각 자료를 같이 보며, 32페이지) 깨끗하게! 먼저 몸을 깨끗하게 닦아야 해. 손과 생식기 모두. 기분 좋게! 자연스러운 현상이니 죄책감 갖지 않은 상태에서. 편안하게! 침대에 누워서 몸과 마음을 편안하게 하기. 제일 편한 시간, 방해받지 않는 장소, 가족에게 들킬까 봐 걱정하는 마음 없이. 안전하게! 손톱을 깨끗하게 정리하기, 네일아트는 빼기, 화장실 변기에서 하지 말기, 샤워기 수압으로 자극하지 않기, 웹소설이나 야동 보지 않기. 말로 하니까 좀 어렵지?

딸 응.

엄마 자위에 대한 웹툰이 있는데 같이 볼래? 딸이 궁금한 걸 모두 해소해 줄 거야. 지금 볼까? (포털사이트에 '시크릿 가족'이라고 검색합니다. 성교육웹툰-시크릿가족 63화)

딸 응.

엄마 성은 자연스러운 거야. 다만 외부자극으로 성 관련 행동을 하는 건 자신에게도 타인에게도 하면 안 돼. 자연스럽게 성욕이 생길 때 자기 몸과 대화하면서 하면 되는 거야.

딸 응. 근데 자위를 자주하면 키 안 커?

엄마 ㅎㅎ. 어디서 그런 이상한 걸 들었대? 그래도 물어봐 줘서 고마워. 자위는 성욕이 올라왔을 때 "깨끗하게 기분좋게 편안하게 안전하게" 하면 돼. 보통은 한 번 하고 나서 3~4일 정도는 그런 생각이 들지 않는다고 하더라. 자위를 제대로 하는 방법을 모르고 충분히 즐기지 못하고 쫓기듯이, 자극적으로만 접했기 때문에 자주 하려고 하는 거래. 키 하고는 아무 상관도 없어. 키는 충분한 수면, 편식하지 않는 식습관, 충분한 운동으로 크는 거지.

딸 휴~. 다행이다.

엄마 그러니까 이상한 경로로 지식을 쌓으면 곤란해. 제대로 된 경로를 찾아봐. (분위기를 전환하며) 절대로! 외부자극 그러니까 웹툰, 동영상, 웹소설 같은 걸 보고 하면 안 돼. 절대로!!

딸 그런데 그런 걸 보면서 하고 싶으면 어떻게 해?

엄마 몸을 막 움직여. 그런 생각이 나지 않게. 운동을 하는 게 가장 좋겠지? 달리기를 하거나 줄넘기를 하거나 춤을 추거나. 몸을 크게 움직이면 그런 생각이 달아나거든. 그리고 전자기기를 꺼야 해. 그래도 힘들면 부모한테 말하고.

딸 (고개를 끄덕이며) 응응!

내 딸의 로맨스

아빠 : 내 딸의 로맨스? 안 되지!! 절대 안 되지!
　　　 내 딸이 다른 남자랑 있는 건 안 되지!!
엄마 : 내 딸의 로맨스? 나중에 해도 되잖아! 대학교 가서!

설마 이런 반응을 보이는 부모인가요? 이러면 아니 되옵니다! 딸이 부모 몰래 합니다. 그나마 중학생 때는 부모에게 남자 친구 사귀어도 되는지 물어보고 눈치도 조금 봅니다. 그런데 고등학생이 되면? 아예 부모에게 묻지도 않습니다.

이 시기에 딸들의 가장 큰 관심사는 바로 연애입니다. 이성 친구를 정말 사귀고 싶어합니다. 초등학생 때와는 다르게 본격적으로 로맨스를 원합니다. 몸이 원하니까요!

그러니 딸의 연애를 반대하지 마십시오. 부모가 겉으로는 찬성한다고 말은 하지만 속으로는 반대한다는 것도 아이들은 본능적으로 압니다. 솔직하게 걱정되는 부분을 이야기하세요.

그리고 지혜롭게 연애하는 방법을 제시하고 대화로 방향을 알려주시면 됩니다. 진짜 성교육이 시작되는 거니까요.

이 시기부터는 아이 대하듯 하지 말고, 특히 성에 관해 얘기할 때는 어른처럼 대해주세요. 그래야 딸이 존중받는다는 느낌을 갖게 됩니다.

본격적으로 자기 결정권이 작동하는 시기입니다. 부모가 반대한다고 연애를 포기하지 않아요. 자기한테 고백하는 사람이 없어서 못하는 거죠.(21세기를 살면서도 고백은 남성의 몫이라는 잘못된 선입견을 가지고 있는 사람이 많습니다.) 연애를 하지 않는다고 공부를 하는 것도 아니에요. 오히려 연예인 덕질을 시작합니다.

중학생부터는 부모 몰래 하는 일들이 점점 많아지며 일상적인 거짓말도 늡니다. 그러니 딸의 변화를 수용하고 대화를 깊이 있게 하는 연습을 해야 합니다. 진심을 다하는 대화 말고는 방법이 없어요.

딸이 연애를 하겠다? 자기결정입니다. 부모에게 물어볼 필요도 없어요. 연애를 딸이 하지 부모가 하는 게 아니잖아요. 그러니 딸이 연애를 할 것을 인정하고 수용해야 합니다. 본격적으로 딸의 자기결정을 존중한다고 선언! 하세요.(부모의 마음을 다스리는 방법입니다.)

딸과 연애에 대해서 열린 마음으로 대화를 나누기 시작하세요. 연애는 '관계 형성'이라는 전제가 있어야 가능하다는 것부터 시작하세요. 고백은 남자만 하는 게 아니라는 것도 얘기해 주세요. 여자가 고백을 하면 발랑 까졌다는 등 차별적인 발언은 잘못된 것이라는 점도 알려주시고요. 마음이 더 가는 사람이 고백하면 됩니다.

고백을 누가 하느냐가 중요한 게 아닙니다. 고백을 하거나 받았을 때 어떻게 행동해야 하는지가 중요합니다. 이것이 사회적인 관계 형성에도 큰 도움이 됩니다.

그런데 우리나라 딸들은 고백을 받으면 대부분 오케이를 합니다. 거절을 못하는 딸들이 엄청 많아요. 가정에서부터 거절했을 때 제대로 수용된 경험이 적으면 사회에 나가서도 거절을 못합니다.

평소에 관심 있던 이성 친구한테 고백을 받았다면 흔쾌히 승낙을 하고, 고백해줘서 고맙다는 답을 해야 합니다. 반대로 자신이 사귀고 싶지 않은 사람이 고백을 했다면 정중하게 거절을 해야 합니다.

고백을 받거나 거절했을 때 또래 친구들에게 말하는 것은 좋은 방법이 아닙니다. 지금은 친구처럼 보이지만 연애는 모두의 관심사이기 때문에 시기, 질투의 대상이 될 수 있거든요. 고백이 연애의 시작이고, 자기결정으로 수용과 거절을 선택했습니다. 이제 관계가 시작된 것이지요.

내 딸의 연애, 스킨십 허용선 정하기

연애가 시작됐다면, 두근두근 바운스바운스 나대는 자기의 심장과 대화를 할 때가 되었습니다. 살면서 처음 느껴보는 찌릿찌릿한 감정들이 생길 테니까요. 그런 마음이 누군가를 좋아하는 감정이고, 그럴 때 우리 몸이 어떻게 반응하는지 관찰하게 도와주십시오.

자기 몸의 변화를 민감하게 느낄 수 있어야 좋은 느낌과 싫은 느낌을 구별하고 대처할 수 있습니다. 왜냐하면 중학생부터 스킨십이 딥해지기 때문입니다. 애들이 저래도 돼? 라고 할 정도로 찰싹 달라붙어 있어요. 이제, 스킨십에 대한 성교육이 제대로 들어가야 합니다.

스킨십 허용 범위를 딸과 대화를 통해 정하세요. 그러고 나서 두 사람이 스킨십을 어디까지 합의할 것인지 남자 친구와 정하게 하세요. 두 사람이 모두 동의한 선까지지만, 서로 책임질 수 있는 선까지만 스킨십을 하라고 알려주세요. 그런 대화를 거부하는 남자 친구라면 헤어지는 게 맞습니다. 그리고 남자 친구 본인은 또 스킨십에 관련해서 어떤 태도를 가지고 있는지도 체크하구요.

이러한 원칙 없이 연애가 시작되면 당황하거나 실수를 할 수 있습니다. 남자 친구가 떠날까 봐 싫어도 스킨십에 억지로 동의할 수 있거든요.

또한 스킨십을 원하지 않을 때는 "No"라고 분명하게 말할 수 있는지 점검하세요. 어느 한쪽이 No라고 했을 때 No라고 받아들여서 행동을 멈출 수 있어야 합니다.

여자아이들이 일단 큰맘 먹고 거절을 했다고 해도 남자 친구의 반응이 "너 착한 앤 줄 알았는데 못됐다. 은근히 이기적이다."라고 하면서 거절하는 아이를 못된 아이로 만들어버리면 착한 여자여야 한다는 개념 때문에 무너지기도 합니다. 이기적인 게 아니라 서로 생각이 다른 것이고, 그 생각은 존중받는 게 마땅하다는 것도 덧붙여서 알려주세요.

누군가를 좋아하는 감정은 멈출 수가 없기 때문에 딸들이 아이돌 덕질을 하게 되는 겁니다. 연애를 할 때도 남자 친구한테 올인하는 딸들이 있어요. 그 점은 바로잡아 주어야 합니다.

여기서 또 한 번 주체성을 강조하세요. 자기 삶이 제대로 작동되는 상황에서 남자 친구도 사귀는 것이지 자신의 일상생활이 무너진다면 주체성 없는 삶이 되는 겁니다. 연예인 덕질도 마찬가지입니다. 주체성이라는 것은 자신의 일상생활(학교생활, 가족과 의사소통, 친구들 관계, 건강, 수면 등)을 지켜나가는 힘을 말해요. 일상생활을 무너뜨리는 것은 모두 멈춰야 합니다.

자신의 일상이 더 풍요롭고 행복해지는 게 연애라면 좋은 일이지만 그렇지 않다면 당장 멈추어야 합니다. 주체성은 자기 결정권과 연결됩니다. 이런 생각을 한 딸들은 오히려 균형을 잡고 적절한 대화법을 찾아서 자기 삶을 풍부하게 만드는 힘을 갖게 됩니다.

연애도 이별도 자연스러운 것

10대의 연애는 장기간 유지하기 어렵습니다. 이별 또한 자연스러운 과정입니다. 연애와 함께 이별을 두려워하지 않도록 알려주세요. 친구 사이도 성격이나 가치관이 맞지 않으면 헤어지는 것처럼 연애도 마찬가지입니다. 자신을 버리고 상대에게 무조건 맞추는 것도, 상대를 자신에게 맞추게 하는 것도 바른 연애는 아닙니다.

연애처럼 이별도 자연스러운 것입니다. 연애할 때도 자신의 생활과 균형을 맞췄듯 이별도 마찬가지입니다. 자신의 일상생활에 변화를 가져오기는 하겠지만 일상이 무너지게 만드는 것은 안 된다는 점을 알려주세요.

이별했을 때 상대방을 원망하지 않도록 도와주세요. 특히 같은 학교, 같은 반에서 사귀다가 헤어졌을 때 주변 친구들이 놀리거나 뒷담화, 앞담화를 합니다. 그런 일들을 감당할 수 있어야 합니다. 이별의 감정이 당장은 힘들겠지만 딸이 연애와 이별을 어떻게 받아들이는 사람인지 자신을 알 수 있는 계기가 됩니다.

물론 연애의 감정과 이별의 감정이 폭풍처럼 딸의 마음을 휘저어 놓을 것입니다. 그래서 부모와 미리 대화를 통해 연습을, 마음의 준비를 해보는 겁니다. 그러면 내적 성숙을 선물하는 것이 연애와 이별이라는 점을 깨닫게 될 것입니다.

사람이 사람을 가장 성숙하게 만듭니다. 딸의 연애 경험은 딸의 인생에 양질의 거름이 되어줄 것입니다. 이제 계획 연애(연애 준비-과정-이별)를 준비할 수 있게 도와주십시오. 물론 계획한 대로 진행되지는 않겠지만 연애를 계획하는 과정에서 자신도 인식하지 못했던 또 다른 자신을 발견하게 될 것입니다.

◈ 차원이 다른 실전 대화 1
딸이 연애를 시작했을 때

엄마 딸~, 요즘 좋은 일 있어?

딸 (조금 까칠하게) 왜?

엄마 아니, 요즘 딸 얼굴을 보면 기분이 좋아 보이더라고. 엄마한테 말도 예쁘게 하고, 친절해서~~!

딸 내가 그랬어?

엄마 딸, 몰랐어? 좋은 일이 있는 게 분명해. 엄마도 같이 알자. 축하할 일이 있으면 하게.

딸 (기분 좋은 얼굴로) 그런 거 없어.

엄마 지난번에 딸 휴대폰 진동이 엄청 울려서 엄마한테 갖다 달라고 한 적 있었지?

딸 응.

엄마 그때 전화한 사람이 "♡내 거♥"로 되어 있어서 남친 생겼구나 하고 생각했어.

딸 아! 2주 전에 고백을 받아서 사귀고 있어.

엄마 딸은 어때?

딸 몰라, 어쨌든 설레.

엄마 그래서 기분이 좋았구나. 최근 딸 얼굴이 활짝 폈더라. 그래서 짐작은 하고 있었지.

딸 티 났어?

엄마 그~럼! 누군가를 좋아하는 감정은 숨길 수가 없거든. 그러니까 연애를 하게 되면 엄마한테도 알려줘. 축하할 일이니까.

딸   응.

엄마   청소년 때 연애는 딸이 처음으로 자기감정이 마음대로 움직이지 않는
다는 걸 알게 되는 거거든. 또 상대방도 내 뜻대로 되지 않는다는 걸 알
게 되는 일이기도 하고. 처음에는 다 좋고 행복하고 기쁘고 두근두근하
고 그렇지만 그건 좋아하는 호르몬이 나오는 거고, 진짜 연애는 조금
다른 거야. 그러니까 엄마 얘기 잘 들어줘. 아직 딸이 미성년자여서 연
애를 해도 꼭 지켜야 하는 선이 있거든.

딸   지켜야 하는 선? 그런 게 있어?

엄마   응! 딸 남자 친구랑 있으면 설렌다고 했잖아?

딸   응.

엄마   설레기만 해? 남자 친구랑 계속 만나고 같이 있고 싶어지지 않아?

딸   맞아. 학원 가기 싫고 계속 얼굴 보고 싶고 계속 생각나.

엄마   그래. 엄마도 그랬어. 아빠랑 연애할 때. 그런데 엄마랑 아빠는 성인이
었기 때문에 결혼을 전제로 사귀었어. 딸은 결혼을 하겠다는 건 아니잖
아. 첫 연애니까. 그리고 학생이고 미성년자이기 때문에 서로 선을 지
켜야 해. 연애를 할 때 예의를 지키지 않으면 서로 다투게 되고 결국 헤
어지게 되거든. 딸도 궁금한 게 있으면 인터넷에서 찾아보잖아?

딸   응.

엄마   왜 찾아보지?

딸   궁금하거나 불안하니까.

엄마   그래. 그런데 인터넷에 인생에 대한 게 다 나와?

딸   웬만큼은? 근데 시원하게 나오지는 않아.

엄마   인생에 대한 건 경험자에게 물어보는 게 가장 좋아. 엄마 아빠 있잖아.
그래서 알려주려고. 안전하고 행복하게 딸이 연애를 했으면 좋겠거든.

딸   응. 말 안 하고 숨긴 건 좀 미안해.

엄마   응. 그렇게 말해줘서 고마워! 근데 엄마가 알고 있었어. 딸 표정 보니까 다 티가 나더라고. 그게 좋아하는 감정이니까. 이해해. 남자 친구가 누군지 알려주면 좋겠어. 엄마가 딸 친구들 다 알고 있잖아. 남자 친구는 딸에게 엄청 중요할 테니까 더 알았으면 해.

딸   음. 엄마가 싫어할 수도 있는데······.

엄마   모든 부모는 자기 자식이 가장 소중해. 남자 친구 엄마도 남자 친구가 제일 소중할 거야. 내 자식이 가장 소중한 건 맞지 않아? ㅎㅎㅎ

딸   (웃으며) 응. 같은 반 ○○이야.

엄마   얘기해줘서 고마워. 어려웠을 텐데. 엄마가 아빠랑 연애했을 때는 어른이었잖아.

딸   응.

엄마   그때 엄마 아빠 모두 회사를 다니고 있었지. 일하면서도 생각나고 보고 싶고 그랬지만 퇴근하고 잠깐 만났어. 왜냐하면 회사는 야근을 해야 할 때도 있거든. 그래도 잠깐 얼굴 보고 좋았지. 보통 평일에는 못 만났고.

딸   왜?

엄마   어른이니까. 바쁘잖아. 돈을 벌어야 하고 회사에서 맡은 책임을 다해야 하고 자기 성장도 해야 하니까. 연애에만 빠져서 내 일상생활을 놓으면 나중에 후회하거든. 자기 생활을 잘 지키면서 기분 좋은 마음으로 만나고 서로 배우고 행복한 시간을 보내다 보니까 결혼까지 하게 되었어. 그 결과 이렇게 사랑하는 딸을 만나게 됐지!

딸   ······.

엄마 엄마도 딸의 마음을 이해한다는 얘기야. 다만 딸이 자신의 일상생활을 지킬 수 있는 힘이 있어야 딸의 연애가 좋은 추억이 될 수 있어. 학원 가기 싫은 거 이해해. 그런데 학원 빠지기 시작하고 학생이 해야 할 일을 하지 않았을 때 딸 주변 사람들과 관계가 어떻게 될까? 지금까지 딸이 관계를 맺었던 사람들이 딸의 연애에 모두 박수를 보내고 딸을 모두 이해할까? 친구들은? 선생님들은? 학교에서 봤지? 연애하는 애들 볼 때 딸도 부러운 마음과 함께 어떤 생각을 했었는지 떠올려봐.

딸 음~. 시기 질투하는 애들 많았어. 나도 쬐금 했고.

엄마 그래. 내로남불(내romance남주, '내가 하면 로맨스, 남이 하면 불륜'이라는 뜻으로, 남이 할 때는 비난하던 행위를 자신이 할 때는 합리화하는 태도를 이르는 말) 뜻 알지?

딸 응.

엄마 그 시기에는 그런 식의 연애를 할 확률이 높거든. 엄마는 딸이 연애를 시작했다고 자기 생활을 엉망으로 만드는 건 반대야. 왜냐하면 딸이 분명히 후회할 테니까. 학교에서 친구들이 사귀다가 헤어지면 여러 가지 일들이 생기는 거 딸도 많이 봤지?

딸 응.

엄마 딸은 안 그럴 거라는 보장 있어?

딸 아니.

엄마 그래서 엄마가 도움을 주려고 하는 거야. 이제 엄마 말, 경청해줄래?

딸 응.

엄마 엄마는 딸이 연애하게 되어서 좋아. 딸이 성숙한 마음을 알게 되는 거니까.

딸 응? 진짜?

엄마 그럼. 연애를 한다는 건 나와 완전히 다른 사람을 만나는 거고, 다르기 때문에 서로 돕고 배려를 배워야 한다는 뜻이니까. 그리고 연애와 이별 은 짝꿍이야. 미리 이별을 생각할 필요는 없지만 알고는 있으라고. 엄 마도 아빠랑 연애하면서 처음에는 좋았지만 시간이 갈수록 서로 성격 이 달라서 싸웠어. 그러면서 헤어질 위기도 여러 번 있었고. 그랬으면 우리 딸(사랑스럽게 가만히 들여다보면서) 못 만났겠지?

딸 아~!

엄마 연애라는 건 호르몬 때문에 시작할 수도 있지만 사실 내 뜻대로 안 되 거든. 딸도 딸 감정을 자유자재로 조절하는 게 돼? 그러면 욱하는 것도 없고, 화도 안 내고 기뻤다가 슬펐다가 할 필요도 없잖아.

딸 아~!

엄마 그래서 인간은 연애할 때 성숙해져. 단, 연애를 하든 뭘 하든 가장 중요 한 원칙이 있어.

딸 원칙? 그게 뭔데?

엄마 자신의 일상생활을 지키면서 할 것!! 딸의 인생이 가장 소중하기 때문 이야. 그 인생에 남자 친구가 생긴 거고. 헤어질 수도 있는 거고. 딸 인 생이 우선순위가 아니라 연애가 1순위가 되면 무슨 문제가 생길까?

딸 내가 힘들어지겠지? 이별하고 힘들어하는 친구들 많이 봤거든. 우울해 하고.

엄마 맞아. 이별은 다 힘들지. 힘들지만 내 인생이 더 중요하니까 살아가야 하거든. 그런데 남자 친구가 자기 인생보다 더 중요한 자리에 놓이게 되면 우울해져. 남자 친구는 딸 인생에서 소중한 사람이긴 하지만 딸 자신보다 소중할 수는 없거든. 그건 남자 친구도 마찬가지야.

딸 그래도 기념일 같은 날에는 학원 한 번 빠지면 안 돼?

엄마 기념일이 학원 가는 날과 겹쳐서 속상한 거 이해해. 꼭 그 날짜가 아니어도 괜찮잖아. 우리 가족도 생일 파티할 때 그날 너무 바쁘고 하면 케이크는 하지만 주말에 여유 있게 생일 축하하잖아. 시간에 쫓겨서 힘들게 허겁지겁 파티하는 게 좋아? 부모한테 거짓말하면 그 연애는 축하받지 못할 것 같은데? 딸이 당당한 연애를 했으면 좋겠는데, 엄만. 딸은 어떻게 생각해?

딸 음, 이해는 가!

엄마 엄마랑 아빠가 회사를 다니는데 내 딸 생일이니까 오늘 일 하지 않겠다, 오늘 우리 가족 행사가 있으니 회사 하루 쉬겠다. 그러면서 일상생활이 흐트러지면 어떻게 될까?

딸 돈을 못 벌어.

엄마 그래. 그러면?

딸 가난해져.

엄마 그러면?

딸 먹고 싶은 거 못 먹고, 하고 싶은 걸 못 해.

엄마 물론 엄마 아빠가 그렇게 하지 않겠지만 딸이 후회할 일을 만들지 않았으면 하는 거야. 그리고 학원 가는 일이나 학교생활은 이미 정해져 있는 거고, 딸의 원래 삶에 정해진 규칙이잖아. 그걸 남자 친구 때문에 깨고 불안한 마음으로 남자 친구를 만나는 게 과연 딸 인생에 좋을까?

딸 음…….

엄마 남자 친구랑 같이 있고 싶은 딸 마음은 이해해. 그런데 학원 안 가서 들킬까 봐 불안한 마음으로 살아가는 게, 그래서 거짓말을 하는 게 진짜 사랑일까? 그게 좋은 연애일까? 당당한 연애일까?

딸 아니.

엄마　정말 당당하고 좋은 연애를 하고 싶다면 거짓말하지 않겠지.

딸　그런데 말하면 하지 말라고 할 거잖아. 안 된다고 할 거잖아.

엄마　그런 딸의 마음은 알겠어. 누구를 좋아하면 그렇게 되니까. 그런데 진짜 좋아하고 사랑하는 감정이 그렇게 속이고 몰래 뒤에서 딴짓하는 걸까? 나중에 후회하고? 그건 연애가 아니라 그냥 자기 마음대로 하려고 하는 거고 책임감은 1도 없는 행동이야. 책임감이 없는 연애는 방종이지.

딸　방종?

엄마　딸이 싫어하는 인성 쓰레기! 연애를 할 때는 내가 하고 싶은 대로 다 할 수 없어. 서로 성격이 다른데 어떻게 내 맘대로 해? 서로 다른 걸 얘기해서 조율을 해야 해. 우리 가족도 그렇게 하잖아. 그치?

딸　아~.

엄마　그러니까 엄마는 딸이 연애를 할 때 편한 마음이었으면 좋겠어. 어른들 속여가면서, 하지 말라는 거 하는 게 어른스러운 게 아니야. 그건 잘못된 어른이지. 자기가 연애에 당당하다면 부모가 안 된다는 건 하지 말아야지. 왜? 아직 미성년자니까. 학생이 하면 안 되는 것들이 있잖아. 그걸 하지 말라는 데는 이유가 있거든. 초등학교 때 연애에 대해서 엄마랑 얘기 나눴던 거 기억나?

딸　응. 연애할 때 공공장소에서 하라고. 스킨십도 선을 정해서 하라고.

엄마　잘 기억하고 있네? 고마워~! 이제는 중학생이 되었기 때문에 아마 남자 친구든 딸이든 성에 더 관심이 많을 거야. 그렇지?

딸　응.

엄마 그래서 더더욱 스킨십 선을 지켜야 하고, 딸의 일상생활을 더 잘 지키면서 지혜롭게 연애를 했으면 좋겠어. 어른들 눈 피해서 거짓말하고 몰래 하면 어른들이 모를 거라고 생각하지? 어른들이 그냥 어른이 되었을까?

딸 …….

엄마 딸이 일곱 살짜리 동생들 보면 거짓말하는 거 다 보이지?

딸 응. 사촌 동생 보면 그렇더라.ㅎㅎ

엄마 어른들이 청소년 보면 아예 모를까?

딸 아!

엄마 모르는 척, 해주는 거야. 만약에 진짜 모른다면 그 사람에게 아예, 무관심한 거고. 무관심이 좋겠어?

딸 아니. 다 아는구나.

엄마 ㅎㅎ그럼. 딸 연애하는 거 다 알고 있었지. 딸이 먼저 얘기해주길 기다렸는데 계속 감춰서 속상하고 슬프긴 했지만. 딸도 엄마가 딸한테 뭔가를 숨기고 그러면 좋겠어?

딸 아니! 미안해.

엄마 이제 알겠지?

딸 응.

엄마 그러니까 진짜 좋아하고 사랑한다면 상대방의 일상생활을 존중해야 하는 거야. 각자의 생활을 살면서 시간을 내 만나고 데이트하는 건 좋아. 그런데 자기 일상을 무시하면서 데이트만 하는 건, 올바른 연애일까? 그게 진짜 사랑일까? 딸이 진지하게 생각해봐.

딸 불안한 마음으로 연애하는 건 싫은데. 그치만 남자 친구가 너는 나를 사랑하지 않는다고 하면 어떡해?

엄마 자기 일상을 지키는 게 상대방을 사랑하지 않는 거라고 말한다? 그건 딸을 진짜로 좋아하는 걸까? 엄마랑 아빠가 딸은 나 몰라라 하고 각자 회사에 미쳐서 가족을 돌보지 않으면? 딸 좋을까?

딸 아니.

엄마 마찬가지야. 딸을 정말 좋아하고, 딸도 ○○을 정말 좋아한다면 서로의 일상생활과 상대방의 가족관계도 지켜주는 게 예의야. 새로운 관계를 시작한 거잖아. 서로 예의를 지키면서 서로를 알아가야겠지? 학원을 빠지지 않는다고 '자기를 사랑하지 않는다, 너는 가족이 더 소중하냐, 너는 나를 좋아하지 않는다, 너보다 내가 더 너를 좋아하는 것 같다'라는 말을 한다면 그건 사랑이 아니야. 지 뜻대로 학원을 빠지라는 거지. 대화에는 보이지 않는 숨은 의미들이 있거든. 딸도 솔직하게 말 안 할 때 있잖아. 오늘 누구 때문에 짜증이 나서 어쩌구저쩌구 했을 때 엄마가 어떻게 했었지?

딸 오늘 힘들었구나! 라고.

엄마 맞아. 그때 어땠지?

딸 힘들다고 말하면 되는데 내가 짜증을 냈다는 걸 알게 됐고, 다른 애 핑계를 댄 것도 알게 됐잖아. 엄마가 얘기해줘서.

엄마 잘 기억하네? 특히 연애할 때는 숨은 의미를 찾는 힘이 필요하단다.

딸 음. 조금 어려운데 엄마가 알려줘.

엄마 관심을 가져줘서 고맙네. 좀 전에 말했던 거 기억하지? 만약 학원을 빠지지 않는다면 남자 친구가 할 말들.

딸 응.

엄마 딸도 그런 말을 하면 안 돼. 같이 있고 싶은 마음은 이해하지만 아직 미성년자잖아.

딸   응.

엄마   그리고 누가 누구를 더 좋아하는 게 나쁜 게 아니야. 엄마가 딸을 더 좋아하잖아. 그래서 엄마는 행복한데? 연애할 때 누가 누구를 더 좋아한다로 경쟁을 하는 건 진짜 사랑이 아니야. 상대방을 내 뜻대로 하려는 거지. 학원은 그냥 예일 뿐이고. 연애할 때 절대로! 절대로! 하면 안 되는 게 있어.

딸   절대로? 엄마 '절대로'라는 말 잘 안 쓰는데! 잘 들을게.

엄마   오~~! 고마워. 딸도 남자 친구도 서로의 사진, 특히 신체 부위를 찍은 사진은 절대로 주고받으면 안 돼. 그건 사랑이 아니야. 음란물 유포야. 사진, 동영상 모두 안 돼. (주위를 환기하며) 달라고도 말고 요구한다고 주는 것도 안 돼. 둘만의 비밀이기도 하고 둘만 할 수 있는 짜릿한 경험이니까 얼마든지 재미로도 해볼 수 있겠지. 서로 믿으니까 바로 지운다고 하겠지. 본인이 저장만 해두고 절대 뿌리지는 않겠다고도 하겠지만 실수로 퍼질 수도 있고 부모님에게 들킬 수도 있고, 어쩌면 헤어지고 난 이후 좋지 않은 감정 때문에 일부러 퍼트릴 수도 있는 거잖아.

딸   응.

엄마   스킨십은 엄마랑 얘기해서 정하자. 그러고 나서 남친이랑 의논해봐.

딸   응.

엄마   남자 친구든 딸이든 무리한 스킨십을 요구하는 거, 상대방이 No라고 얘기했는데 듣지 않는 거, 다 잘못된 거야. 좋아하는 거 아니고 뭐다?

딸   스킨십만 하려는 거.

엄마   맞아. No라고 했는데도 계속하려고 하는 행동에는 사랑하는 감정이 없는 거야. 만지고 싶은 마음만 있지. 즉, 관계가 없는 거야. 확실히 알겠어?

딸 응.

엄마 연애할 때 선을 지키지 않으면 점점 더 연애가 불안해지고 일이 커져. 남녀 사이에서 일이 커지면 모든 책임은 여자가 지게 되어 있어. 우리나라는 말이야. 딸이 남자 친구랑 딥한 스킨십을 하고 싶을 때도 있겠지. 하지만 둘 다 책임을 질 수 있는 나이가 되어야 해. 자기 몸과 마음, 상대의 몸과 마음에. 지금은 그런 나이가 아니고. 미성년자가 왜 미성년자겠어? 어른의 보호가 필요하기 때문이야. 그러니까 자기 마음대로 하면 안 된다는 거지. 마음은 이해하지만 가장 먼저 자기 몸을 지킬 수 있어야 해. 그걸 뭐라고 하는지 알아?

딸 몰라.

엄마 '자기 결정권'이라고 해. 자기 몸에 대한 결정은 자기한테 있다는 거지. 이 말이 '내 몸이니까 내 맘대로 할 거야. 그러니까 남자 친구랑 딥한 스킨십을 할거야.' 라는 식의 뜻이 아니라는 건 알지?

딸 응.

엄마 자기 결정권에는 자기 몸으로 한 일에 대한 결과를 인정하고 책임을 진다는 말이 숨어 있는 거야. 그 누구도 그 책임을 벗어날 수 없으니까. 남친이랑 신체 부위 사진 주고받으면 기록이 남잖아. 그게 끝까지 둘만의 비밀로 남을 수 있을까?

딸 글쎄?

엄마 연애할 때는 안 할 수도 있어. 그런데 헤어지면 어떨까?

딸 사진이 퍼질 수도 있겠네.

엄마 그래. 그런 빌미를 만들지 말자고. 책임질 수 있을까?

딸 아니!

엄마 책임이라는 게 어렵고 무서워. 그래서 어른이 어려운 거야.

딸   응.

엄마   그런 사진이나 영상을 요구하는 건 좋아하는 게 아니라는 거. 싫다고 말을 했는데도 자기를 좋아하지 않는다는 둥 하면서 계속 요구하면 어떻게 해야 한다?

딸   헤어져!

엄마   그래. 그건 좋아하는 게 아니야. 좋아하면 상대방을 존중하고 배려하고 공감한다!!! 이 세 가지를 꼭 기억해. 절대로 좋아하는 사람에게 강요하지 않는다!

딸   응. 상대방을 존중하고 배려하고 공감한다.

엄마   물론, 엄마는 딸을 믿으니까 지혜롭게 잘할 거라고 믿어. 하지만 사춘기 호르몬은 믿을 수가 없거든. 딸도 딸 호르몬을 믿을 수 있어?

딸   아니! 나도 나를 잘 모르겠어.

엄마   ㅎㅎ 그래서 엄마한테 얘기해주면 좋겠어. 남자 친구에 대해서. 조금이라도 이상한? 말을 하거나 강요를 한다면 말이야. 엄마가 딸을 보호하고 책임을 져야 하니까. 남자 친구는 딸을 책임질 수 있는 사람일까?

딸   아니.

엄마   설사 그렇게 말한다고 하더라도 마음만 받으면 돼. 고맙다고. 왜냐하면 현실적으로 청소년이 누굴 책임져? 자기 자신도 책임을 못 지는데. 본인 감정조차도 한 시간에 몇 번씩 바뀌는데 누구를 책임지냐고. 그치?

딸   응. 그건 나도 마찬가지야.

엄마 맞아. 그러니까 청소년으로서 선을 지키고 예의를 지키면서 예쁜 연애를 했으면 좋겠어. 기분 좋고 편안한 연애 말이야. 거짓말하면서 어른들이 하는 거 해보겠다고 불안한 마음으로 이상한 짓 하지 말고. 지킬 걸 지킬 줄 아는 사람이 성숙하고 멋진 사람이야. 엄마는 딸이 그런 사람이라고 생각해.

딸 응.

엄마 첫 연애 축하하고. 예쁘게 연애했으면 좋겠어. 딸의 긴 인생에서 좋은 추억으로 남으려면 선을 지켜야 한다는 것도 잘 기억하고!

딸 좋은 연애 하기! 후회할 일은 하지 않기!

◆ 차원이 다른 실전 대화 2

딸이 이별을 경험했을 때

딸 엄마, 남자 친구랑 헤어졌어.ㅠㅠ

엄마 말해줘서 고마워. 지금은 어떤 말도 위로가 안 되겠지? 엄마가 옆에 있을게. (딸이 어느 정도 진정되면 대화할 수 있는 상태인지 살피세요. 같이 곁에 있어 주면 부모님의 말을 귀담아 듣게 되어 있습니다. 일단 기다려 주세요.)

딸 고마워.

엄마 (대화가 가능한 상태일 때) 딸이 연애할 때 엄마가 가장 중요한 게 뭐라고 했는지 기억나?

딸 내 생활을 지키면서 연애를 하라고 했었어.

엄마 맞아. 이별도 마찬가지야. 이별을 했다는 건 만났기 때문이니까. 만나면 헤어지게 되어 있거든. 그걸 알고 시작하면 그렇게 힘들지 않은데, 인간은 자꾸 영원한 걸 찾거든.

딸 영원한 거?

엄마 신처럼 영원하고 완벽해지려고 하니까 힘든 거거든. 인간은 영원하지 않고 완벽하지 않아. 그래서 실수도 많고 수많은 경험을 통해서 배워나가는 존재거든. 지금은 딸이 당연히 심리적으로 힘들 거야. 엄마도 이해해. 그런데 가만히 생각해보면 이 관계에서 딸이 배워서 성숙해진 부분이 분명히 있을 거야. 그걸 찾아내는 사람과 그렇지 못한 사람은 앞으로의 인생이 달라지겠지?

딸 지금은 그런 거 생각하고 싶지 않아.

엄마 그래. 슬프면 울어. 그런데 이별을 억울하다거나 딸이 잘못해서 헤어진 느낌으로 받아들이지 않았으면 좋겠어. 딸은 남자 친구랑 왜 헤어졌다고 생각해?

딸 내가 더 좋아하는데 걔가 나를 덜 좋아하는 것 같아. 그래서 속상해. 그런데 걔가 그만 만나재.

엄마 그랬구나. 많이 슬프겠네. 마음도 많이 아프고.

딸 응.ㅠㅠ

엄마 울고 싶으면 울고 마음 아파하고. 딸 감정이 원하는 대로 풀어 봐. 자기 감정에 솔직해지는 연습을 ○○(남자 친구 이름)이 하게 해주네. 고맙다, 엄마는.

딸 (피식 웃음) 엄마는.

엄마 이별은 당연히 슬프고 아픈 거지. 그런데 딸이 살면서 얼마나 많은 이별을 했는지 알아?

딸 내가?

엄마 응. 남친만 소중한 만남이고 이별이었을까? 지금까지 딸이 만났던 모든 사람들과 이별했는데. 어릴 때 단짝 친구들과 만났다 이별하고, 초등학교 때 친구들과 만나고 이별하고, 지금은 학년마다 만나고 이별하고. 학원 선생님들, 잠깐 알게 되었던 사람들 등등등. 많은 사람들을 만났고 그들에게 인생을 배우고 딸이 성장하게 된 거라고 엄마는 생각해. 물론 남친만큼은 아니겠지만.

딸 음, 아니야. 그렇게 생각해본 적이 없었어. 엄마 말대로 진짜 많은 사람을 만났었네. 소중한 사람들도 많았고.

엄마 문득문득 남친이 생각날 거야. 그러면 내가 아직 그 애를 생각하고 있구나~ 인정하고 받아들여. 억지로 잊으려고 하지 말고. 딸의 일상생활에 집중하려고 노력해봐. 몸을 성실하게 움직이면 금방 잊게 돼. 이별 후에 느끼는 다양한 감정들을 딸이 느끼면서 더 성숙해지는 거야. 엄마는 남친한테 고마운데. 이런 이별을 선물해주다니. 내 딸이 아주 성숙해져서 더 좋은 남자를 만날 수 있겠네~~!

딸 정말 그렇게 생각해?

엄마 그럼! 어떤 하나의 감정에 매몰되면 더 힘들어져. 자기 생활을 차근차근해 나가면서 잡생각을 하지 않아야 해. 특히 부정적인 생각. 1도 도움이 안 돼. 새로운 남친도 안 생겨. 알았지?

딸 응!

엄마 언제든 울고 싶으면 엄마한테 와서 울고.

딸 응!

엄마 첫 남친과 연애하면서 딸이 배우고 깨달은 것들을 잘 새겨두고.

딸 응. 좋았던 것도 많았어.

엄마 그럼 됐어. 다만 같은 반 친구였기 때문에 딸이 어색할 수도 있겠지만 며칠 지나면 괜찮아져. 방학 지나면 아무렇지도 않고. 반 친구들도 처음에만 몇 마디 하지 딸이 무반응이면 더 이상 안 할 거야. 차분하게 딸이 학교에서 해야 할 일에 집중해.

딸 응.

피임, 아는 만큼 안전해요!

핵인싸가 되기 위해, 자신이 인기가 많다는 것을 자랑하기 위해 이성과 사귀었던 초등학생 때와는 다르게 중학생부터는 연애에 눈을 뜨기 시작합니다.

따라서 스킨십과 마찬가지로 피임에 대해서도 제대로 인식하고 지식을 갖추고 있어야 합니다. 청소년들 대부분이 잘못된 경로로 성을 알게 되기 때문에 딸이 과학과 논리로 무장을 하고 있으면 그만큼 부모님이 걱정을 줄일 수 있습니다. 성은 아는 만큼 보이고, 아는 만큼 연습이 가능하며, 아는 만큼 후회하는 선택을 줄일 수 있습니다.

부모님은 피임법에 대해서 얼마나 알고 있나요? 다음 중 임신을 100% 막아주는 피임법은 무엇일까요?

경구피임약, 콘돔, 임플라논, 정관수술, 루프.

고르셨나요?
정답은?

없습니다!!!

아마 놀라신 분들도 계실 거예요. 어른이라고 성을 잘 안다고 착각하는 경우가 많으니까요. 성에 대해서 공부를 해야 합니다. 어려서부터요. 아니면 지금이라도.

그러면 어떻게 피임을 해야 할까요? 아직까지는 단일한 방법으로 임신을

100% 막을 수는 없습니다. 그래서 무조건 '더블피임'을 강조합니다.

잘못된 경로로 성을 접한 아이들, 특히 남학생들(성인 남자도 포함)이 자기는 피임을 하지 않으려고 온갖 거짓말을 할 수 있습니다. 그런 상대와는 헤어지는 게 낫습니다. 성관계의 과정에 포함된 것이 바로 피임입니다.

자신의 DNA를 50% 가지고 태어나는 아이가 축복을 받아야 하지 않을까요? 소중한 생명을 탄생시키기 위해서라도, 여자의 몸을 보호하기 위해서라도, 멋지고 좋은 성생활을 위해서라도 피임을 해야만 합니다.

이런 개념을 미리 얘기해주고, 나중에 피임 계획을 상대방과 함께 의논해서 짜도록 도와주어야 합니다. 무조건 성인이 될 때까지 참으라고 하는 건 무지한 일입니다. 아이들은 어떤 식으로든 하고 싶은 대로 할 수 있잖아요.

그러니 숨기거나 거짓말하지 말고 솔직하게 말하되 10대 때 성관계를 하면 왜 안 되는지 꼭! 알려주세요. 성에 대한 이야기를 솔직하게 들은 아이들은 오히려 성인이 되어서 안전하게 성관계를 한다는 통계가 있습니다.

네덜란드에서는 5~6세부터 꾸준히 성교육을 시켰고 그 결과 성관계를 안전하게 해 여학생들의 임신율이 줄었다고 합니다. 오히려 첫 성관계 연령도 높아졌다고 합니다. 미리 알아서 독이 될 거라는 선입견은 버리세요. 성은 알면 알수록 인권과 연결되는 주제입니다! 자신을 지키는 보호막이죠.

중학생 딸에게는 피임에 대한 개념을 중요하게 심어주는 쪽으로 대화를 하면 됩니다. 보통 성관계는 18세 후반에서 20대 초반에 시작하지만 실제로 임신을 계획하는 나이는 30대를 넘어가는 게 현실입니다. 10년은 임신 계획이 없는 커플들이 더 많다는 얘기지요. 우리 딸들도 마찬가지고요. 그러니 더블피임을 강조해주세요.

반드시 콘돔을 착용할 것!

콘돔은 피임 효과도 있을 뿐만 아니라 성병에 감염될 위험을 낮춰 줍니다. 성관계를 함께 하는 여성에 대한 최소한의 예의가 콘돔 사용입니다. 최소한의 예의도 지키지 않는 사람과는 관계를 이어갈 이유가 없겠지요. 확실하게 알려주십시오.

《질병이 바꾼 세계의 역사》를 보면 15세기 때 매독이 유행했다고 나옵니다. 전쟁에서 승리하기 위해 매독을 사용하기도 했다고 해요.(인간이란……) 또한 교황청의 성직자들이 매독에 걸려서 고생을 했다죠. 그것도 엄청난 숫자의 성직자들이요.(인간이란……)

어쨌든 1530년 팔로피오가 콘돔을 창시했다고 합니다. 1909년 독일의 면역학자 파울 에를리히와 일본의 미생물학자 사하치로 하타가 현대적 매독 치료제의 시조라 할 수 있는 살바르산을 개발할 때까지 콘돔으로 매독을 예방했다고 합니다.

콘돔은 몸에 직접 닿는 것이고 역사도 오래되었으니 안전성은 확보된 것이겠죠. 국가에서 정해놓은 엄격한 규정에 따라 제작하고 있으며, 재질도 인체에 해를 입히지 않습니다. 남자들 본인의 건강을 위해서도, 여성의 몸을 위해서도 '콘돔 사용=올바른 성관계'라는 점을 강조해주세요.

콘돔을 끼면 불편하다는 둥 몸에 안 좋다는 둥 이상한 소리를 하는 남자들은 성관계를 할 자격이 없지요.

친환경 재료로 만든 콘돔도 있다고 하니 자기의 몸과 상대방의 몸, 환경까지 생각하는 사람이 되었으면 합니다. 몰래 해서 큰 문제가 되는 것보다 알려주고 예방하는 게 나은 방법입니다.

일반 콘돔은 의료품으로 분류되어 미성년자도 합법적으로 살 수 있습니다. 일반 콘돔은 편의점, 약국, 올리브영과 같은 H&B 스토어, 자판기 등 다양한 곳에서 구매할 수 있습니다. 다만 성인이 사용하는 콘돔은 구매할 수 없습니다. 표면이 오돌토돌한 '돌기형 콘돔'이나 사정 시간을 늦춰주는 약물이 묻어 있는 '사정지연형 콘돔' 같은 기능성 또는 특수형 콘돔은 성인샵에서만 구매 가능합니다.

구매하고 나면 직사광선을 피하고 습기가 많은 곳도 피해 보관하고, 유통기한을 꼭 확인하여 안전하게 사용해야 합니다. 바지나 지갑에는 넣고 다니지도 말아야 하구요. 지속적으로 압력과 마찰을 받아서 손상될 수 있거든요. 생리대 파우치처럼 작은 콘돔 파우치에 따로 보관해서 가방에 넣고 다니는 게 좋습니다. 콘돔 관리를 잘못하면 여성에게 너무나 큰 결과를 초래하기 때문 입니다.

콘돔이 남자의 몸에 좋지 않다는 무지하고 개념 없는 남성들이 자신을 믿으라며 펼치는 궤변이 또 있어요.

질외사정과 월경주기법!

이런 인간하고는 상종도 하지 마십시오. 성관계가 아니라 성행위만 중요한 비인간적인 사람입니다. 그렇다면 여성들도 지식으로 무장을 해야겠지요. 피임은 여성뿐만 아니라 남성의 몸에도 중요한 일이니까요.

남성들이(10대고 어른이고) 콘돔을 착용하지 않으려고 자신을 믿으라며 질외사정으로 설득을 하려고 하면, 여성들은 '쿠퍼액'으로 반박하세요.(저도 성교육 강사를 준비하면서 새롭게 알게 된 놀라운 사실이었습니다. 뜨헉!)

미국의 쿠퍼라는 사람이 발견해서 '쿠퍼액'이라는 이름이 붙었다고 해요. 남성이 성적으로 흥분하면 성기에서 맑은 액체 같은 소량의 액, 일종의 윤활유가 나오는데 이것을 쿠퍼액이라고 합니다. 놀라운 건 이 쿠퍼액에 건강한 정자가 100~300개 정도 들어 있다는 겁니다. 숫자는 적지만 건강한 정자이기 때문에 임신 가능성을 완벽히 배제할 수는 없습니다. 따라서 질외사정은 피임의 표에도 해당하지 않습니다.

성관계를 할 계획이라면 반드시 콘돔을 먼저 착용한 후에 여성의 질에 삽입을 해야 합니다. 성관계를 하는 도중에 콘돔을 착용하는 것 자체가 위험한 행동이며(쿠퍼액에 정자가 들어 있기 때문), 상대에게 무례한 태도입니다.

특히 콘돔은 임신뿐만 아니라 성병을 일부 막아주기에 무조건 사용해야 합니다. 성병은 주로 피부를 통해 전염되는데, 콘돔은 성관계를 할 때 직접적인 피부 접촉을 줄여 감염을 막아주니까요. 질병관리본부에서도 일반 피임약, 루프, 수술 등으로 피임을 하고 있더라도 추가적으로 콘돔을 사용해 성병을 예방하길 권고하고 있습니다. 법에서 콘돔을 청소년 유해 물품으로 지정하지 않은 것도 이런 콘돔의 기능을 우선시했기 때문입니다.

콘돔 사용 전 준비

① 콘돔을 포장에서 꺼낸다.

② 콘돔 끝에 있는 볼록한 곳을 잡고 비튼다.
(공기가 들어가지 않게)

③ 콘돔을 발기된 음경에 씌운다.

콘돔 사용 후 처리

④ 사용 후 음경이 위축되기 전에 콘돔 끝 부분을 잡고 빼낸다.

⑤ 사용된 콘돔은 묶어서 휴지에 싸서 버린다.

보건복지부 질병관리본부

No 콘돔 No 섹스가 최선의 방법!

남성들이 콘돔 착용을 거부하기 위해 펼치는 말도 안 되는 논리 중 하나인 월경주기법에 대해서도 알려드릴게요. 인터넷에 배란일을 계산해주는 앱도 있으니 괜찮다는 남성들도 있을 거예요. 이 또한 무지에서 나오는 얕고 이기적인 행동입니다.

먼저 월경주기법을 따르기 위해서는 월경주기가 기계처럼, 시계처럼 정확해야 합니다. 그런데 10대~20대의 월경주기는 매우 불규칙해서 배란일을 계산해주는 앱은 무용지물입니다.

현대인들은 수면과 기상 시간도 불규칙한데, 월경주기를 어떻게 규칙적으로 맞춥니까? 그것은 자궁에서, 여자의 몸 전체에서 일어나는 일입니다. 여자의 몸은 받아들이는 음식, 외부활동, 심리적인 요인 등 다양한 환경에 노출되고 적응하는 과정에서 가장 민감한 자궁에 어떤 영향을 끼칠지 신도 알수 없는 영역입니다.

또 배란기란 '확률'을 말하는 것이기 때문에 기간이 애매합니다. 배란기가 아닌 경우에도 임신할 확률이 낮기는 하지만 성관계를 했다가 임신을 하는 경우들도 많습니다.

따라서 질외사정과 월경주기법은 불완전한 피임법이고, 성관계를 하면 임신할 확률이 높다는 점을 부모님부터 인지하고 딸에게 알려주십시오.

불완전한 피임은 여자가 임신에 대한 공포를 갖게 되므로 성관계를 하는 도중에도 불안에 시달려야 합니다. 만족할만한 성관계는 물론이고 성관계 이후에도 계속 임신일까 아닐까를 고민하게 되어 이것은 또 다른 폭력이 될수 있는 행동입니다. 서로를 진심으로 사랑한다면 안전한 피임법을! 'No 콘돔 No 섹스'를 표어처럼 암기할 수 있도록 대화를 나눠주세요.

콘돔 사용을 하지 않아도 된다는 무례한 남자와는 헤어져야 합니다. 제가 좀 과격하죠? 그럴 수밖에 없는 것이, 피임을 제대로 하지 않았을 때 모든 결과를 여자가 책임져야 하는 사회 분위기와 한 사람 이상의 삶에 고통을 주는 행동이기 때문입니다. 무책임을 넘어 폐를 끼치는, 과장해서 범죄와도 같은 행동이기 때문입니다.

여자에게 피임의 책임을 떠넘기고 자신은 콘돔을 착용하지 않은 채 성관계를 하기 위한 악의적인 의도는 아예 싹을 잘라버리게 알려주세요!

여자 피임약

여자는 경구피임약(먹는 피임약이라는 뜻입니다.)을 설명서대로 정확하게 사용하면 높은 피임 효과를 기대할 수 있습니다. 물론 경구피임약도 다른 모든

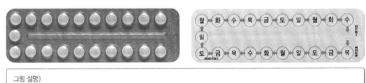

그림 설명)
월경 첫날부터 21일간 매일 하루 한 알 복용한 후 7일은 쉽니다. 보통 휴약 시작 2~4일 경에 월경을 시작하게 됩니다. 7일을 다 쉬었으면 월경이 끝나지 않았어도 8일째부터 다시 새 포장을 복용하기 시작하면 됩니다. 일반적으로 피임약 사용 전보다 월경 주기가 규칙적이 되고 기간이 짧아지며, 월경량도 줄어들 뿐만 아니라 월경통 또한 완화되는 것으로 보고되고 있습니다

복용시작   다시복용시작

월경첫날부터 21일간 매일 하루 한 알   7일간은 쉽니다.

대개 이 시기에 월경을 하게 됩니다.   대한산부인과의사회

약처럼 부작용이 있습니다. 하지만 몇십 년의 해외 사용률을 살펴보면 안정성이 확보되었다고 할 수 있습니다. 부작용이 생기더라도 보통 1~3개월 내로 사라진다고 합니다.

경구피임약은 원치 않는 임신과 임신중절, 출산으로 고통을 겪어야 하는 여성에게 자신을 지킬 수 있는 방법입니다. 경구피임약에는 배란 억제제와 여성 호르몬제가 들어 있습니다. 그래서 여드름 치료나 생리 주기를 규칙적으로 만들기 위해 사용하기도 합니다. 피임뿐만 아니라 생리통이나 생리 전 증후군에도 효과가 있다고 하네요.

남자는 콘돔으로, 여자는 경구피임약으로 더블피임을 하는 것이 최선의 방법입니다. 피임에 대한 지식을 정확하게 알고 피임을 준비하는 남자가 성적으로 능력 있는 남자라는 사실을 깨닫게 해주세요.

잠깐! '피임 백과사전' 살펴볼게요.

간단하게 살펴보는 피임 백과사전

사전피임약	피임주사	-'사야나' 또는 '데포'라는 이름으로 알려져 있습니다. -비용은 6~8만원(산부인과에서)으로 한번 맞으면 3개월간 효과가 있습니다.
	임플라논	-성냥개비 만한 플라스틱을 팔의 안쪽에 삽입합니다. -비용은 30~40만원, 3년간 피임 효과를 볼 수 있습니다.
	루프	-자궁에 삽입합니다. -비용은 30~40만원, 3~5년 정도 피임 효과를 볼 수 있습니다.
응급피임약	복용약	-예기치 못하게 성관계를 했을 경우, 미리 피임하지 못했을 때 복용하는 약입니다. -의사의 처방이 있어야 하므로 약국이 아닌 병원(치과와 한의원 제외, 모든 병원가능)으로 가야 합니다. -성관계를 한 후 효과 : 24시간 이내 복용 시 95% : 48시간 이내 복용 시 85% : 72시간 이내 복용 시 58% 확률로 임신을 막아준다고 보고되고 있습니다. -비용은 진료비와 약값을 포함하여 5만원 정도입니다. -단! 아직도 안전한가 안전하지 않은 가에 대해 논란이 있으므로 생리 주기 내 1번만 사용할 것을 권하고, 가급적 사전 피임약 복용을 강력하게 추천합니다.

*제시한 피임법은 부작용이 보고 되고 있으니 철저히 따져보고 진행하는 것을 추천합니다.

*가장 좋은 피임 방법은 '더블피임'인 것 아시죠? 남자는 콘돔, 여자는 경구피임약! 동시에!

자궁경부암 백신

자궁경부암 백신이란?	-인유두종바이러스(Human papillomavirus, 이하 HPV)에 의한 감염을 예방하는 백신을 말합니다. -성병예방백신(접촉에 의해 피부와 점막에 감염을 유발하는 바이러스를 말하는 것입니다.)이라고 할 수 있습니다. -자궁경부암 외에 외음부암, 질암, 항문암, 두경부암, 생식기 사마귀 등 성관계로 인한 암을 예방합니다.
예방 대상	여성과 남성 모두 맞아야 하는 백신입니다.
HPV 바이러스	HPV바이러스는 지금까지 대략 170여 정도 밝혀졌고, 그중에서도 특히 HPV 16과 18의 암 유발률이 높습니다.
자궁경부암 백신 종류 (국내)	-백신이 몇 종의 바이러스를 다루는지에 따라서 N가 백신이라고 지칭됩니다. 9가 백신일 경우, 9가지 종류의 바이러스를 대처할 수 있는 백신이라는 뜻입니다. -국내 유통 백신 종류 : 서바릭스는 2가, 가다실은 4가, 가다실 9는 9가
효과 및 가격	-이전에 HPV에 노출되지 않은 대상자에서 가장 효과적이기 때문에 가능하면 성 경험 시작 이전에 접종하는 것이 좋습니다. -만 12세에서 만 26세 여성인 경우 무료 접종 가능합니다. -가다실 9는 건강보험 혜택이 적용되지 않습니다. 병원에서 자체적으로 금액을 정할 수 있는 비급여 항목이라 비용이 병원마다 다른 것이 특징입니다. -건강보험심사평가원 비급여 진료비용 정보에 따르면, 가다실 9가의 전국 평균 1회 접종 가격은 약 217,000원입니다. 6개월 사이에 어깨에 세 번 맞아야 하므로 총비용은 65만원 정도 예상합니다.
가다실	-2006년 미국에서 처음 출시된 이후 현재까지 안전하고 효과적인 백신으로 알려져 있습니다.
부작용	-조기 폐경, 만성 피로 등의 부작용을 일으킨다는 주장도 있으니 참고해야겠습니다.

*꼭 병원에서 의사의 진료를 받으십시오.
*아들도 예방해야 합니다.

◆ 차원이 다른 실전 대화

엄마 딸, 학교에서 성교육할 때 어떤 거 해줘?

딸 그냥, 신체 구조랑 2차 성징이 뭔지. 그리고 생식기 구조 같은 거.

엄마 피임 방법을 정확하게 알려줘?

딸 아니.

엄마 그럼 엄마가 알려줄까, 피임 방법? 딸도 올바른 피임법을 알고 있어야 한다고 생각하거든.

딸 응. 좋아!

엄마 딸은 피임을 뭐라고 알고 있어?

딸 성관계 할 때 하는 거?

엄마 음. 한마디로 말하면 '임신을 피하는 것'이 피임이야.

딸 아~!

엄마 그런데 어른들 중에도 피임법을 모르는 사람들이 많아.

딸 정말? 어른은 다 아는 줄 알았는데…….

엄마 어른이라고 다 아는 게 아니고, 잘못 알고 있는 어른들이 더 많아. 어른이란 계속 배우고 노력해야만 해. 그냥 나이 먹어서 사는 건 어른이라고 할 수 없어. 딸도 마찬가지고. 딸은 그때그때 딸이 누릴 수 있는 것들을 누리고, 해야 할 일들을 하면서 자기 삶에 책임을 지면서 살면 돼. 어른이 하는 거 따라 하려고 하지 말고.

딸 응.

엄마 딸이 피임에 대해 알고 있는 걸 말해볼래?

딸 먹는 약이 있다는 거 알고 있어. 그리고 콘돔?

엄마 그래. 사용법은?

딸 몰라.

엄마 엄마가 자세히 알려줄게. 조금 있다가. 성경험이 있는 청소년들한테 조사를 해 봤는데, 피임을 하지 않은 청소년이 54%나 된대. 그리고 74%가 피임을 잘 모른다고 답했대.

딸 나도 74%에 해당하네!

엄마 그렇지. 그러니까 오늘 제대로 알자.

딸 응!

엄마 여성이 피임하는 방법으로 일반적인 것이 경구피임약이야. 딸도 말했던 먹는 피임약. 어디에서 구할 수 있는지 알아?

딸 몰라. 약국? 병원?

엄마 약국에서 쉽게 구입이 가능해. 가격은 1만 원 이상 해. 약국마다 조금씩 달라. 딸 지난번 영화관에서 피임약 광고 봤던 거 기억나?

딸 응.

엄마 그렇게 쉽게 구입할 수 있어. 단, 약을 복용할 때 설명서대로 지켜야만 피임이 돼. 중간에 안 먹고 그러면 효과가 없을 수도 있어. 생리 시작일에 복용을 시작하면 바로 피임효과가 나타나는데 만약 생리 시작 후 5일 이후에 약을 복용하기 시작한다면, 바로 피임 효과가 없으니까 이런 때는 첫 7일간은 콘돔을 철저하게 사용해야 해. 충동적으로 성관계를 하지 말라는 거지. (189 페이지 그림 참조)

딸 응. 근데 충동적으로 하게 되면 어떡해?

엄마 일단 우리 딸은 충동적으로 하지 않을 거라고 믿고 얘기할게. 왜냐하면 성관계 전에 하는 피임에 비해서 성관계 이후에 하는 피임의 경우 여자 몸에 심각한 부작용을 일으킬 수도 있다고 해. 딸의 몸을 귀하게 여긴다면 계획해서 성관계를 했으면 좋겠어. 이 책에 있는 '잠깐! 피임 백과사전'(192 페이지 참조)을 같이 살펴보자.

딸 응.

엄마 피임은 여자와 남자 둘 다 해야 해. 더치피임 또는 더블피임이라고 하지. 한쪽만 피임을 하는 건 위험해. 그럴 경우에는 성관계를 하지 않아야 해. 알았지?

딸 응. 그럼 남자는 어떤 피임을 하는 거야?

엄마 남자는 콘돔을 착용해야지. 콘돔 착용법 알아?

딸 몰라!

엄마 오늘같이 해보자.

딸 (부끄럽지만 호기심이 이는 눈빛으로) 응.

엄마 콘돔은 피임 성공률이 82~98% 정도거든. 그러니까 잘못 사용하면 100명 중 18명은 임신할 수 있다는 얘기야. 생각보다 임신을 잘 못 막아주지? 그래서 제대로 정확하게 사용해야 해. 그렇게 피임 확률이 높지 않음에도 꼭 사용해야 하는 이유는 일부 성병도 예방할 수 있어서 그래. 콘돔도 약국, 편의점에서 구입 가능하고, 미성년자도 살 수 있어. (187 페이지 그림 참조)콘돔을 만져 보니까 어때?

딸 미끌 거려. 으~~.

엄마 착용할 때 쉽고 성기를 보호하라고 그런 거야. 어쨌거나 여자는 적어도 성관계를 하려면 생리 첫날부터 경구피임약을 먹어야 하잖아. 그러면 남자는 콘돔을 언제 착용해야 할까?

딸　사정하기 전에?

엄마　휴. 삽입 성관계를 갖기 전에 착용해야 해. 반드시!

딸　그래? 왜?

엄마　쿠퍼액 때문이야.

딸　쿠퍼액?

엄마　응. 쉽게 말해 남자가 성적으로 흥분하면 나오는 게 바로 쿠퍼액이거든. 본인이 조절할 수 있는 사정 전에 본인도 모르게 나오는 게 쿠퍼액인데 여기에도 튼튼한 정자가 300개 정도는 존재한다고 보기 때문에 반드시 삽입 전에 콘돔을 착용해야 하는 거야. 남자 친구가 질외사정이니 월경주기법 같은 헛소리를 하면서 콘돔을 거부하거든 개하고는 헤어져. 그냥 성행위만 하고 싶은 거지 진짜 사랑해서 성관계를 하고 싶은 사람은 아니니까.

딸　아~. 알았어.

엄마　그런데 경구피임약이나 콘돔 모두 100% 피임이 되는 건 아니야. 그래서 조심해야 해. 더블피임을 꼭하고, 자궁경부암 주사도 맞았는지 확인해야 해.

딸　남자도?

엄마　남자, 여자 모두 맞아야 해. 성병을 예방하기 위해서 맞는 주사니까. 소중한 자기 몸과 상대방의 몸을 위해서라도. 꼭 확인할 것. 알았지?

딸　피임이 중요하구나.

엄마　그럼. 임신을 하면 여성들만 힘들고 책임이 크니까. 남자들은 책임을 안 질 수 있거든. 그래서 성인이 되어서 성관계를 하라는 거야. 내가 나를 책임질 수 있을 때. 어른이 되어서도 생명을 책임질 수 있는 상태가 아니면 성관계는 하지 말아야지. 그래서 피임법을 꼭! 자세히 알아둬야 해. 그래야 딸이 스스로를 보호할 수 있으니까.

딸　알았어.

엄마　특히 남자들이 생리 기간 때는 임신이 안 되니까 하자고 하는 경우도 있는데, 그건 진짜 하면 안 돼. 그런 소리 하는 인간과는 헤어져. 생리할 때 여자의 자궁은 가장 약한 상태거든. 그때 성관계를 갖는 건 질병에 노출되는 거야. 절대로 하지 말 것.

딸　그건 쓰레기다. 생리하는데.

엄마　그런 쓰레기들도 있어. 그러니까 이렇게 성교육을 제대로 해야 하는 거야. 딸이 자신을 지킬 수 있어야 하니까. 알겠지? 피임법?

딸　응!

엄마　또 피임 계획을 철저하게, 둘이 같이 준비해서 해야 한다는 것도. 한쪽만 준비해도 안 되고, 충동적인 성관계는 더더욱 안 되고. 알았지?

딸　(고개를 크게 끄덕이며) 응응!

성관계, 생명과 생명의 귀한 만남!

부모님을 가장 불안하게 만드는 성관계!

제가 성교육 강사로서 부모님들께 꼭 알려드리고 싶은 것이 바로 청소년 성관계에 대한 시선입니다. 우리는 청소년이 성관계를 했다고 하면 무조건 욕부터 하지요. 비난만 합니다. 인생이 끝난 것처럼요. 하지만 프랑스나 가까운 대만만 해도 시선이 완전히 다릅니다. 성호르몬이 뿜뿜하는 시기니 그럴 수 있겠다, 수용해줍니다. 몸과 환경이 달라지니 그럴 수 있겠다, 이해해줍니다.

성호르몬이 가장 왕성한 시기니 그런 마음이 드는 것은 자연스러운 현상이다 이해하되 이 시기에 직접적인 행위가 왜 걱정스러운지에 대해서 솔직하고 깊이 있는 대화를 해 보세요. 성에 대해 부모와 대화를 하지 않으면 잘못된 정보를 얻게 됩니다. 중학생부터 본격적으로 연애를 시작하는 딸들이 겪게 될 부분이 바로 성관계입니다. 왜냐하면 남학생들이 100일 기념 같은 걸로 성관계를 요구할 수도 있거든요 (반대로 딸이 요구할 수도 있습니다.) 그럴 때 딸들이 어떻게 대응해야 하는지 차분하게 미리 알려 주십시오.

중학생 성관계는?

인간은 스무 살이 되어야 2차 성징이 마무리됩니다. 그러니까 내부 생식기도 스무 살이나 되어야 다 자란다는 뜻이 되겠지요. 특히 여성의 자궁, 그중에서도 자궁경부가 제일 마지막에 자랍니다. 자궁은 자궁 협부라는 부분을 경계로 하여 그 위쪽 2/3를 자궁 체부, 아래쪽 1/3을 자궁경부라고 합니다. (72 페이지 그림 참조)

자궁이 아직 완성되지 않은 상태에서 성관계를 하게 되면 상처가 생기거나 쉽게 감염됩니다. 실제로 20세 이전에 성관계를 경험한 여성이 20대 이후 성관계를 한 여성보다 후에 자궁경부암에 걸릴 확률이 세 배 높게 나왔다는 연구 결과도 있었습니다. 그런데 성은 나라마다 사회·문화적 영향을 많이 받기 때문에 성 결정 나이를 16세로 정한 곳도 있습니다. 정답이 없는 것이고 과학의 발달, 국가의 체제나 문화에 따라 변하므로 부모도 관심을 갖고 변화 내용들을 찾아보길 추천합니다.

여자아이는 자기의 몸은 자신이 돌본다는 개념(자기 결정권과 주체성)으로, 남자아이는 사랑하는 여자 친구의 몸을 아끼고 배려해야 한다는 개념으로 접근해 주세요.

또 이 시기에 성관계를 하지 않는 것은 서로가 서로를 지키고 존중하는 행동이라는 점도 알려주세요. 또한 피임에 대해서 얼마나 알고 있는지 정확하게 짚어 주시기 바랍니다.

특히 첫 성관계는 남녀 모두에게 영원히 남는 특별한 추억입니다. 그 추억이 아름답기를 바라는 마음에서라도 첫 성관계를 언제, 어디서, 누구와 어떻게 할 것인가를 미리 생각해 볼 필요가 있습니다.

일단 스무 살이 지나 몸이 다 자란 상태(여성의 자궁이 완성되는 시기가 스무 살 이후입니다.)에서 서로가 '성병예방백신'을 다 맞고 '더블피임'까지 준비되어야 합니다. 다음은 장소를 생각해야 합니다. 로맨틱하고 분위기가 좋고 둘 다 좋아할 만한 그런 곳을 함께 상의해보는 것이 좋습니다. 불법 카메라가 설치되어 있거나 서로 사진 촬영 등의 기록을 남기지 않는 안전은 기본입니다.

성은 관계이므로 서로의 마음을 진심으로 확인하고, 성관계를 예상하고 준비하며 책임지는 주체적인 행동으로 임해야 합니다. 이 중에 단 하나라도 충족하지 않는다면 성관계를 행동으로 옮기면 안 됩니다. 성관계는 진심으로 '원할 때'(행동에 대한 결과와 책임까지 포함합니다.) 해야 합니다. 강요하거나 거절하기 어렵게 만들어 상대방의 결정권을 빼앗는 태도는 폭력입니다.

남녀의 성적 충동

하지만 현실적으로 우리 딸이 살아가는 세상은 대부분의 일이 충동적으로 일어납니다. 여자의 충동성과 남자의 충동성에는 차이가 있습니다. 이점을 인지할 수 있도록 대화해주세요.

여자가 성적 충동이 일어날 때를 생각해보셨나요? 한번 생각해보고 아래 설명을 읽어주세요.

여자가 성적 충동이 일어날 때

(페이지를 넘기기 전에 추측해 보세요.)

·

·

·

·

·

3위 상대가 떠날까 봐

2위 무드, 분위기에 넘어가서

1위 사랑해서

성관계를 안 해주면 상대방이 떠난다? 그게 과연 사랑일까요? 정말 여자 친구를 사랑한다면 현재 자기들의 신체적 발달을 이해하고 상대방의 몸을 보호하고 배려해야겠지요. 헤어지자고 말하는 사람은 사랑이 아니라 다른 목적이 있는 것입니다.

남자 친구가 분위기를 여자 취향대로 만들면 영향을 받겠지요? 부모님이 연애하던 시절을 떠올려 보십시오.^^

이와 관련된 실험을 알려드릴게요. 이화의대 윤하나 교수(이대목동병원 비뇨기과)팀은 20~39세 정상 남녀에게 두 가지 영상물을 보게 한 후 이들의 뇌가 어떻게 반응하는지 기능자기공명영상(fMRI)을 촬영했습니다.

영상물 중 하나는 이야기 구조를 가지고 있는 비교적 노출이 적은 에로틱한 영상이었고, 다른 하나는 노골적 성행위가 담긴 영상이었습니다.

실험 결과 여성은 남성에 비해 이야기 구조를 가지고 노출도 적은 영상을 볼 때 대뇌피질이 활발히 반응했습니다. 특히 측두엽, 변연계, 후각 고랑이 활발히 반응했는데, 측두엽과 변연계는 기억, 감정, 성욕, 식욕 등 감정이나 행동의 조절에 관여하는 부위입니다.

이에 비해 남성은 노출도 심하고 노골적인 성행위가 담긴 영상에 더 활발히 반응했고, 뇌의 반응 부위도 여성과 달리 전두엽과 후두엽이었습니다. 후두엽은 뇌의 제일 뒤에 위치한 영역으로 시각 자극을 처리하는 영역으로 알려져 있습니다.

또한 여자는 사랑하는 마음이 들면 과감하게 행동합니다. 그게 진짜 사랑이라고 믿으니까요. 단, 스무 살이 넘지 않았고 몸이 성관계를 할 만큼 완성되지 않았으니 자신과 상대를 책임질 수 있을 때 당당하게 하는 것이 더 멋진 일이라고 얘기해주세요. 불안한 마음으로 어떤 일을 한다는 건 불행하잖아요.

자, 이제 남자가 성적 충동이 일어날 때를 알아볼까요?
.

.

.

3위 사랑해서

2위 시각적 자극

1위 둘만 있을 때

차~암, 다르죠? 3위는 따로 설명하지 않아도 이해하실 거라고 생각해요.

남성은 여성에 비해 시각적 자극에 민감합니다. 남성들이 특히 음란물에 취약한 부분도 시각적 자극에 약하기 때문입니다. 여자가 남자 친구에게 예쁘게 보이려고 크롭티나 짧은 치마를 입고 나왔다면 남자 친구는 자신도 모르게 시선이 자꾸 그쪽으로 갈 수 있습니다.

그래서 여성이 오늘 성관계할 목적이라면 자극적인 옷차림이 목적을 이루는 데 도움이 될 수도 있습니다.

그러나 공부를 하러 가거나 도서관 같은 곳을 갈 때처럼 나를 안전하게 지켜야 할 때는 몸매가 드러나지 않고 남성에게 시각적인 자극을 주지 않는 후

드티 같은 옷을 입고 가는 게 좋겠죠. 우리 딸들은 아직 성인이 아닌 학생이 니까 이런 남자들의 특징을 알고 자기를 보호하라고 얘기를 해주면 좋겠어 요.

시각적 자극에 약한 특징을 가지고 있다고 하더라도 자극이 올 때마다 성 적 충동을 느끼고 행동한다면, 사람이라고 할 수는 없겠죠? 인간은 자제와 절제를 할 수 있는 존재입니다. 충동이 일어나는 건 자연스러운 현상이지만 충동이 일어난다고 충동대로 행동하는 건 미성숙한 인간이니 만나지 않는 게 좋겠지요! 다만 여성과 남성의 차이를 알고 있다면 실수를 줄일 수 있으 니 도움이 될 것입니다.

1위는 부모님이 연애했을 때와 똑같죠? 둘만 있는 공간에서는 확실히 성 적 충동이 일어날 수 있습니다. 그래서 부모님이 안 계신 빈집에서 특히 일 이 많이 일어날 수 있습니다. 그러니 딸이 집이 비어있는 친구네 집에는 절 대로 가게 해서는 안 됩니다. 차라리 부모님이 계실 때 집으로 부르세요. 그 게 안전합니다.

데이트 장소 선정하기

데이트를 할 때도 둘만 있을 수 있는 공간을 찾아다니는 거나 다름없다 고 보시면 됩니다. 룸카페는 요즘 애들은 못 가게 법적으로 막아놨다고 합 니다. 반면 모텔은 혼숙은 미성년자 사용이 불법이나 동성끼리는 합법입니 다.(2023년) 고등학생들이 동성 친구끼리 모텔에 들어가는 경우도 적지 않게 있습니다.

만화카페나 노래방, 후미진 골목, 사람들 없는 공원 같은 곳은 가지 말라고 일러주세요. 앞에서도 강조했듯, 이 시기에 연애할 때는 무조건 사람이 많은 공공장소에서 만나야 안전하다는 생각을 심어주어야 합니다.

이미 음지에서 알게 된 성이나 또래 친구들한테 얻은 잘못된 지식으로 형성된 성은 왜곡된 기준을 만들고 바꾸기가 힘듭니다. 그러니 처음부터 부모님이 솔직하게 얘기해 주는 게 더 좋습니다. 성과 관련된 이야기는 어차피 충격이니 완충작용을 부모님이 해주십시오.

◆ 차원이 다른 실전 대화

엄마 딸, 지금까지 딸이 기억하는 것 중에서 첫 경험이 좋았던 게 뭐야?

딸 음~! 놀이동산에 놀러 갔던 거!

엄마 놀이동산은 또 가고 싶지?

딸 응.

엄마 왜?

딸 기분이 좋았으니까. 좋은 기억이니까.

엄마 그럼 첫 경험인데 정말 싫었던 건? 두 번 다시 하고 싶지 않은 경험은?

딸 어릴 때 잠깐 엄마 잃어버렸던 거!

엄마 그래, 길 잃어버려서. 지금 생각하면 어때?

딸 끔찍해!

엄마 그래. 그 일 이후에는 딸이 밖에 나가면 꼭 엄마 손 잡고 다녔잖아. 그전
에는 안 그랬다가. 그래서 처음 경험하는 건 신중하게, 준비할 수 있는
건 잘 준비해서 하면 좋겠지?

딸 응.

엄마 그것처럼 성관계도 마찬가지야. 처음 하는 성관계가 아름답고 느낌이
좋아야지, 나쁜 느낌이면 끔찍해지겠지. 인간은 성적인 존재여서 사랑
하는 사람과 성관계를 하면서 살아야 하는 생명체잖아. 그치?

딸 응!

엄마 그래서 충동적인 성관계는 절대로 하지 말고, 철저하게 준비를 해서 기
분 좋게 할 수 있도록 하자! 어때?

딸 좋아! 나한테 중요한 거니까!

엄마 성관계는 나쁜 게 아니야. 좋은 거야. 진짜 사랑하는 사람과 좋은 관계를 만드는 거니까. 성은 관계야. 행위가 아니라. 그러니까 서로의 몸과 마음을 잘 살피고 통해야 한다는 거지. 딸은 사람과 관계에서 제일 중요한 게 뭐라고 생각해?

딸 상대방에 대한 이해, 배려, 존중!

엄마 인간관계에서 중요한 부분을 잘 알고 있네! 성관계도 관계거든. 특히 첫 경험은 기억에 오래 남기 때문에 신중하게 자신의 상황을 잘 들여다봐야 해. 하고 싶다고 다 하면 안 되겠지? 동물도 그렇게는 안 하니까.

딸 응.

엄마 일단 딸의 몸이 준비가 되어야 해. 자궁은 몇 살에 준비가 된다고 했지?

딸 스무 살.

엄마 맞아. 되도록 딸의 자궁이 준비가 된 상태에서 성관계를, 진짜 사랑하는 사람과 했으면 좋겠어. 딸을 배려하고 이해하고 존중하는 사람하고. 성관계를 위한 계획도 철저하게 세우는 사람하고. 특히 충동적으로 성관계를 하는 것은 절대로 하면 안 돼. 서로에게 상처만 남거든. 음란물이나 웹툰 같은 것과 실제 성관계는 아주 많이 다른 거야.

딸 맞아. 그런 거에는 존중이나 사랑이 없는 것 같아.

엄마 딸, 잘 알고 있네. 음란물이나 팬픽, 야한 웹툰 같은 것들에는 인간의 가치나 존중이 아예 없어. 행위만 있지. 따라서 장소나 분위기, 상대방에 대한 배려 따위는 아예 없는 거야. 몸과 마음을 배려하는 장면은 아예 없으니까. 그게 좋은 쾌락일까? 남들 눈을 속이고 불안한 상태에서 하는 게?

딸 아니!

엄마 엄마는 딸이 사랑하는 사람과 좋은 추억을 남길 수 있었으면 좋겠어. 엄마도 충분히 응원하고. 그러려면 딸이 자기 자신에 대해서 제대로 알고 있어야 해. 진짜로 딸 몸이 원하는지. 성관계에 대한 준비를 하고 난 후 책임까지 질 수 있는 성숙한 사람이 되었을 때 기분 좋게 했으면 좋겠어. 그러면 딸의 인생에서 기억하고 싶은 첫 경험이 될 테니까.그냥 다른 애들이 그런 걸 자랑하는 걸 부러워해서 호기심에 한다거나 자기가 어른이라고 착각해서 어른들이 하는 걸 따라 하는 건 위험한 짓이야. 어리석고!

딸 응! 나도 그렇게 생각해.

엄마 청소년이라서 하면 안 되다고 얘기하는 게 아니라 몸과 마음이 성관계를 할 준비가 되었을 때 해야 한다는 얘기라는 거 잘 알겠지?

딸 (고개를 끄덕이며) 응!

엄마 성인도 몸과 마음이 준비가 안 되어 있다면 하면 안 돼. 준비가 덜 된 거니까. 자기를 먼저 점검해야 한다는 거지.

딸 으음! 근데 남친이 계속 성관계를 요구하면 어떻게 해?

엄마 딸은 뭐라고 말할래?

딸 내가 아직 준비되지 않았으니 나중에 하자고 할래.

엄마 그런데 남친이 '내가 이렇게 너를 사랑하는데', '무슨 일이 생겨도 걱정하지 마, 내가 책임질 수 있어.'라고 계속 요구하면?

딸 나도 너 사랑해. 하지만 우리가 책임을 질 수 있는 나이야? 책임을 어떻게 질 건데? 라고 하지.

엄마 그래도 계속 '성관계가 죄를 짓는 거야? 어른들이 반대하는 건 우리를 무시하는 거야.'라고 하면?

딸 지금 너는 나를 진심으로 사랑하는 게 아니라고 말할래.

엄마 그래. 그런데도 남친이 '너는 나를 사랑하지 않는구나. 나만 너를 사랑하나 봐. 너무 힘들다. 그럴 거면 차라리 헤어지자.' 그러면 어떻게 할래?

딸 성관계를 하지 않는 게 너를 사랑하지 않아서라고 생각한다면 할 수 없지. 네 뜻대로 하자. 이렇게 말해야 할 것 같아.

엄마 그래. 아주 성숙하게 잘 말하네. 고맙다, 딸. 그런데 그렇게 헤어지는 단계까지 가지 않게 잘 말하는 방법을 배워보자.

딸 어떻게?

엄마 일단 성관계를 위한 준비과정을 같이 의논하자고 해.

- 더블피임을 할 것. 피임을 해도 100%는 아니기 때문에 이후를 생각할 것.
- 어떤 장소가 좋을지 서로 의논할 것.
- 자궁경부암 백신 주사를 맞았는지 확인할 것. (서로의 몸을 배려한다는 의미) 성병을 예방하는 것이기 때문에 서로에 대한 예의다.
- 서로의 몸에 대해서 이야기 하기. 서로의 성감대에 대해서도 이야기 나누기.
- 야동에서 나온 행위는 절대로 하지 않겠다는 이야기도. 서로의 느낌을 중요하게 여기고 배려하겠다는 이야기도.
- 성 관계를 하다가 어느 누구라도 불안한 마음이 들어서 'No'라고 하면 바로 멈출 것까지도.

딸 이렇게까지 준비해야 하는 거야?

엄마 그럼! 딸의 첫 경험이야. 기억에 오래 남을. 쉽게 지울 수 있는 기억은 아니지 않을까?

딸 그건 그래.

엄마 딸의 소중한 인생이야. 아름답고 좋은 느낌으로 남았으면 좋겠어. 성관계는 좋은 거고, 서로 배려하고 나를 공감해 주는 좋은 사람이구나. 그러려면 준비가 필요하지. 딸, 시험공부를 꾸준히 하지 않고 벼락치기 하면 결과가 어떻지?

딸 성적도 안 나오고, 후회도 되고.

엄마 그래. 이건 성관계야. 더 하겠지.

딸 응.

엄마 사실 이 준비단계는 딸도 정~~말 사랑하는 사람이 생겨서 성관계를 하고 싶은 사람하고 이야기를 나누는 거고. 딸이 준비되지 않았는데 자꾸 하자고 하는 남친한테는 이런 식으로 말해봐.

딸 어떻게?

엄마 너의 마음은 잘 알아. 그런데 함께 생각하고 신중히 결정하자! 나는 성관계는 아름다운 첫 경험이기 때문에 좋은 기억으로 간직하고 싶어. 너도 그럴 거야. 충동적으로 무책임하게 성관계를 하는 건 나는 싫어. 아직 우리는 현실적인 책임을 감당할 수 있는 상태가 아니라는 걸 정확하게 인식하고 인정했으면 좋겠어. 임신이라는 결과가 생겼을 때 서로 책임을 질 수 있는 단단한 준비가 되어 있는지 고민해야 돼. 성관계를 지금 하지 않는다고 너를 사랑하지 않는 게 아니야. 충동적인 행동으로 감당하기 어려운 상황을 겪는 건 하고 싶지 않아. 우리 둘 다 더욱 단단한 준비를 해서 확실한 결단과 믿음이 생길 때 하자! 좀 길긴 하지만, 이 정도면 남친도 더 이상은 조르지 못할 거야.

엄마 눈을 보고 조용히 말로 하면 더 좋고, 아니면 메시지로 진지하게 전해도 좋고. 이렇게까지 했는데도 자기를 사랑하지 않는다는 둥 하면 어떻게 한다?

딸 헤어져!

엄마 그래. 그런 남친은 너를 사랑하는 게 아니라 섹스라는 행위만 하려고 하는 애야. 엄마가 알려준 내용을 가치관으로 가진 멋진 남친을 만나서 첫 성관계를 했으면 좋겠어! 충분히 즐기고 아름답게! 오케이?

딸 오케이!!

엄마 한 가지만 더!

딸 응?

엄마 지금 엄마가 말한 내용의 반대도 생각해봐야 한다는 거야. 딸이 남자 친구와 같은 행동을 할 수도 있다는 거지.

딸 역지사지?

엄마 ^^응. 성호르몬은 남녀 모두 나오는 거잖아. 남자만 성범죄를 저지른다는 인식을 가지고 있는데, 그 반대의 경우들도 많거든. 특히 초등학생 때를 생각해봐. 여학생들이 훨씬 힘이 세지?

딸 응!

엄마 그러니까 딸도 가해자가 될 수 있다는 거야. 그래서 서로 조심하고 배려했으면 좋겠어.

딸 (고개를 끄덕이며) 응! 그 생각은 안 해봤어.

엄마 성관계와 관련해서는 엄마한테 꼭! 얘기해주고. 같이 준비해줄게. 엄마는 응원할 거야. 딸이 그만큼 성숙한 거니까. 자기 자신에 대해서 책임질 만큼.

딸 응. 고마워.

성범죄 VS 인권과의 싸움!

성범죄 제대로 알기

여성들은 나이가 어리든 많든 불안감을 가질 수밖에 없는 부분이 성범죄에 노출되는 일일 겁니다. 그래서 단어의 확실한 개념부터 짚어보려고 합니다.

성희롱이란 보통 말이나 본인만의 행동으로 이루어지는 추행입니다. 폭행과 협박이 없다는 점에서 강제추행과 구별되고 상대방과의 신체 접촉이 없고 물리력이 동반되지 않으므로 추행에는 이르지 않는다고 봅니다. 그러니 성희롱은 '이성에게 상대편의 의사에 관계없이 성적으로 수치심을 주는 말이나 행동을 하는 것'이라고 정의할 수 있습니다.

성추행은 보통 법상 폭행과 협박으로 추행하는 강제추행만을 생각합니다. 하지만, 좀 더 정확하게는 기습추행(아무 선행행동 없이 바로 추행하는 경우)까지 알아야 합니다. 누가 가슴을 만지고 도망갔다고 할 때(기습추행) 우리는 "성추행 당했다"고 표현합니다. 성추행의 개념에는 강제추행과 기습추행을 모두 포함하는 것이 맞습니다. 한마디로 표현하자면 '일방적인 성적 만족을 얻기 위하여 물리적으로 신체 접촉을 가함으로써 상대방에게 성적 수치심을 불러일으키는 행위'라고 할 수 있죠.

성폭행은 강간을 말합니다. 형법상 강간은 성기가 삽입되어야 하며, 강간미수, 준강간, 유사 강간이 있습니다. 강제추행은 성기삽입이 없습니다. 하지만 보통 성폭행을 말할 때 강간뿐 아니라 준강간과 유사 강간을 포함하는데 준강간은 술 취해 쓰러진 사람을 강간한 것이고, 유사 강간은 성기 외 삽입의 경우입니다. 일반적으로 강간미수의 경우 "성폭행을 당할뻔했다"라고 표현하므로 성폭행 범주에 포함된다고 보지 않지만 법정형은 동일합니다.

아는 사람이 더 무섭다.

우리 사회는 성폭력에 대해 안일하고 잘못된 통념들을 믿는 경향이 오래되었습니다. 가장 잘못된 통념이 낯선 사람을 조심해야 한다는 것입니다. 하지만 실제 성폭력 통계를 보면 가해자가 친척이나 가족 등 아는 사람이 더 많습니다.

믿었던 사람에게 성폭력을 당했기 때문에 상처가 더 크고 회복이 더 어렵습니다. 또한 가해자가 피해자의 개인정보(이름, 집, 전화번호, 학교)를 알고 있어서 신고에 어려움을 겪습니다. 아는 사람이 가해자일 때 피해자는 세상과 인간에 대한 신뢰가 무너집니다.

친족 성폭력은 지속적으로 일어날 가능성이 매우 큽니다. 이는 권위를 이용해서 이루어지기 때문에 어린 시절부터 시작되어 청소년기, 성인까지 이어집니다. 특히 친족 성폭력은 가해자가 피해자에게 가족의 평화?를 유지해야 한다면서 얘기하지 못하도록 하는 경우가 많기 때문에 피해자의 상처는 배가 되고 치명적입니다.

가해자는 정신 이상자가 아닙니다. 멀쩡한 일반인입니다. 정신이 이상해서 성폭력을 저지르는 것이 아니기 때문에 형량이 더 강력해야 합니다. 그런데 현실은 그렇지 않죠. 이것도 어른들이 바꾸어야 할 부분입니다.

일단 성폭력 가해자들은 자신의 성적 욕구를 자신의 권위를 이용해 쉽게 해결하려는 잘못을 가지고 있습니다. 실제로 일어나는 많은 성폭력들을 살펴보면 가해자와 피해자의 권력관계를 알 수 있습니다.

남성-여성, 연장자-연소자, 상사-부하, 선생님-학생, 비장애인-장애인, 내국인-이주 노동자 등 일상의 모든 상황에서 일어날 수 있습니다.

즉, 권력관계는 신체적, 경제적, 사회적으로 힘이 있는 사람이 힘이 없는 사람에게 가하는 폭력이니까요. 따라서 성폭력은 개인의 문제가 아니라 사회적인 문제입니다.

피해자가 조금이라도 불쾌하고 나쁜 느낌이 든다면 바로 Say No를 해야 합니다. 다른 사람이 자기의 몸을 함부로 만지는 것에 스스로 문제의식을 가질 수 있도록 평소에 대화를 통해 알려주어야 합니다. 가족 사이에서도 스킨십을 할 때는 반드시 동의를 구하는 훈련을 해야 하고요.

성폭력에 대응하기

성폭력(성희롱, 성추행도 포함됩니다.)을 당했을 때는 빨리 부모에게 얘기할 수 있도록 당부하세요.(부모가 가해자일 때는 부록에 있는 곳으로 신고를 하세요! 281 페이지 성 관련 도움처 참조)

성폭력을 당했을 때는 씻지도 옷을 갈아입지도 않은 상태에서 24시간 안에 보호기관에 가서 증거를 남겨야 합니다. 또한 피해자가 안정감을 느낄 수 있고, 자신을 보호해줄 수 있다고 믿는 사람이 곁에 있어야 합니다. 부모가 그런 존재일 때 가장 좋겠지요. 그런 관계라면 부모에게 털어놓을 수 있지만 그렇지 못한 경우에는 도움을 주는 전문 기관도 있으니 꼭! 알려주십시오.

또 한 가지 중요한 것!

성폭력은 무조건 가해자가 잘못한 것입니다. 가부장적인 제도나 이데올로기 때문에 잘못된 인식으로 피해자를 2차 3차 상처입히는 사회의 프레임을 정확하게 알고 있어야 합니다. 성폭력 피해자는 '생존자'입니다. 살아남는 게 가장 중요합니다. 그러니 성폭력에서 생존한 사람에게는 "살아 있어서 다행이다, 고맙다, 네 잘못이 아니다, 살아 있는 것 자체가 가장 중요한 것이다. 네가 화가 나는 건 당연하다."와 같은 말을 해야 하고, 그런 인식을 갖춰야 합니다. 절.대.로. 피해자가 움츠러드는 상황이 생기면 안 됩니다.

성폭력을 당한 딸에게 해서는 안 되는 말도 있습니다.

"그게 정말이니? 거짓말 아니니? 거기를 왜 갔어? 그 친구랑 놀지 말라고 했지? 좀 더 조심했어야지! 왜 진작 말하지 않았어? 지금은 그만하고 나중에 얘기하자."

이런 말은 성폭력이 자신의 잘못이라는 인식을 갖게 합니다. 절대로 해서는 안 되는 말입니다. 딸을 탓하는 말은 무슨 일이 있더라도 해서는 안 됩니다. 딸을 믿어주고 따뜻하게 품어주어야 합니다.

한국은 지금까지도 피해자에게 어느 정도 책임이 있다는 식으로 말합니다. 여자들이 야한 옷차림과 행동을 했기 때문에 성폭력이 일어난 것이라는 동물보다도 못한 말을 하는 인간들이 많이 있습니다. 성폭력은 야한 옷차림과 아무런 관계가 없습니다. 이런 말은 가해자들이 하는 무책임한 말입니다. 가해자가 자신을 통제하지 못했거나 조절하지 않았기 때문에 일어난 범죄입니다. 자기 몸 하나도 책임지지 못하는 가해자는 부끄러움을 넘어서 수치스러운 줄 알아야 합니다. 인간은 충동 조절을 충분히 할 수 있는 능력을 가지고 있는 존재입니다.(그 능력이 없으면 인간실격이죠!)

어떤 경우든 폭력은 폭력일 뿐이고, 폭력은 나쁜 것입니다. 폭력과 성폭력은 아무리 작은 일이라도 그냥 넘어가면 안 됩니다.

성폭력(성희롱, 성추행 포함)은 일상에서 수시로 일어나고 있으며 만성화되어서 피해자가 더 큰 고통을 받게 되는 것입니다.

"왜 저렇게 예민하게 굴어?"라는 반응들이 나오더라도 굴하지 마십시오. 성에 대해서는 예민해야 합니다. 아직 우리 사회는 양성평등이 이루어지지 않았고, 양성평등을 향해 가는 과도기입니다. 욕먹을까 봐 겁먹지 말고, 기꺼이 욕을 먹도록 해보자고요. 성관계는 인간다움, 인간다운 관계가 본질입니다. 인간다움을 지키고자 하는데 예민하지 않을 이유가 있습니까? 폭력이 잘못입니다. 마음껏 예민해도 됩니다. 인간은 이 능력을 장착하고 있어야 합니다. 평소에 사소한 장난이나 친밀감의 표현을 했다고 하지만 상대방이 불쾌한 느낌이고 장난이 아니라고 여기면 그것은 폭력이 된다는 사실을 기억하고 딸에게 알려주십시오.

아무리 조심해도 성폭력은 어디에서든 일어날 수 있습니다. 부모가 쫓아다니면서 다 막아줄 수도 없습니다. 부모가 놀라고 당황하는 마음은 알겠지만 부모의 마음보다 자녀를 안전하게 품어야만 합니다.

만약 아이가 성폭력 피해를 입게 된 사실을 알게 되면 즉시 1366, 112에 신고하세요. 가까운 해바라기센터를 찾아가서 성폭력 증거를 채취하고 의료지원을 받으세요. 책 뒷면에 '성 관련 도움처'를 정리해두었으니 항상 소지하시면 도움이 될 겁니다. (281 페이지 성 관련 도움처 참조)

또한 자녀에게 질문을 해서 사실관계를 확인하세요. 유도 질문이나 다그치는 질문은 안 되기 때문에 어떻게 해야 할지 모르겠다면 전문가(해바라기센터)의 도움을 받으세요. 증거 물품들도 확보하세요. 자녀가 입고 있었던 옷, 가해자의 지문이나 타액이 묻었을 만한 것을 챙겨서 해바라기센터로 가지고 가십시오. 24시간 안에 가지고 가면 가장 좋습니다. 시간이 지났더라도 72시간을 넘지 않도록 해야 합니다. 왜냐하면 남성 정액의 DNA 보존 시간은 72시간 정도이기 때문입니다.

성폭력 재판

성폭력으로 수사와 재판을 받게 되는 경우가 생길 수도 있습니다. 그럴 때는 해바라기센터를 통해 국선 변호사의 도움을 무료로 받을 수 있습니다.

그리고 성폭력 걸림돌 리스트가 있습니다. 이것도 확인하십시오. 포털 사이트에서 '성폭력 걸림돌'이나 '성폭력 디딤돌' 리스트를 찾으세요. '성폭력 걸림돌'은 수사와 재판 과정에서 피해자에게 2차 피해를 입힌 사람들의 리스트입니다. 수사나 재판 시 리스트에서 본 사람이 담당자일 경우 담당자 기피 신청을 할 수 있습니다.

반대로 수사 및 재판 과정에서 성폭력 피해자의 인권을 위해 노력한 분들의 리스트는 '성폭력 디딤돌'을 찾으면 나옵니다.

성폭력은 범죄행위이기 때문에 처벌이 현행보다 더 강해야 합니다.

젠더폭력

성폭력은 가정폭력이나 젠더gender폭력과 연결되어 있습니다.

미투 사건들이 터지면서 성희롱이나 성추행, 성폭력에 대한 관심도 높아졌고, 성평등이나 성 인권에 대한 관심도 생겼습니다. 하지만 여전히 가부장적이고 시대착오적인 편견이나 선입견이 존재합니다.

젠더폭력은 가부장제 사회에서 비일비재하게 일어난 폭력입니다. 성폭력은 상대의 의사를 무시하고 강자가 약자한테 성적 행동을 가하는 것입니다. 그래서 데이트 폭력(파트너 폭력으로 용어를 바꾸자는 의견이 많습니다.)을 의아해하는 사람들이 많습니다. 부부 사이에서도 성폭력이 일어납니다. 데이트 폭력이나 부부 성폭력도 모두 피해자를 탓하는 사회 분위기가 큽니다. 또는 '서로 살다(데이트하다) 보면 그럴 수도 있지'라는 안일한 생각들을 가지고 있습니다. 모두 잘못된 통념입니다.

젠더gender는 남녀라는 구분 기준이 사회 문화적이기 때문에 나라마다 다르게 나타납니다. 성을 생물학적 조건으로 정의하는 게 아니라 심리적, 사회적인 영향을 받는다는 점을 인식해야 합니다. 동물들의 세계에는 젠더라는 개념이 존재하지 않습니다. 젠더는 차별과 불평등까지 아우르는 넓은 의미의 성 개념입니다.

가부장적 사회에서 육아, 가사 노동을 여자에게만 일방적으로 부담시킨 일도 젠더폭력입니다. 어느 한쪽을 희생양으로 삼는 것이 젠더폭력에 해당되는 것입니다. '남자니까 울면 안 된다거나 남자니까……'라는 말도 젠더폭력에 해당합니다. 여성적인 면을 많이 가진 남성들이 바로 젠더폭력의 피해자가 됩니다. 실제로 일어나고 있는 일들이고요.

사회 문화가 정해놓은 틀에 갇혀 인간에 대한 존중이 사라지면 갈등을 넘어 폭력이 됩니다. 요즘 많이 일어나는 혐오가 바로 젠더적 사고에 갇힌 사례들입니다. 차이를 인정하는 사회는 젠더폭력이 없겠지요. 가정에서부터 젠더적 사고에 갇힌 말과 행동을 하는지 살펴보아야 합니다.

　가족은 공동체입니다. 공동체는 구성원이 함께 노동과 노력을 해야 합니다. 성 역할로 공동체의 일을 나누는 것은 젠더 감수성이 낮은 것입니다.

　성차별, 젠더폭력이 아니라 '인권'을 넘어 생명 사랑으로 성숙한 사회가 된다면 성폭력은 사라질 수 있을 것입니다. 가정에서 시작하면 사회도 바꿀 수 있습니다. 부모님부터 자신을 점검하고 딸에게 알려주세요.

◆ 차원이 다른 실전 대화

엄마 딸, 요즘 성범죄 기사가 엄청 나오잖아? 딸도 뉴스 봤지?

딸 응.

엄마 그런 뉴스 보면 어때?

딸 끔찍해. 극혐이야!

엄마 그런데 우리나라는 여전히 성폭행 피해자도 문제가 있다는 식으로 얘기하는 사람들이 많거든. 안타깝지.

딸 맞아. 애들도 그렇게 말하더라.

엄마 엄마가 딸 초등학생 때 설명했던 내용 기억나?

딸 응. 조금.

엄마 엄마랑 이 책 다시 읽어볼래? 엄마가 읽어줄게. (책에서 2부 '성범죄에서 나를 지켜요!' 부분을 다시 읽어보세요.)

딸 응!

엄마 읽어보니까 기억이 나?

딸 응.

엄마 성폭력은 범죄야. 채팅앱 같은 곳에서 사진이나 영상 같은 걸 주고받는 것도. 사랑하는 사이더라도 그런 걸 주고받고 하는 것도. 딸도 연애할 때 그런 거 하면 안 된다는 거 알지?

딸 응. 내 몸은 소중하니까. 다른 사람들이 보는 거 싫어.

엄마 그래. 그런데 성폭력은 힘이나 권력이 센 사람이 강제로 하는 거기 때문에 약한 사람은 빠져나오기가 쉽지 않아. 몸뿐만 아니라 마음에도 엄청난 상처가 남고. 그리고 실제로 성범죄에 대한 처벌이 아주 약한 나라가 한국이야.

엄마 휴! 이건 어른들이 움직여서 고쳐야 하는 부분인데. 미안하네. 조심하라는 이야기만 해야 해서.

딸 맞아. 그래도 노력하는 어른들이 많이 있잖아. 엄마처럼.

엄마 그렇게 말해줘서 고마워. 엄마도 더 노력해볼게. 딸도 잘 알아두고 어른이 되면 움직이는 사람이 되자.

딸 응.

엄마 그러려면 제대로 알아야겠지?

딸 응.

엄마 성폭력은 힘, 권력관계에서 일어나. 데이트를 할 때 남친이 여친한테 강제로 할 경우도 있어. 가정폭력도 그렇지. 힘이 센 사람이 약한 가족한테 폭력을 휘두르는 거니까. 남자와 여자 중에서 힘이 약한 사람이 여자여서 성폭력 피해자가 여성이 많은 거야. 반대로 여자가 힘이 센 경우도 있겠지?

딸 회사에서 상사가 여자거나 높은 위치에 있으면 힘이 센 거야?

엄마 그렇지. 돈도 해당 되고 실제로 남자보다 힘이 센 여성들도 있고. 무조건 남자만 가해자이지는 않아. 그래도 뉴스에 나오는 거 보면 여전히 남자가 여자한테 그런 나쁜 짓을 더 많이 하지. 특히 딸 같은 어린 학생이나 초등학생들한테까지.

딸 으~~극혐!!

엄마 그래서 딸 가진 부모는 걱정이 앞서는 거고. 딸들한테 조심하라고 말할 수밖에 없는 것 같아. 그 마음은 이해하지?

딸 응. 그럼.

엄마 그래. 어쨌든 약한 사람한테 폭력을 가하는 건 범죄야. 학교폭력도 마찬가지고. 일단 성폭행은 누구나 당할 수 있다는 거야. 엄마도 딸도. 누구나. 그리고 그건 피해자의 잘못은 하나도 없어. 전적으로 가해자 잘못이야. 힘으로 누른 거니까. 알겠지?

딸 응.

엄마 그런 일이 생기지 않았으면 좋겠지만, 사람 일은 모르는 거니까 만에 하나 그렇다면 긴급 연락으로 엄마한테 빨리 연락해야 해. 그러면 '해바라기센터'나 '117 ONE-STOP지원센터'의 지원을 받을 수 있거든. 이때 중요한 게 옷을 갈아입거나 몸을 씻고 싶겠지만 몸에 남아 있는 정액과 체액을 체취해야 고소할 수 있으니까 조금 참아야 해. 그러고 나서 성병 검사 및 응급피임약을 복용하는 등 조치를 취할 수 있어. 이 책에 있는 전문기관번호를 가지고 다니자. 사진으로 찍어서 폰에 저장도 해놓는 것도 좋고. (281 페이지 성 관련 도움처 참조)

딸 응. 슬프다. 이런 얘기.

엄마 엄마도 그래. 하지만 누구에게나 생길 수 있는 일이야. 딸 친구한테도. 여자 그리고 약자라면 누구한테나. 그래서 아프지만 알아야 해. 호신술도 배워놓고. 호루라기나 호신용 스프레이 같은 거 챙겨서 다녀야 하고.

딸 응.

엄마 물론 인간은 그런 무섭고 겁을 먹은 상황이 되면 몸이 얼어붙어서 사실 아무것도 못 할 확률이 더 높아. 호신술을 배워도 다급한 상황이 되면 쓸 수 없을지도 몰라. 그래도 배우고 준비해 보는 거야. 가지고는 다니자. 그리고 중요한 거! 아무 대응을 못 하더라도 피해자의 잘못은 하나도 없어. 알았지?

딸 응.

엄마 가장 중요한 건 성폭행을 당했을 때 피해자가 자기 잘못이라고 생각하면 안 된다는 거야. 그런데 그게 쉽지가 않지. 그래도 부모가 곁에 있을 거니까 이겨내 보는 거야. 무조건 피해자는 잘못이 없다. 알았지?

딸 응.

엄마 성폭행을 당했는데 사람들이 아는 게 무서워서 말 안 하고 그러면 더 문제가 생겨. 부모한테 무조건 말하고 전문 기관에 맡겨야 해.

딸 응.

엄마 그런데 성폭행을 한 사람이 아는 사람이야. 부모도 딸도 모두 아는 사람. 또는 아빠나 오빠가 그런 짓을 할 수도 있어. 그러면 어떻게 해야 할까?

딸 으악!!!

엄마 끔찍하지만 그런 사례들이 의외로 많아. 그럴 때는 전문 기관으로 가야 해. 부모가 도울 수 없으니까. 성폭행은 범죄야. 용서할 수 없는. 그래서 피해자가 도움을 청하고 상담을 받아서 일어서야만 해. 피해자가 도움을 청하지 못할 경우에는 주변에서 어른이 도와야 해. 피해자는 살아남았잖아. 그것만으로도 귀하고 소중한 사람이야.

딸 그게 쉬워? 난 못할 것 같아.

엄마 그래. 쉽지 않지. 그래도 자기 잘못이 아닌 일로 숨으면 될까? 힘들겠지만 일어나서 살아가야지. 이 세상에서 가장 중요한 게 '생존'했다는 거야. 거기서 더 앞으로 나아가면 운디드 힐러wounded healer가 될 수 있는 거고.

딸 운디드 힐러?

엄마 응. '상처 입은 치유자'. 자신의 상처를 잘 이겨내고 같은 아픔을 가진 사람에게 깊이 공감하면서 도움을 주는 사람. 세상 사람들은 대부분 운디드 힐러가 될 수 있어. 딸도 남친이랑 싸웠는데 남친을 사귀어 본 적 없는 친구랑 남친이랑 사귀어도 보고 싸워도 보고 헤어져도 본 친구가 있으면 누가 더 공감을 잘해주지?

딸 남친이랑 사귀어봤던 애.

엄마 그 친구가 운디드 힐러인 거야. 그 당시 딸에게는.

딸 아~.

엄마 물론 남친과 헤어진 거랑 성폭력이 같은 상처는 아니겠지만. 어쨌든 성폭력 피해자는 잘못이 없다는 거. 알겠지?

딸 응! 성범죄자들 없어졌으면 좋겠어!!!

엄마 엄마도, 진짜.

◆ 잠깐, 점검하기!

폭력 예방 감수성 체크 리스트

항목	동의	비동의
1. 가족 중 남편/아버지가 가장으로서 가정 생계를 부양하는 편이 맞다고 생각한다.		
2. 육아로 인해 휴직을 하게 된다면 부부 중 여성이 하는 것이 자연스럽다고 생각한다.		
3. 상대방을 칭찬하고자 "몸매 좋다", "날씬하다"고 그 사람에게 이야기하는 것은 성희롱이 아니다.		
4. 직장에서 누군가가 성적인 농담을 하거나 성차별적인 발언을 하면, 문제를 제기하기보다는 못 들은 척하는 편이다.		
5. 성희롱 문제를 방지하기 위해 남성에게 여성 동료들과 거리를 두라고 말하는 것은 성차별로 볼 수 없다.		
6. 여성들은 상사나 동료의 마음을 세심하게 살피고, 직장 분위기를 부드럽게 만드는 역할을 남성들보다 잘할 수 있다.		
7. 사람들이 성 구매를 하는 건 인간의 본성상 어쩔 수 없는 부분도 있다고 생각한다.		
8. 성매매 처벌이 강화되어 성매매를 할 수 없게 되면, 성폭력 범죄가 증가할 것이다.		
9. 옷이나 비싼 물건을 대가로 성관계를 요구하는 것은, 돈을 준 것이 아니므로 성매매가 성립하지 않는다.		
10. 성매매 피해자의 탈성매매는 온전히 개인의 선택과 의지에 달려 있다.		
11. 지나치게 노출이 심한 옷차림 등, 피해자에게도 어느 정도는 성폭력의 책임(원인 제공)이 있다.		

12. 소리치거나 도망치는 등 적극적으로 성폭력에 저항하지 않았다면, 성폭력 피해자로 보기는 어렵다.		
13. 특정 신체 부위나 성(性)과 관련된 사진이나 영상이 아니라면, 당사자의 동의가 없더라도 단톡방 등에서 공유해도 문제될 것 없다.		
14. 탈의실이나 공중화장실에 초소형 불법 카메라가 숨겨져 있을 거라고 의심하는 것은 예민한 반응이다.		
15. 성폭력 사건 신고자를 허위신고자로 의심하는 것은 2차 피해가 아니다.		
16. 남들 앞에서 자신의 배우자(또는 연인)를 무시하거나 모욕하는 말을 하는 사람을 보면, 그럴 만한 이유가 있을 거라고 생각한다.		
17. 다른 부부나 커플 사이의 폭력을 목격해도 그것은 그들의 일이므로 말리거나 상관하지 않을 것이다.		
18. 배우자나 파트너(연인)에게 감정이 격해져서 벽이나 탁자를 내리치는 정도는 폭력이라고 할 수 없다.		
19. 가족이나 애인, 친구 등 친밀한 관계에서 상대의 외모나 옷차림, 귀가 시간, 대인 관계 등을 자신의 생각대로 따르게 하는 행동은 상대를 위한 애정/관심 표현이다.		
20. 스스로는 내키지 않더라도, 배우자나 연인이 원한다면 성적인 요구를 수용하는 게 자연스럽다.		

한국양성평등교육진흥원. 2021

폭력 예방 감수성 체크 리스트 결과

(이 테스트는 성폭력 뿐만 아니라 폭력에 대한 인간의 심리를 살펴보는 계기로 접근하시기 바랍니다. 딸과 다양한 주제로 대화하는 목적으로 사용하시기 바랍니다.)

비동의 개수	결과
18개 이상 우수	성평등에 대한 인식과 폭력예방에 대한 판단력을 잘 갖추고 있습니다. 현재의 태도를 잘 유지하면서, 주변 사람들도 젠더 기반폭력에 관심을 갖고 잘 대처할 수 있도록 도움을 주기 바랍니다.
양호 15~17개	성평등이나 젠더기반폭력에 대해 잘 알고 있는 편입니다. 자신의 일상 속에 숨어 있는 폭력과 차별들을 잘 관찰하고, 그 해결을 위해 힘써 주기 바랍니다.
보통 11~14개	일반적인 수준의 성평등 인식과 폭력 예방 감수성을 지니고 있습니다. 그러나 잘 알려져 있지 않은 사례나 상황에서는 다른 판단을 내릴 여지도 있으므로, 꾸준한 관심과 공부가 필요합니다.
약간 부족 6~10개	성평등이나 젠더기반폭력에 대한 감수성이 부족한 편입니다. 때때로 성차별 적인 행위나 폭력을 사소한 것으로 여기지 않는지 돌아볼 필요가 있습니다. 성찰과 교육을 통해 스스로의 교양과 의식을 높여 나가기 바랍니다.
많이 부족 5개 이하	성평등 의식과 젠더기반폭력에 대한 인식이 매우 낮은 수준입니다. 신체적 폭력뿐만 아니라 언어적, 정서적, 경제적 학대행위도 한 사람의 인격과 인권을 해치는 명백한 폭력임을 잊지 말고, 다양한 교육을 찾아 적극적으로 참여하기 바랍니다.

◈ 잠깐, 점검하기!

젠더 감수성 체크리스트

항목	매우 그렇다 0점	그렇다 1점	보통이다 2점	아니다 3점	매우 아니다 4점
애인에게 화가 날 때 나의 불만을 말하기보다 참는 편이 좋다고 생각한다.					
남성은 남성의 역할을, 여성은 여성의 역할을 잘 수행하는 것이 바람직한 사회이다.					
'민폐녀', '진상녀' 등 00녀의 등장은 한국 여성들의 도덕적 해이 때문이다.					
배우자가 없는 남성들을 위한 국제결혼 사업은 불가피하다.					
노출이 많은 옷을 입는 여성은 성관계에 대해서도 개방적일 것이다.					
여성은 남성보다 성욕이 적다.					
키스 등 스킨십을 하기 전에 상대의 의사를 물으면 분위기만 깰 뿐이다.					
결혼하지 않은 여성이 임신중절을 경험했다면 약혼자에게 말하는 편이 옳다.					

성폭력은 여성에게 평생 씻을 수 없는 고통을 안겨줄 것이다.				
성폭력 가해자는 전과자이거나 사회부적응자인 경우가 많을 것이다.				
"몸매 좋은데" 정도의 발언은 성희롱이 아니다.				
성매매가 금지될수록 성폭력은 증가할 것이다.				
비(미)혼모 가정이나 이혼 가정은 불완전한 가족이다.				
십대의 동성애는 과도기적 현상이다.				
비만이나 과체중인 사람은 건강하게 자기관리를 하지 않으므로 비난받는 것이다.				

지금 시작하는 젠더감수성, (사) 한국성폭력 상담소

젠더 감수성 체크 리스트 결과

30점 이하	당신의 젠더감수성지수는 매우 위험합니다. 주변의 성폭력피해자에게 나도 모르게 편견에 가득한 말로 상처를 주었을지 모릅니다. 하지만 아직 늦지 않았어요! 지금 바로 젠더감수성 훈련을 시작해보세요!
40점 이하	이제 막 젠더감수성의 감을 잡게 된 당신! 젠더감수성이 충만한 삶을 향해 달려가고 있군요. 지금 바로 젠더감수성 훈련을 시작해보세요!
59점	이하 정말 멋진 당신! 하지만 아직 깨지지 않는 편견들이 있으시다구요? 완전 멋진 나에게 있는 단 하나의 결점을 그냥 넘기지 마세요. 지금 바로 젠더감수성 훈련을 시작해보세요!
60점	젠더감수성 없는 성문화 통념에 NO 라고 당당하게 말하는 당신은 젠더 감수성 마스터!

음란물과 성매매의 관계성

음란물과 공격성 실험

2009년 EBS 다큐프라임 《아이의 사생활 Ⅱ, 1부 사춘기》 에 방영된 내용이 있습니다. '음란물과 공격성 실험'입니다. 음란물이 인간의 공격성에 어떤 영향을 미치는지 알 수 있는 실험입니다.

평범한 남자 대학생 120명을 세 그룹으로 나누어서 각각 세 가지 영상물을 15분 동안 보여주었습니다. 영상은 자연 다큐멘터리, 일반 음란물, 하드코어(폭력적인) 음란물입니다. 영상을 시청한 참가자들은 다트 던지기를 해야 합니다. 다트 가운데에는 사물 사진과 사람 얼굴 사진이 붙어있습니다. 참가자들은 번갈아 가며 사물과 사람 얼굴에 다트를 던져야 합니다.

자연 다큐멘터리를 본 학생들은 사물 그림에는 다트를 던졌습니다. 하지만 사람 얼굴에는 다트를 던지지 못했습니다. 사람 얼굴에 구멍을 내는 건 좀 그렇다면서 던지지 않겠다고 했습니다. 자연 다큐멘터리를 본 학생들은 사람 얼굴에 모두 동일한 거부 반응을 보였다고 합니다.

반면, 음란물을 본 그룹의 학생들은 사람 얼굴에 다트를 던졌습니다. 사람 얼굴에 다트를 던진 이유를 물어봤더니 그냥 던지고 싶고 맞추고 싶었다고 답했습니다. 일반 음란물을 본 참가자보다 하드코어 음란물을 본 참가자가 다트를 던진 횟수가 더 높았습니다.

실험 결과 자연 다큐를 본 사람에 비해 폭력적인 음란물을 본 그룹이 여덟 배나 높은 공격성을 보였습니다. 더 놀라운 것은 사람의 얼굴 사진에 남성 얼굴과 여성 얼굴이 있었는데, 여성 사진에 공격성이 더 높게 나타났습니다.

이 실험 영상을 딸과 함께 보면서 음란물과 공격성의 연관관계를 이해하고 대화하는 시간을 가져보면 좋겠습니다. 이 실험에 참가한 사람은 대학생, 성인입니다. 성인도 공격성이 생기는데 청소년들은 어떻겠습니까?

텔레그램에서 채팅방을 만들어 성 착취 사진이나 영상을 퍼트려 문제가 된 일명 'N번방' 사건이 있었죠? 범인들은 피해자인 여성들을 모두 노예로 불렀습니다. 칼로 여성들의 몸에 '노예'라는 글씨를 새기게 하거나 개처럼 짖게 하거나, 공중화장실 바닥에서 나체로 자위하는 영상을 찍게 했습니다.

또 성인 남성이 미성년자를 강간하는 영상을 실시간으로 중계하고 '이 정도로 놀려먹었는데 아직 죽었다는 소식 들려오지 않는 걸 보니 자살하지 않았나 부네' 등의 표현을 썼습니다. 게임에서 적을 죽이고 기쁜 것과 실제 여성을 죽이고 느끼는 것을 별반 다르지 않게 인식한 사건이었습니다.

2부에서 음란물에 중독되는 과정 4단계(112 페이지 참조)를 제시했습니다. 그 내용과 이번 영상을 동시에 살펴보면서 소중한 자신의 뇌를 어떻게 지켜야 할 것인지 진지하게 대화하시기 바랍니다.

청소년 성매매

음란물과 공격성의 상관관계는 성매매와 연결됩니다. 청소년 성매매가 불법이지만 점점 그 수가 많아지고 있습니다. 하지만 처벌은 제대로 이루어지지 않고 있는 게 현실입니다. 성매매에 대한 경각심을 가져야 합니다. 특히 청소년 성매매에는 강력한 처벌이 필요합니다.

일본에서 유행(1980년대)하던 원조교제라는 개념이 한국에 처음으로 소개

되면서 청소년 성매매 인식이 시작되었습니다.

여성가족부와 한국여성인권진흥원이 발간한 '성매매 피해 아동청소년 지원센터 2022 연차보고서'를 보면 연간 센터에서 서비스를 지원받은 피해자는 862명이라고 합니다. 피해자의 90% 이상이 10대 청소년이며 조건 만남(38.2%)이 가장 흔했는데, 놀라운 것은 91.8%가 채팅앱(49.1%), SNS(28.8%), 게임 등 (13.9%) 온라인에서 시작됐다는 것입니다.

채팅으로 시작해서 성매매까지 이어지는 사례가 대부분인데, 가해자들은 사랑을 듬뿍 담아 그 누구보다 피해자를 아끼고 공감하는 느낌이 들게 합니다. 이 세상에서 피해자를 가장 사랑해 주는 사람이 되는 것입니다. 이 남자친구를 잃으면 안 되겠다는 마음이 들게 합니다. 그렇게 피해자는 마음의 문을 열게 되고, 부모의 말도 듣지 않게 됩니다.

청소년 성매매는 청소년 가출과 밀접한 관련이 있고, 청소년 가출은 가정폭력과 뗄 수 없는 관계에 있습니다. 폭력은 더한 폭력을 재생산하고 강화하는 악순환을 가지고 옵니다.

따라서 청소년 성매매가 사라지려면 어른이 먼저 정신을 차려야겠지요. 아이들의 잘못이 아닙니다. 성을 사는 어른들이 가장 문제입니다.

또한 성매매에 관대한 문화가 사회에 만연한 상태에서는 성폭력이 사라질 수 없습니다. 성매매와 성폭력 발생률은 정비례하기 때문입니다. 성매매가 성폭력을 방지한다는 말은 잘못된 생각입니다. 이런 의식과 성매매 행위는 더 많은 여성을 성폭력 위험에 노출시키는 것입니다. 이는 어린 아동과 청소년까지 많은 사람의 인생에 돌이킬 수 없는 고통을 남기는 범죄입니다.

성매매를 합리화하는 행동은 자신들이 얼마나 여성 비하적이며 성차별적인 존재인지 스스로 증명하는 것입니다. 성매매에는 그 어떤 관계도 존재하지 않습니다. 성매매는 범죄고 폭력이며 인간다움을 훼손하는 인권 침해입니다.

모든 폭력은 자신보다 약한 사람을 골라 자신의 분노를 해소하는 천박한 짓입니다. 아내 폭력, 아동 학대, 데이트(파트너)폭력, 학교폭력, 성폭력, 성매매는 모두 용서받을 수 없는 범죄입니다. 자신의 감정을 조절하지 못하고 타인에게 고통을 안기는 행위 자체가 폭력입니다. 피해자는 잘못이 없습니다.

가해자들을 살펴보면 강자한테는 찍-소리도 못합니다. 약자만 골라서 괴롭히는 못난이들입니다. 특히 성매매처럼 여성의 성을 돈으로 사고팔 수 있다고 생각하는 못나디못난 존재들에게 인권 의식이 있을 리 만무하겠지요. 이런 성매매를 '경제 성폭력'이라고 합니다. 경제 성폭력은 인류사에서 뿌리가 깊습니다.

성은 상업화 대상이 아닙니다. 성은 기본적인 인권이며 생명 사랑을 의미합니다. 성매매는 반드시 근절되어야 하는 사회악입니다.

가출한 청소년을 보게 되면 '1388'로 전화하십시오. 이 번호는 청소년 전화로 일시 보호, 자립 자활 교육, 진로, 취업·의료 지원을 받을 수 있습니다. 또한 보호기간이 끝난 청년들에게도 관심을 가지고 보호할 의무가 어른에게는 있습니다.

가정에서 자녀의 말에 경청하고 관심을 갖고 진심으로 사랑을 전한다면 가출할 일은 없습니다. 청소년 가출 원인에는 어른들의 잘못이 크게 작용합니다. 그러니 부모부터 자신을 성찰하고 사랑하는 자녀의 말에 귀 기울여야 합니다. 단 한 사람만이라도 자신의 말을 진심으로 들어준다는 느낌을 받으면 잘못된 선택을 하지 않습니다.

◆ 차원이 다른 실전 대화

엄마   딸, 엄마랑 영상 한 편 보자.

딸   응.

엄마   중간에 보기 싫더라도 끝까지 참고 봤으면 좋겠어. 영상 보고 나서 같이 얘기 좀 하려고.

딸   응

-2009년 EBS 다큐프라임 《아이의 사생활 Ⅱ, 1부 사춘기》 시청 (유튜브 검색)-

엄마   여기서 엄마가 같이 이야기 나누고 싶은 건, 음란물과 공격성 실험에 대한 부분이야.

딸   응. 나도 보면서 놀랐어.

엄마   음란물과 성범죄는 붙어있다고 봐야 해. 음란물을 많이 본 뇌는 공격성이 엄청난 상태이고, 성적으로 폭력을 저지르게 되는 거야.

딸   응.

엄마   남학생들은 음란물을 많이 보지만 여학생들은 팬픽이나 썰 웹소설 같은 걸 많이 읽잖아. 야한 만화들도 많이 보고. 그런데 둘 다 뇌에서 일어나는 반응이 같대.

딸   어떻게 같은데? 공격성? 영상에서 본 것처럼?

엄마   응. 뇌에서 반응하는 부위가 같다는 거지. 마약을 하면 반응하는 부위와 음란물이나 그런 내용의 글을 읽었을 때 반응하는 부위가 같다는 거야. 관련된 웹툰을 같이 볼까? (네이버 웹툰 〈시크릿 가족 69화〉 함께 보기)

딸   응.

엄마   그러니까 음란물. 사진, 영상, 웹툰, 글 모두 포함해서 충동성과 공격성만 남게 된다는 거야.

딸 뇌가 망가지고 있는 거네.

엄마 그렇지. 인간의 모든 행동은 뇌에서 일어나는 거니까. 소중한 자신의 뇌를 지켜야겠지.

딸 응.

엄마 음란물을 많이 본 어른이 청소년한테 그루밍 성범죄를 하는 경우가 많아. 청소년 성매매가 많아지고 있거든. 보통은 음란물과 가정폭력이 연결되지. 성을 상업화하는 어른들이 잘못이고, 음란물을 보는 어른들이 잘못이고, 그걸 보고 성매매를 하는 어른들이 잘못이고. 그러니까 딸도 잘못된 어른들을 구분할 줄 알아야 해.

딸 응.

엄마 딸 또한 잘못된 행동은 하지 않도록 하고.

딸 응.

엄마 가족끼리 갈등이 있다면 서로 대화로 풀도록 해야 해. 친구들이나 남한테 얘기해 봤자 해결 안 되잖아. 특히 온라인상에서는 절대로 하면 안 돼. 온라인은 정말 믿을 수가 없거든. 원래 좋은 길은 어렵고 나쁜 길은 쉬워.

딸 응?

엄마 딸이 살 뺀다고 운동할 때 귀찮고 힘들잖아. 하지만 그걸 이겨내면 살이 빠지고 예뻐지고 건강해지지. 그런데 쉬운 길을 가면? 먹고 눕고 핸드폰 보고 귀찮다고 운동 빼 먹으면? 살찌지 후회하지.

딸 맞네.

엄마 그러니까 딸이 좀 힘들고 어렵다고 느낀다면 잘하고 있다는 얘기야. 딸, 자기 자신과의 싸움에서 어려운 길을 가고 있으니까.

엄마 어려운 길은 그만큼 정성을 들여야 하고 노력해야 하고 인내해야 하지만 후회는 남지 않거든. 그리고 그 과정에서 반드시 배우고 깨닫는 게 있고. 반면 쉬운 길은 빠르고 충동적이고 후회가 남지.

딸 응. 음란물이나 팬픽 같은 건 안 볼게. 내 소중한 뇌를 위해서라도.

엄마 고마워. 혹시 보게 되더라도 옳고 그름을 판단할 줄 아는 딸이었으면 좋겠어. 엄마한테 보여주면 더 좋고. 같이 보고 얘기하자. 괜찮지?

딸 응!

엄마 혹시 가출한 청소년을 보게 되면 엄마가 준 전문기관들 전화번호 있지? 거기에 1388번 있으니까 친구한테도 알려주고. 딸도 알고 있어.
(281 페이지 성 관련 도움처 참조)

딸 응! (스마트폰에 사진 찍은 걸 흔들며) 여기 있지.

엄마 아무리 부모와 갈등이 있어도 자식을 위하는 사람은 부모야. 부모와 얘기해서 해결해야 해. 아직은 미성년자니까. 단! 부모가 성폭행을 했거나 가정폭력을 가했을 때는 신고를 해야겠지.

딸 응.

엄마 물론 딸도 엄마한테 숨기고 싶고 사생활이 중요해지겠지. 그건 엄마도 이해해. 하지만 아직은 딸이 미성년자고 보호를 받아야 하는 존재거든. 그러니까 숨기지 말고 얘기해줬으면 좋겠어. 숨기기 시작하면 어떻게 되는지 알아?

딸 응. 계속 거짓말을 하게 돼.

엄마 맞아. 악순환이 반복되는 거지. 솔직하려면 용기가 필요하거든. 용기는 정말 중요한 가치라고 믿어. 딸도 그렇지?

딸 응!!

4부

세상이 바뀌었어요!

디지털 성교육

내 딸이 사는 세상 이해하기

밀레니엄이 시작된 순간부터 아날로그 시대가 종료되고 디지털 시대로 넘어갔습니다. 아날로그와 디지털 시대를 모두 살아가고 있는 세대가 바로 부모 세대입니다.

아이폰이 2007년에 출시되었습니다. 아주 오래된 것 같죠? 스마트폰이 한국에서 시작된 때는 2009년입니다. 이런 발전이 익숙하고 당연하다고 생각하지만 이 세상에 당연한 것은 없습니다.

디지털 원주민(태어나면서부터 자연스럽게 디지털 기기를 자유자재로 사용하는 세대)의 삶은 자녀들이, 디지털 이주민(아날로그 시대를 살다가 디지털 시대로 이주한 세대)의 삶은 부모가 살아가고 있습니다. 원주민과 이주민이 얼마나 큰 차이인지 부모님은 이해해야 합니다. 우리 딸이 살아가는 세상은 지금보다 디지털의 발전이 급속도로 이루어질 것이기 때문에 무조건 막기만 한다고 해결되지 않습니다. 물론 가장 중요한 것은 국가에서 디지털 관련 교육을 철저하게 해야 한다는 것입니다. 그 일은 어른들이 움직여야 가능하겠지요?

스몸비smombie!

무슨 말인지 아세요?

스마트폰과 좀비의 합성어로 '스마트폰에 집중한 채 걷는 모습이 마치 좀비와 같다'는 의미에서 만들어진 말이라고 하네요. 우리 딸의 모습입니다. 어른도 포함되겠죠.

스마트폰을 인간의 신체 일부처럼 느끼는 시대에 살고 있습니다. 심장과도 같은 스마트폰을 어떻게 빼앗고 막을 수 있을까요? 그러려면 어른들이 스마트폰 장사를 멈춰야 하는데 그건 불가능하겠죠. 현대사회는 스마트폰으로 경제활동뿐만 아니라 문화생활을 합니다. 스마트폰이 우리의 삶 전반을 지배하고 있으니까요. 이제는 종이 화폐를 거의 볼 수 없을 지경입니다.

지금은 온라인과 오프라인의 과도기라고 생각합니다. 앞으로는 점점 온라인 세상의 비율이 커질 것입니다. 온라인과 오프라인의 경계가 모호해지는 시대가 바로 우리 자녀들이 살아가는 세상입니다. 옛날얘기만 하고 있을 시간이 없습니다. 최근 일어나는 성폭력은 온라인 세상에서 시작해 오프라인으로 이어집니다. 딸이 어떤 세상에서 살고 있는지 제대로 인지해야 합니다.

우리 딸이 친구를 온라인에서 사귀는 이유에 대해서 고민해 보셨나요? 우리 딸들은 학교와 학원에서 사람을 만나게 됩니다. 그런데 학교와 학원은 모두 성적으로 학생을 줄 세우는 곳입니다. 중고등학교로 갈수록 심해지죠. 오프라인에서 만나는 친구들은 친구가 아닙니다. 경쟁자죠.

친구는 영어로 friend죠. 하지만 학교와 학원에서 만나는 또래를 전부 friend라고 하지는 않습니다. 그럴 필요도 없습니다. 같은 반 학생classmate인 것이죠.(오은영 박사의 말) 고3들이 친하지 않은 같은 반 학생을 뭐라고 하는지 아세요? 비즈니스 관계라고 말합니다. 조금 서글픈 이야기지만 우리 딸이 이런 시대를 살아가고 있습니다. 마음으로 이해해야 합니다.

모든 사람과 친구가 될 필요는 없다는 것을 인지하고, 마음을 나눌 수 있는 친구 한 명만 있으면 된다고 얘기해주세요. 많은 사람을 안다는 게 좋은 것만은 아니라고요. 관계의 질이 좋은 사람을 많이 알아야 좋은 것이지, 관계의 양만 많은 것은 오히려 독이 될 수 있습니다. 자신의 에너지를 낭비하게 되니까요. 이런 생각을 갖게 되면 SNS에서 인플루언서influencer에 집착하지 않습니다.

온라인에서 사귀는 친구

'답정너'라는 말, 아시죠? '답은 정해져 있어. 너는 대답만 하면 돼'를 줄인 신조어입니다. 청소년기에 접어든 딸은 '답정너'일 경우가 많습니다. 딸과 친구 모두 같은 증상이겠지요? 그러니 자신이 듣고 싶은 말만 해주는 사람이 누구겠어요? 일상생활에서? 솔직히 없습니다.

그런데 한 군데 있습니다. 바로 온라인에서 만나는 친구죠. 온라인에서는 자신의 표정과 목소리 등 비언어적인 부분을 배제하니까요. 편하게 대화를 합니다. 톡을 하다가 답답해서 전화를 선호하는 사람은 나이든 사람입니다. ㅎㅎ 아이들은 톡으로 대화하는 것을 선호합니다. 그래서 관계에 구멍이 생기는 겁니다.

그러면 친한 친구를 어디에서 찾을까요? 바로 채팅앱입니다. 또는 자신이 좋아하는 아이돌 팬카페 같은 곳, SNS 메신저 창에서 사귀기도 합니다. 설사 의도적으로 채팅앱에 접근하지 않았다고 해도 최근에는 채팅 목적과는 아무 관계 없는 공부관리앱 같은 곳에서도 채팅기능이 있어 공부하려고 들어간 앱에서 채팅을 하며 사람을 사귀는 것이 얼마든지 가능해졌습니다. 결국 인터넷이 연결되는 모든 앱에서는 언제든지 친구(대화 상대)를 찾을 수 있다는 뜻입니다.

멀리 떨어진 사람에게 마음을 의지하게 되면 자신이 있는 공간에서는 안정적인 생활을 이어가기가 어렵습니다.

2019년 초부터 자신의 신분이 노출되지 않는 채팅 플랫폼인 '텔레그램'에서 여성의 성 착취물을 만들어 퍼트린 'N번방 사건'은 지금도 충격으로 남아있습니다. 2차 가해까지 진행한 'N번방 사건'의 경우, 가해자들은 여러 개의 채팅방을 만들어 놓고 더 많은 돈을 낼수록 더 심각한 성 착취물을 볼 수 있도록 했는데 그 피해자에게 접근한 방법이 참으로 다양했습니다. SNS상의 개인 메시지를 통해서 모델을 해보지 않겠냐고 하면서 고액을 제시하고, 채용계약서 작성을 위해 개인정보를 받아낸 후 노출이 심한 사진을 얻어낸 다음 협박을 했습니다. 또 해킹을 당한 것 같다고 알려주면서 그들이 만들어낸 가짜 해킹사이트에 로그인을 하게 해서 신상정보를 캐내거나 혹은 경찰을 사칭하여 일탈계 유저(자신의 신체 사진을 자발적으로 올린 사람들)에게 신상을 요구하는 방식 등을 사용했습니다.

온라인 범죄

외로움의 늪에 빠진 사람은 그루밍 성범죄에 걸려들 수밖에 없습니다. 범죄자들은 모두 심리적으로 약한 사람을 타깃으로 정한 다음 주도면밀하게 움직이기 때문입니다.

'N번방 사건'도 온라인에서 시작해 오프라인으로 확대된 범죄였습니다. '그루밍(심리적으로 지배한 뒤 성폭력을 가하는 것) 성범죄'가 연루되었지요. 어른들은 그루밍 성범죄에 넘어가지 않을 자신이 있다고 하겠죠? 보이스 피싱에 넘어가지 않을 사람은 별로 없습니다. 왜냐고요? 범죄자들은 그것만 철저하게 연구합니다. 걸려들면 빠져나갈 수 없게 만들어서 작정하고 달려드는 겁니다.

그루밍 성범죄에서는 쉽게 본색을 드러내지 않고 관계를 만들어갑니다. 인내하면서 상대방의 마음을 철저하게 엽니다. 상대가 원하는 소리와 원하는 것만 해줍니다. 더 나아가 도덕적으로 옳지 못한 생각을 하는 피해자에게 어른으로서 쓴소리도 합니다. 피해자를 위해 진심으로 그런 말을 하는 것처럼 행동합니다. 모든 피해자는 외롭고 심리적으로 쇠약한 상태이기 때문에 가해자에게 더욱 의존하게 됩니다. 피해자가 자기의 주도권을 빼앗긴 상태가 되면, 가해자는 본색을 드러냅니다.

그래서 심리적으로 약한 상태에 있는 사람을 타깃target으로 사기를 치거나 범죄를 저지르는 자들은 용서가 안 되는 겁니다. 강한 사람한테는 찍- 소리도 못하고 약한 사람을 괴롭히는 상종 못 할 것들이기 때문입니다. 하지만 우리 딸이 살아가는 세상에 그런 종들이 많기 때문에 우리는 정신을 바짝 차려야 합니다. 디지털 성범죄는 음란물이 아니라 범죄입니다.

우리 딸 스스로 비교와 비판을 제대로 할 수 있는 눈을 갖게 해야 합니다. 집에서도 힘이 강한 부모부터 딸을 진심으로 대하고, 대화를 통해 의견을 조율하는 모습을 보여주세요. 강압적으로 누르기만 하면 자녀는 음지의 방법을 찾게 됩니다. 청소년기에는 부모보다 또래 친구의 말을 더 신뢰할 때라서 일탈할 확률이 높아집니다. 부모님의 사춘기를 돌아보십시오. 시대는 바뀌었지만 인간의 마음은 크게 달라지지 않았습니다.

랜덤채팅, 오픈 채팅방 사례

A   친구처럼 지내고 싶어서 연락했습니다.

B   저 초6인데요.

A   여동생이 없는데…… 잘됐네요. 번호 교환하고 친하게 지내요.

A	변녀가고 진지 고민 들어줄게.

B	솔직하게 말해도 되요?

A	어떤 고민인데?

A	노예남. 괴롭혀줄 여주인님 구해요.

B	몇 살이에요?

A	너 프로필 맘에 든다.

B	^^

A	더 얘기해도 돼? 몇 살이야? 어디 살아?

A	맘에 드네요. 용돈 줄게요. 잘해줄게요. 키, 몸무게, 가슴 사이즈가?

단편적인 사례들을 보았습니다.

우리 딸이 살아가고 있는, 앞으로 살아가야 할 세상이 얼마나 빠른 속도로 바뀔지 우리는 모릅니다. 그러니 그 속도에 허덕이지 않고 자신을 지킬 수 있게 도움을 주어야겠지요?

디지털 성폭력과 디지털 성범죄

디지털 성폭력은 디지털 기기를 이용하여 타인의 동의 없이 신체를 '성적 대상화'하여 촬영, 저장, 유포, 협박, 전시, 판매, 시청, 소지하는 등의 온라인 환경 속 미디어나 SNS 등의 공간에서 일어나는 모든 폭력을 포괄하는 의미입니다.

디지털 성범죄는 카메라 등의 매체를 이용하여 상대의 동의 없이 신체를 촬영하거나 유포, 협박, 저장, 전시하거나 사이버 공간, 미디어, SNS 등에서 타인의 성적 자율권과 인격권을 침해하는 범죄행위를 일컫는 것입니다.

디지털 성폭력과 디지털 성범죄는 집단 괴롭힘과 카메라 등을 이용한 형태로 나타납니다. 디지털 성폭력과 디지털 성범죄는 불법 촬영, 성적 괴롭힘, 딥페이크(특정인의 얼굴 등을 합성한 편집물), 온라인 성 착취, 유포 및 협박 피해, 온라인 그루밍, 가스라이팅(타인의 심리나 상황을 교묘하게 조작해 그 사람이 스스로를 의심하게 만들어 타인에 대한 지배력을 강화하는 행위를 말한다. 주로 친밀한 관계에서 이루어지며 비대칭적 권력으로 피해자를 통제하고 억압한다. 정신적 학대라고도 한다.), 아웃팅(본인의 의지와 상관없이 타인이 자신의 정체성을 강제적으로 폭로하는 것)과 같은 유형을 모두 포함하고 있습니다.

따라서 가정에서 폭력과 범죄의 경계를 분명하게 알려주세요. 가족 간에도 지켜야 하는 예의가 있다는 것과 가족의 물건을 허락 없이 만지지 않도록 교육해야 합니다. 도덕성과 윤리성은 일상생활에서 형성된다는 점을 기억하시기 바랍니다.

물론 가족 간에 소통이 자연스럽게 이루어져야 가능한 일이겠지요? 부모님이 먼저 노력해야만 가능합니다.

성 정체성과 성적 지향성

요즘 청소년들 사이에 이슈 중 하나가 바로 동성애 코드입니다. 초등학생들이 인기가 많다는 것을 자랑하기 위해서 동성애를 유행을 선도하는 사람처럼 인식하고 있습니다. 이런 잘못된 인식은 자신도 모르게 성소수자에게 또 다른 폭력을 가할 수 있다는 점을 간과합니다. 아이들은 동성애를 나쁜 것으로 음지에서 접하기 때문에 인권이 아니라 잘못된 인식이 먼저 생기게 됩니다.

그런데 사람들은 '성 정체성'과 '성적 지향성'에 대해 제대로 인식하고 있지 않은 경우가 많습니다. 동성애를 무조건 나쁘게 보는 어른들이 많고 혐오하는 통념도 많습니다.

성 정체성은 자신이 되고 싶은 성이 남성이냐 여성이냐에 따라 정해집니다. 즉, '자신을 누구로 느끼는가'라는 인식을 기반으로 합니다. 성 정체성은 생물학적 구별과 별도로 한 개인이 스스로 자신을 남성 혹은 여성으로 느끼는 내적 느낌이 반영된 심리적 상태를 뜻합니다.

성 정체성은 뇌 구조와 기능, 호르몬, 사회 문화적 요인, 심리적 요인 등 다양한 원인이 복합적으로 영향을 끼칩니다. 성 정체성에 대한 연구는 지금도 진행 중입니다. 성 정체성 때문에 혼란을 겪는 사람들은 고통스러운 상태로 삶을 이어가야 합니다. 그런데 그런 사람들을 개그의 소재로 쓰거나 혐오하는 것은 무지하고 차별적이며 폭력적인 행위입니다.

성적 지향성은 함께 사랑하고 연애하고 싶은 상대가 누구인지에 따라 다릅니다. 누구에게 끌리고 좋아하는 마음이 생기는지를 관찰하고 선택할 수 있습니다. 요즘에는 양성애도 존재하니까요.

잠시만!

선입견을 장착하지 말고 가만히, 깊~이 생각해 보세요. 우리가 태어나서 지금까지 이성애자로 살고 있는 것을 당연하다고 여깁니다. 이성애자가 정상이라고 누가 그러던가요? 단지 이성애자가 주류인 세상에서 살고 있을 뿐입니다. 이 현상은 바뀔 수도 있습니다. 자연에서 17퍼센트는 소수를 선택한다고 합니다. 그래야 갑작스러운 자연현상에서 생명을 이어나갈 수 있기 때문입니다. 또 다수가 무조건 옳은 것이 아니라는 점도 알려줍니다.

그런데 유독 성에 대해서만 폐쇄적이고 치우친 잣대를 적용하는 것은 사회, 문화적 영향이 크게 작용하는 것이라고 생각합니다. 인류사에서 선입견과 고정관념, 프레임으로 인간을 묶은 사례들이 얼마나 많았는지 돌아볼 필요가 있겠습니다.

자연은 다양성의 공간이고, 자연은 다양한 선택을 하며 진화해왔다는 점을 상기해야 합니다.

성 소수자들은 세금도 내고 사회의 구성원으로 생활하는데 아무 문제가 없습니다. 성적인 부분에서만 다를 뿐입니다. 성폭력이 성 소수자들이 일으킵니까? 아닙니다. 이성애자들이 가장 많은 성폭력을 일으킵니다. 실제 성범죄율을 보십시오.

성적 정체성과 성 지향성이 다를 수 있다는 점을 인정하고 그들의 인권이 보장되는 사회여야 합니다. 성 정체성은 일생을 살면서 변화할 수도 있기 때문입니다.

무엇보다 자기 자신의 성에 대해서 제대로 인식하고 받아들이는 성찰이 중요합니다. 역사적으로 고대 그리스에서는 동성애가 정상으로 용인되었습니다. 중세시대부터 19세기까지 유럽은 성적 암흑기였습니다. 그리고 20세기 유럽은 법으로 동성애를 인정했습니다. 그러나 관습과 통념은 동성애를 억압하고 반대합니다. 이것은 종교적인 부분이 영향을 준 것이겠지요. 소크라테스, 차이코프스키 등 많은 예술가들이 동성애자였습니다.

이성애자든 동성애자든 양성애자든 사회 구성원으로서 세금을 내고 의무와 책임을 다하는 어른으로 살아가는 것이 중요합니다. 자연이 선택한 17퍼센트입니다. 자연을 밀어버릴 수는 없습니다. 자연은 이미 다수자들이 파괴시키지 않았나요?

성 소수자도 약자와 같습니다. 장애인은 이해하지만 성 소수자는 안 된다는 편협한 사고에서 벗어나야 합니다. 모든 성은 한 인간의 삶에 포함됩니다. 따라서 성은 인권을 의미합니다. 다수라는 힘으로 소수를 누르는 것도 폭력일 수 있다는 점을 기억하세요. 우리는 모두 '선량한 차별주의자'입니다. 어쩌면 선량하지 않을지도 모릅니다.

자신의 뇌를 보호하는 것, 자신을 사랑하는 일!

스마트폰과 뇌의 관계

KBS 시사기획 창에서 스마트폰이 중학생의 뇌, 특히 전두엽에 어떤 영향을 끼치는지 실험한 프로그램이 있었습니다. 바로 《중학생 뇌가 달라졌어요》입니다. 이 실험은 스마트폰의 문제점을 부각하는 게 아니라 스마트폰만 사용하던 학생들이 70일간 중단했을 때 자신의 뇌에 어떤 변화가 일어나는지에 중점을 두었습니다. 우리의 뇌를 보호하고 건강한 상태로 되돌릴 수 있다는 점을 강조한 것이죠.

스마트폰 사용으로 일상생활에서 어려움을 겪는 학생들이 자발적으로 참여했습니다. 일곱 명의 학생들은 주기적으로 뇌 영상을 촬영했습니다. 자기조절과 억제, 작업기억 능력에 어떤 변화가 생기는지 살펴보는 실험이었습니다. 실험군과 함께 대조군 학생들도 똑같이 뇌를 촬영했습니다. 실험 결과 70일간 스마트폰 사용 절제가 학생들의 뇌에 어떤 변화를 일으켰을까요?

처음 실험군과 대조군의 주의집중력이나 가족적응성, 충동조절능력 등 전두엽의 기능은 비슷했습니다. 그런데 70일만 스마트폰 사용을 절제해도 모든 능력이 대조군과 두 배 이상의 차이가 났습니다. 대조군의 뇌는 실험 전과 비슷했습니다.

실험군에 속한 일곱 명의 학생들은 자신의 뇌가 어떤 식으로 변화하는지 몸으로 겪었기 때문에 자신의 뇌를 해치는 스마트폰을 생각 없이 사용하지 않아야겠다고 말했습니다.

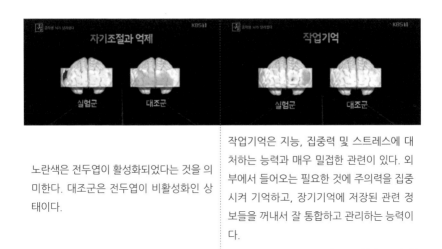

	작업기억은 지능, 집중력 및 스트레스에 대
노란색은 전두엽이 활성화되었다는 것을 의 미한다. 대조군은 전두엽이 비활성화인 상 태이다.	처하는 능력과 매우 밀접한 관련이 있다. 외 부에서 들어오는 필요한 것에 주의력을 집중 시켜 기억하고, 장기기억에 저장된 관련 정 보들을 꺼내서 잘 통합하고 관리하는 능력이 다.
실험군과 대조군은 실험 초기 인지 능력, 주 의집중력 등이 매우 비슷한 수준의 두 집단 이었다. 그러나 일정 기간 스마트폰을 사용 하지 않은 쪽에서 충동 억제와 자기조절 기 능이 좋아진 것으로 나왔다.	실험군이 대조군에 비해 뇌 활성도가 줄어든 것은 뇌를 덜 활성화시키고도 같은 과제를 잘 수행할 수 있었다는 뜻이다. 뇌의 정보처 리 효율성이 실험군에서 더 증가했음을 의미 한다.

KBS시사기획 창 《중학생 뇌가 달라졌어요》

　스마트폰 내에 설치되어 있는 다양한 앱들은 우리의 뇌를 중독 성향으로 만들게 프로그램되어 있습니다. 페이스북, 구글, 아마존과 같은 디지털 미디어 기업에서 일하는 많은 엔지니어들이 소프트웨어를 개발할 때 인간의 뇌를 연구해서 만든다고 합니다. 사람들이 플랫폼에 최대한 오래 머물게 하려면 어떻게 해야 하는지를 고민하기 때문에 이것을 '유혹하는 디자인'이라고 합니다. 페이스북에서 일했던 저스틴 로젠스타인과 구글에서 일했던 트리스탄 해리스가 '인도적 기술 센터'를 설립했습니다. 그리고 유혹하는 디자인은 그들이 밝힌 내용입니다. 즉 모든 디지털 미디어 기업은 인간의 뇌에 중독성을 일으키는 플랫폼을 개발하고 있다는 얘기입니다.

빌 게이츠와 스티브 잡스, 실리콘 밸리에서 일하는 부모가 자녀들에게 스마트폰 접촉을 멀리한 이유를 알려드렸습니다.(2부 '음란물 저리 비켜!') 어른도 유혹당하는데 청소년, 더 어린아이들에게는 어떤 영향을 끼칠까요? 여기에서는 뇌와 관련해서 더 자세하게 설명 드리겠습니다.

두뇌 발달이 시작되는 시기가 만 2세입니다. 미국소아과학회에서는 24개월 미만의 아이들에게 스마트폰 영상을 보여주지 않아야 한다고 발표했습니다. 또 하루 일곱 시간 동안 스마트폰에 노출될 경우 대뇌피질 두께가 정상보다 얇아지고, 발달이 지체될 수 있다고도 했습니다.

스마트폰(유튜브, 숏폼, 게임 포함)을 볼 때 뇌는 후두엽만 발달합니다. 시각적인 부분에만 자극을 주는 겁니다. 창의력과 사고력, 충동 조절, 자제력 등 인간을 인간답게 하는 전두엽이 미성숙해질 수밖에 없습니다.

전두엽 지키기

전두엽은 '관계'에서 발달합니다. 자연과 독서, 운동, 서로에게 도움이 되고 협동하는 과정에서 성숙해집니다. 그런 경험을 많이 할 수 있도록 도와야 합니다.

아무리 힘들고 피곤해도 아이와 몸으로 놀아주고, 밖에서 함께 하며 스마트폰과 멀어지게 도와주세요. 아이의 소중한 뇌를 지켜주십시오.

뇌는 익숙한 것을 좋아합니다. 낯선 것이 들어오면 당황하고 모른 척합니다. 그러니 익숙한 것을 좋은 것들로 채워주어야겠지요. 자녀의 뇌가 어떤 상태인지 알 수 있는 방법이 바로 행동입니다. 어른도 마찬가지입니다. 좋은 습관을 가지고 있는 사람은 뇌가 그렇게 작동하고 있는 겁니다.

아이의 뇌에 좋은 방법 중 또 다른 하나는 부모가 책을 읽어주는 것입니다. 아빠의 목소리는 아이의 좌뇌를, 엄마의 목소리는 아이의 우뇌를 발달시킨다는 연구 결과가 있습니다. 부모의 독서가 뇌의 발달에도 좋지만 언어적 감각도 발달시킵니다. 무엇보다 부모와 좋은 애착 관계를 형성합니다.

물론 초등학교 입학 전까지는 부모가 책을 많이 읽어줍니다. 아이도 좋아합니다. 그러다 초등학교에 입학하는 순간부터 아이는 혼자 책을 읽게 됩니다. 물론 현실적으로 어려운 일이지요. 압니다. 그래도 독서는 중요하다는 점을 알고 계실 거예요. 특히 전자기기는 인간의 뇌에서 후두엽만 움직이게 하기 때문에 이해력, 독해력, 문해력, 의미 파악, 추론은 모두 독서에서 얻을 수 있다는 진실을 알고 계실 겁니다. 그러니 포기할 수는 없습니다. 아이의 뇌를 지켜야 하니까요.

고학년부터는 가족 독서 시간을 만들어 활용해 보면 어떨까요?(저학년까지는 될 수 있는 한 부모가 책을 읽어 주십시오.) 정해진 요일과 시간을 의논하여 각자 원하는 책을 읽으면서 필요하면 대화도 나누고요. 아이가 어려워하는 내용은 함께 읽고 정보를 찾아보는 것도 관계 형성에 도움이 될 것입니다. 가족과 함께 독서 하는 시간이 좋은 기억으로 남는다면 정말 좋은 습관을 얻게 되는 것입니다.

함께 독서 시간을 가질 때는 좋은 기분으로 편안하고 즐겁게 하시기 바랍니다. 얼굴을 붉히면 부정적인 감정이 생깁니다. 아이들은 항상 느낌을 기억하지 정확한 단어를 기억하지 않습니다. 성교육도 느낌이 중요하듯 독서도 마찬가지입니다.

스마트폰 절제력은 어른부터 시작해야 합니다. 특히 잠을 자는 공간에는 디지털 기기가 없어야 합니다. 텔레비전도 없이 온전히 수면에만 집중할 수 있도록 하는 게 가장 좋습니다. 어른들이 텔레비전을 틀어놓고 잠드는 경우들이 많은데 좋은 습관은 아니라는 걸 잘 아실 겁니다.

우리 뇌는 구조가 같습니다. 뇌를 활용하는 능력에 따라 삶이 달라지겠지요. 뇌는 올바른 습관 즉, 행동으로 만드는 것입니다. 지금부터 시작하면 됩니다. 소중한 자신의 뇌와 아이의 뇌를 위해서라도 결심을 해보는 건 어떨까요? 디지털 문해력이 있는 학생은 기업들의 마케팅에 속수무책으로 당하지만은 않을 것입니다. 또한 그 무엇보다 소중한 자신의 뇌를 지키기 위해서라도 현명한 선택을 할 것입니다.

디지털 기기 절제는 아이 혼자서는 불가능합니다. 가족 프로젝트가 되어야 가능하다는 점, 기억하고 실천해 주십시오.

부모도 디지털을 배우고 익혀야 해요!

딸에게 스마트폰을 그만하라고만 할 수는 없습니다. 디지털 기기에만 들어가면 온갖 재미있는 것들이 넘쳐납니다. 가만히 앉아서 시간 가는 줄 모르고 신나게 생활할 수 있기 때문입니다. 그런 세상에서 살고 있다는 점을 먼저 인정하고 받아들여야 디지털 교육이 가능할 것입니다.

스마트폰에 깔린 앱을 보면 부모와 자녀의 관심사를 한눈에 알 수 있습니다. 자녀가 좋아하는 웹툰, 게임, SNS, 아이돌 등 자녀의 관심사에 부모도 직접 참여해보세요. 부모가 딸이 좋아하는 것들을 공유하면 자연스럽게 친해지고, 대화가 이루어집니다.

그리고 디지털과 관련해서는 자녀들이 부모보다 훨씬 민감하게 반응하고 다양한 기능들을 알겁니다. 저도 딸에게 묻는 경우가 많습니다. 아무래도 어른들은 디지털 기기 사용에 덜 익숙하지요. 우리 딸에게 배울 점이 얼마나 많은지 알게 되실 겁니다.

딸의 관심사를 공유하다 보면 디지털 교육 및 성교육도 할 수 있습니다. 오프라인에서 딸과 대화가 이루어져야 온라인 성교육도 이루어질 수 있기

사이버 안심존 앱 설치

때문입니다.

디지털 세상에서도 인기 많은 사람이 되고 싶고 사랑받고 싶은 사람이 넘쳐납니다. 온라인 성범죄는 그런 심리를 이용해서 벌어집니다. 또한 요즘 성폭력이나 범죄들이 온라인, 오프라인 할 것 없이 사방에서 일어납니다.

중학교에서도 미디어 리터러시 교육을 하긴 하지만 반복 교육이 아니기 때문에 일상생활에서 하는 교육이 더욱 중요해졌습니다.

일단 부모와 관계가 좋은 딸은 가정에서 이루어지는 미디어 리터러시 교육을 저항 없이 받아들입니다. 콘텐츠를 소비할 때 판매자가 어떤 마케팅을 하는지 살펴볼 수 있도록 함께 의견을 나누어 주십시오. 판매자가 어떻게 소비자를 유혹하는지, 어떤 방식으로 관심을 끌어 소비자를 속이는지 분석하고 해석할 수 있는 눈을 길러주는 겁니다.

자본주의 사회에서 판매자들은 어른, 아이 할 것 없이 돈을 벌기 위한 속임수를 쓰고 있다는 점을 정확하게 알려주어야 합니다. 딸이 소비를 하더라도 판매자의 속임수를 알고 있다면 한 번 더 생각해보게 되겠지요.

미디어 리터러시 교육은 겁을 주는 것으로는 효과가 없습니다. 자녀들이 스스로 느껴야 변화가 가능합니다. 분명히 미디어로 인한 크고 작은 문제들을 겪었을 것입니다. 그 경험을 토대로 '미디어를 구별하는 능력'을 기를 수 있도록 솔직하게 대화로 이끌어주십시오.

그러기 위해서는 딸이 살아가고 있는 세상과 딸이 사용하는 미디어에 관심을 갖고 참여해야 합니다. 부모의 관심사가 아니어도 딸이 그 나이에 좋아하는 콘텐츠들을 공유하면서 이해하려고 노력해야 합니다. 좋은 점도 있을 테고 부정적인 점도 있을 겁니다. 모든 상황을 얘기하면서 스스로 올바른 결정을 내릴 수 있는 힘을 길러주십시오.

모르는 사람보다 아는 사람이 성폭력 가해자가 된다고 말씀드렸습니다. 디지털 성폭력도 마찬가지입니다. 낯선 사람보다 친해진 사람 사이에서 일어납니다. 성교육은 온·오프라인 할 것 없이 평소에 이루어지는 것이 가장 좋습니다.

디지털은 도구다!

현대인은 자신이 스마트폰에 중독되지 않았다고 주장하거나 합리화하거나 외면합니다. 그만큼 스마트폰이 없으면 생활할 수 없다는 강박이 있기 때문입니다.

그런데 막상 스마트폰을 사용하지 않으면 우리는 무엇을 하게 될까요? 스마트폰을 집에 두고 외출 했을 때 자신이 어떤 반응을 보이는지 생각해보세요. 마음이 불안하다면 스마트폰 중독 증세입니다. "에이, 할 수 없다."라고 인식하고 불안함 없이 잘 생활한다면 스마트폰을 스마트하게, 도구로 사용하는 사람입니다. 버스나 지하철을 기다리거나, 대중교통 안에서 이동할 때 창밖을 보거나 풍경을 보며 변하는 계절을 느끼며 하늘을 올려다보고 사색에 잠긴다면? 역시 디지털을 도구로 사용하는 사람입니다.

과유불급過猶不及이라고 했습니다. 뭐든 지나친 것은 모자란 것보다 못한 결과를 가져옵니다. 문명의 이기는 장단점이 있습니다. 스마트폰이 도구로서 자기 삶을 풍요롭고 안전하게 한다면 중용의 길을 갈 수 있겠지요. 하지만 과하게 사용하여 자신의 일상생활이 무너진다면 그때는 끊는 것이 맞습니다. 중독은 줄이는 게 불가능합니다. 술, 담배, 마약 등이 중독으로 분류되는 건 자신뿐 아니라 주변 사람들에게도 피해를 주기 때문입니다.

가장 사랑해야 할 자신에게 가장 해가 되는 것만 골라서 하고 있는 건 아닌지 돌아봐야 할 때입니다. 모든 사물은 양면성이 존재합니다. 어느 쪽으로 사용할지는 스스로 의식하고 선택하며 책임져야 합니다.

부모도 딸도 자신의 생활양식과 스마트폰 사용에 대해서 솔직하고 객관적인 점검을 하지 않고서는 중독에서 헤어 나올 수 없습니다. 현재 자신의 모습을 있는 그대로 바라보고 인정할 때, 바로 그때가 앞으로 나아갈 수 있는 시기입니다.

일상생활에서 자기감정이 조절되어야 하고, 수면 및 기상 등 자신이 해야 할 일들을 스스로 마무리할 수 있는 사람이 강한 사람입니다.

부엌에서 칼은 음식을 하는 좋은 도구죠. 하지만 범죄에 사용하기도 합니다. 생명을 살릴 수도, 죽일 수도 있는 칼을 어떻게 사용할 것인지는 인간의 손에 달렸습니다. 도구는 도구일 뿐 옳고 그름이 없습니다. 도구를 사용하는 주체가 어떤 방향으로 가느냐가 중요한 것입니다. 디지털은 앞으로 더욱 발전할 것입니다. 그러므로 우리 딸이 디지털을 도구로써 자기 삶에 활용하는 지혜를 길러주는 것이 디지털 이민족이 디지털 유목민에게 줄 수 있는 선물입니다.

우리 딸이 미디어의 숲에서 현명하게 정보를 선별하고 올바른 소통을 할 수 있도록 도웁시다. 디지털 폭력과 범죄가 무엇인지 인지하고 불법에 맞설 수 있는 강한 내면을 갖도록 키워야 합니다. 급격히 변하는 디지털 세계에서 주도권과 자기 결정권을 가지고 당당하게 살아갈 수 있도록 도와야 합니다.

온라인과 오프라인의 경계를 현실감 있게 느끼고, 건강한 성 의식이 자신을 지켜줄 수 있다는 믿음을 갖춘 귀한 존재가 될 수 있게 도와주십시오. 모든 존재는 사랑받아 마땅합니다. 어떤 세상이든 우리 딸이 당당하게 홀로서기를 할 수 있도록 사랑으로 관계를 완성해주십시오

5부

질문 받습니다!

〈푸른아우성에 올라온 상담 내용을 '각색'한 사례들입니다.〉

사례 1 : 야동이 자꾸 떠올라서 힘들어하는 사례

질문

초5 여아인데요. 2G폰밖에 없는 아이여서 괜찮을 거라 생각했는데 집에 혼자 있을 때 노트북으로 웹툰을 몇 번 봤다고 합니다. 첨엔 그냥 광고가 나와서 우연히 보게 됐는데, 다음에는 따라서 옷을 벗기고 가슴을 만지고 하는 만화를 그렸다고 합니다. 그러다가 음란물을 몇 번 찾아봤다는데 요즘 안 그러려고 하는데 자꾸 남자랑 같이 씻는 생각이나 반 남자애랑 뽀뽀하는 상상, 심지어 남자 고추에 뽀뽀하는 상상, 남자 선생님 옷을 벗기는 상상까지 들었대요. 죄책감을 쏟아 내며 학교 갔다 와서 저를 볼 때마다 울고 있는데…… 첨엔 괜찮다고 니 잘못 아니라고 대응해주다가 어제는 이제 좀 그만하라고 애한테 화를 내고 말았습니다.

답변

야한 웹툰이나 야한 동영상은 우리 어른들이 상상하는 그 이상의 악영향을 아이들에게 끼칩니다. 우리는 예전에 다 커서야 성관계하는 영상을 드문드문, 그것도 친구들과 작당을 해서야 어쩌다가 한 번씩 같이 봤습니다. 반면 우리 아이들은 너무 어린 나이에 비정상적이고 가학적이며 시각적 자극이 강한 영상을 혼자서 집중적이고 지속적으로 언제든 보게 되는 환경 속에서 삽니다. 본인도 모르게 자꾸 머릿속에서 그 이미지가 떠오르고 비슷한 것만 봐도 연상이 되며 주변 사람을 영상 속의 대상으로 보게 되는 강한 미디어의 폐해를 그대로 겪게 되는 것입니다.

특히 어린 나이라 더 피해가 심각합니다. 정말 온종일 시달릴 수 있습니다. 모든 사람이 다 그런 영상 속의 대상으로 보일 수 있습니다. 신체 부위에만 시선이 갈 수 있습니다. 부모님의 도움이 절실한 상황입니다.

아이들은 그저 피해자일 뿐입니다. 어른들이 이렇게 만들어 놓은 환경의 피해자요. 워낙 강력한 자극이다 보니 그에 준하는 강력한 대응책이 있어야 합니다.

아이가 스스로 부모에게 말하고 울고 끊고 싶다고 하는 모습에 용기를 주셨으면 합니다. 부모에게 말을 한다는 것은 도움을 요청하는 것이기 때문에 적극적으로 도와주십시오.

그런 생각이 들고 그런 생각이 계속해서 떠오르는 것은 당연합니다. 그럴 때 죄책감 갖지 말고 네 잘못이 아니니 부모에게 즉시 말해달라고 하세요. 그리고 부모에게 말해줘서 고맙다고, 같이 해결해보자고 말씀하세요.

또한 그런 영상들은 아이의 뇌 발달에 나쁜 영향을 줍니다. 자신의 뇌를 소중하게 지키기 위해서라도 영상에서 아이를 보호해주십시오.

일단 한 번에 확 끊어야 합니다. 최소 72시간은 지나야 합니다. 그 시간 동안 어떤 미디어도 없이 자연에서 몸을 움직여 온종일 에너지를 발산하다 보면 조금 신경이 덜 쓰입니다.

음란물은 충격적이고 공격적이기 때문에 쉽게 머릿속에서 지워지지 않습니다. 그런 생각이 사라질 때까지 전자기기는 멀리 하게 하세요. 가족이 함께 참여해야 합니다. 아이만 차단시키면 안 됩니다.

아이가 친구와 만나서 전자기기 없이 놀게 해주세요. 요즘에는 친구와 만나서 게임을 하는 경우가 많은데 그건 도움이 되지 않습니다. 차라리 가족과 시간을 보내거나 운동을 할 수 있게 도와주시는 게 낫습니다. 오프라인에서 더 재밌게 놀게 해주셔야 한다는 뜻입니다. 몸을 움직이는 활동을 함께 해주세요. 지치지 말고 아이 상황을 이해하셔서 끈질기게 아이를 지켜주시길 바랍니다.

그리고 당분간은 잠들기 전에 아이 옆에서 책을 읽어주십시오. 정서적으로도 도움이 되고 음란물에 대한 생각이 좋은 상상력으로 채워질 것입니다. 몇 번 하고 중단하시면 안 되고 아이의 머릿속에서 그런 생각이 사라질 때까지 꾸준히 노력해주십시오.

사례2 : 채팅에서 몸사진을 주고받은 사례

질문

초등 4학년 여아입니다. 휴대폰을 빠뜨리고 나가서 슬쩍 보니 음순이며 가슴을 찍은 영상이 수두룩하고 엉덩이를 흔드는 적나라한 동영상, 오줌 누는 영상, 질 주변이나 몽우리진 가슴을 가까이서 찍은 사진에다가 '섹스가 하고 싶다. 능욕당하고 싶다. 푹 젖었다. 조건 할 사람'이라는 대화 내용을 보고 기절할 뻔했습니다. 그 내용들이 랜덤채팅에서 이루어지고 있었어요.

얼마 전부터 친한 친구가 웹툰에 빠져있는 거 보고 본인도 보기 시작하는 거 알았는데…… 처음에는 학교물 같은 거 보길래 그러려니 했습니다. 그런데 얼마 전에 할머니 댁에 가서 케이블 티비에서 만화 보려고 우연히 성인 인증 비번 0000을 무심코 눌렀는데 성인 인증이 뚫려서 음란물을 보게 됐답니다. 그래서 유튜브로 집에서 성인 인증 어떻게 뚫는지에 대한 비법 공유하는 영상 찾아내어 뚫고 야동이며 성인 웹툰, 웹소설, 랜덤채팅까지 다 따라

들어가게 되었답니다. 조회 수 많은 게 부러웠답니다. 인기 많고 싶었답니다. 반응이 팍팍 와서 좋더랍니다. 어떻게 이런 일이 있을 수 있나요? 아무리 애라지만 그런 게 창피한 줄 모르고 한다는 게 도저히 이해가 안 됩니다. 어떻게 교육해야 할까요?

답변

지금의 이 상황은 어머님께서 잘못하신 것도 아니고 아이가 잘못된 아이여서 발생한 일도 아닙니다.

요즘 실제로 매우 빈번하게 일어나고 있는 상황입니다. 아이가 뜻도 모르면서 성적인 표현들을 올리고 스스럼없이 몸사진이나 동영상을 올리는 것이 이해가 되지 않을 테지만 원인은 매우 간단합니다.

아이가 인간이기 때문이지요. 인간은 사랑받고 싶고 인정받고 싶어 합니다. 특히, 사춘기에 접어든 여자아이들은 사랑받고 인정받는다는 느낌이 더 중요해지는 시기입니다.

틱톡뿐만 아니라 인스타, 페이스북 같은 SNS에서 '좋아요'에 목숨을 걸고 달려드는 것만 보더라도 이해하실 수 있을 거예요.

인간이라면 누구나 관심받고 사랑받고 인정받고 싶어 하는 욕구를 가지고 있습니다. 다만 이런 욕구를 웹툰에서 본 것을 학습하여 사용했을 뿐이지요. 그저 사랑받기 위해 관심받기 위해 다른 사람들이 좋아하고 빠르게 반응하는 행위를 흉내 낸 것뿐입니다.

결국 이런 환경을 만들어 놓은 어른들 잘못이에요. 아이는 그저 피해자일 뿐입니다. 같이 힘을 합쳐서 상황을 이겨내도록 방향을 잡아야겠지요. 앞으로는 이런 위험한 사건이 발생하지 않게 아이의 현실에 맞는 교육이 필요합니다.

먼저 "그럴 수 있었겠다" 아이의 마음에 공감하세요. 진심으로 공감해주셔야 합니다. 공감하는 척하는 건 아이가 본능적으로 알아차립니다.

"엄마라도 네 나이 때에 이런 환경이라면 그럴 수 있었겠다. 미리 알려주지 못해서 미안하다. 너는 이런 걸 하면서 마음이 어땠어? 좋기도 하고 짜릿하기도 하고 죄책감이 느껴지기도 하고 뭐 여러 가지 감정이 있었을 거야. 괜찮아. 사람은 살면서 얼마든지 실수해. 다시 그러지 않으면 돼. 그런데 워낙 강렬하고 강력했던 경험이라 언제든 또 하고 싶고 또 느끼고 싶을 수 있어. 이런 마음이 들 때마다 엄마에게 말해줄래. 어떻게 하면 같이 해결해나갈 수 있을지 같이 상의해보자.

전문가 선생님에게 여쭤보니 이럴 때는 몸을 움직이는 게 제일 효과가 좋다고 하더라. 그리고 한 번에 확 끊어야지 서서히 줄여나가는 것은 효과가 없다고 하니 그럴 때마다 엄마랑 같이 산책을 하거나 친구들과 만나서 뛰어놀거나, 네가 좋아하는 댄스를 하게 도울게. 네가 그런 생각을 할 때마다 엄마가 전적으로 도와줄게. 엄마는 언제든 너를 아무 조건 없이 보살펴주는 사람이잖아.

자꾸 생각나는 거 네 잘못 아니니까 부끄럽게 생각하지 말고 언제든 엄마에게 말해줘. 사랑해."

아이가 아직 어리지만 자신은 컸다고 생각하는 초기 사춘기 시기일 수도 있습니다. 진심을 다해 대화하시고 솔직하게 얘기하되 딸을 걱정하고 사랑하는 부모의 마음을 전달하시기 바랍니다. 이번 일을 제대로 된 성교육을 시작할 수 있는 계기로 전환하시기 바랍니다.

사례 3 : 이성과 야한 사진을 주고받은 사례

질문

중1 딸입니다. 남친이 생긴 건 알고 있었습니다.

하루종일 핸펀 끼고 남친과 영통으로 잠들 때까지~ 뭐 그럴 수 있는 나이다 했습니다.

그러다 슬쩍 아이의 폰을 보고 소스라치게 놀랐습니다.

손이 벌벌 떨려서 도대체 어떻게 해야 할지 모르겠습니다.

서로 동영상으로 자위하는 걸 같이 공유하고 있더라구요.

"샤워하는 거 보고 싶다~ 보여줄까? 슴가 보여주면 자위 빨리 할 수 있겠어?"

화장실 갈 때 폰 들고 다녔었는데 그러느라고 폰 들고 화장실 간 거 같아요.

남편은 이제 다 커서 손을 떠났다고 그냥 터치하지 말고 내비두래요. 말해도 안 듣고~애들도 알꺼 다 안다고~

근데 성을 이렇게 장난처럼 대하고 있는데 그냥 넘겨도 되는 건지~

우리 애가 이상한 건지 요즘 애들이 다 이러는지~

도대체 적정선이 어디까지고 제가 어디까지 터치를 해야 하는지 모르겠습니다.

답변

많이 놀라셨죠? 먼저 부모님이 침착하셔야 합니다.

시대가 다르고 환경이 다르고 시절이 다른 것 속에 아이들의 성 의식, 태도는 정말 부모 때와 완전히 다릅니다.

이런 현상을 장점으로 보자면 부모 때와는 다르게 숨기고 터부시하고 나쁜 것, 하지 말아야 할 것으로 인식하지 않는다는 것입니다. 반면에 단점으로 보자면 진정성과 깊이, 인권 존중은 없는 듯해요. 너무 가볍고, 재미만 추구하고 있습니다.

아이들이 접하는 모든 미디어가 자극적이고, 말초적이고, 상업적인 방향으로 가고 있으니 어쩌면 당연한 귀결 아닐까요?

개입하고 방향을 잡아줘야겠지요. 성교육을 해야 합니다.

어른은 아이들이 건강하고 행복하게 살 수 있도록 도와줘야 하는 부모이고 아이는 이제 정체성을 형성해나가고 가치관을 확립해나가는 미성년자니까요. 비판, 훈계, 비난, 취조가 아니라 대화를 나누는 기회를 가졌으면 합니다.

솔직하게 딸 핸드폰을 보게 됐다는 사실부터 먼저 사과하셔야 대화가 시작될 수 있습니다. 펄쩍 뛰고 난리 치겠죠.

아이 입장에서 보면 그저 사랑하는 사람과 농밀한 대화를 한 것일 뿐이니 사생활을 간섭한 엄마를 용서할 수 없겠죠.

"우연히 봤다, 너무 미안하다, 아무리 자식이라지만 사생활을 간섭하는 건 인간의 도리가 아니건만 그렇게 됐다"라고 진심으로 사과하세요. 아이가 엄마의 사과를 받아들이면 그때 이렇게 대화해보세요.

"네 나이 때에 이런 환경에서 남친이랑 그런 대화 나눌 수도 있겠다고 생각한다. 엄마 때와는 너무 다르니 마냥 너를 탓하는 것은 옳지 않다고 생각해.

그런데 진짜 서로 아끼고 존중하고 배려하는 그런 진짜 사랑이 아니라 너무 자극적이고 짜릿하고 몸적인 것으로만 치닫고 있는 게 아닌가 싶어 걱정이 돼.

자위 파트너나 욕구 해소 대상은 야동 같은 음란물에서 다루는 사랑이지 실제 사람과 사람 사이에서 이루어지는 그런 사랑이 아니잖니.

호기심에 충분히 그럴 수 있고 너무 강렬한 느낌이기 때문에 그럴 수 있을 거라는 거 알아. 처음 느끼는 그 강렬함이 얼마나 대단한지 엄마도 알지.

그런데 성관계만 안 하면, 무슨 일만 일어나지 않으면 정말 괜찮은 걸까? 네가 지금 이 남친과 주고받는 이것이 정말 사랑일까?

중1이니까, 한참 크고 있을 때니까, 서로가 같이 성장할 수 있도록 관심사는 무엇인지 어떤 미래를 꿈꾸고 있는지, 어떻게 하면 서로에게 도움을 줄 수 있는지, 학교나 집에서 어려운 점은 없는지, 힘든 점은 무엇인지 등등. 정말 많을 걸 같이 고민할 수 있을 텐데 그저 욕구의 대상으로, 재미의 대상으로 보는 행동이 진심이 담긴 사랑일까?

마음과 마음이 오가는 사랑은 시간이 갈수록 정말 깊어지지만 이렇게 몸으로만 오가는 사랑은 나중에 허무함만 남게 되고 '남자는 뭐 다 이렇지'라는 잘못된 인식만 갖게 될 수도 있어.

특히, 지금이야 좋을 때니까 이런 사진이나 동영상을 서로 믿고 주고받지만, 나중에 헤어지고 나서 과연 지켜줄 수 있느냐도 생각해 봐야 해.

어쨌거나 헤어지고 나면 서운하거나 미워하거나 원망하는 마음이 있을 수 있잖아. 너도 너의 남친도 서로에게 피해를 줄 수 있다는 뜻이야.

최소한 사진이나 동영상은 주고받지 않았으면 좋겠고, 몸 말고 마음과 마음으로 다가가고 아끼고 지켜주는 그런 사랑을 하면 좋겠어. 이성을 사귀는 건 아름다운 관계를 맺는 거야."

물론 한 번에 되지는 않겠죠. 어른들도 미디어를 온종일 접할 수 있는 이런 환경이었다면 아이들과 같았을 겁니다. 이런 도구가 없어서 못 했을 뿐이죠. 그렇게 생각한다면 아이와 지속적으로 꾸준히 깊은 대화를 나눠야겠지요. 환경을 이겨내야 하니까요.

결국 어떤 상황에서 어떤 선택을 하느냐는 가치관의 문제입니다. 올바른 가치관을 갖도록 포기하지 말고 꾸준히 성교육을 해주세요.

성은 진심이 담긴 관계라는 사실을 갖게 만들어야 합니다. 그리고 무엇보다 소중한 자기의 몸을 함부로 보여주는 행동은 하면 안 된다는 것도요. 가족들도 서로 조심하는데 남자 친구에게? 딸이 깊이 고민할 수 있는 시간도 주시고, 다시 얘기를 나누면서 반복하세요.

무엇보다 딸의 이야기를 무조건적으로 들어주세요. 그런 다음 답을 알려주는 게 아니라 답을 유도하세요. 그런 행동을 나쁘다고 생각하지 않는 이유를 물어보시고, 그런 게 진짜 사랑인지도 물어보시고요. 계속 질문들을 하시면서 아이가 스스로 답을 찾아갈 수 있게 도와주십시오.

사례 4 : 온라인에서 만난 이성과 성관계까지 간 사례

질문

중2 딸이 있습니다. 우연한 기회에 아내가 아이의 카톡 대화 내용을 보게 되어 알게 되었는데 딸이 게임을 하다가 멀리 살고 있는 16살 남학생을 사귀게 된 거 같은데 전번 교환하고 카톡으로 대화를 이어나간 것 같습니다. 밤마다 늦게까지 통화를 하고, 핸편만 종일 보고 있어서 남자 친구 생겼니? 라고 물어봤는데 없다고 했지만 눈치로는 그러려니 했습니다.

그런데 서로 성기 사진을 주고받고, 자위하는 영상을 각자 찍어서 주고받고 얼마 전에는 실제로 만나서 성관계까지 한 걸 알게 됐습니다. 딸이 더 남친에게 집착하는 거 같아 보였습니다. 가스라이팅이길 바라는 마음까지 있습니다. 부모로서 자식을 제대로 교육하지 못한 후회와 절망, 슬픔, 분노로 일상이 어렵습니다.

남학생이 이 영상을 다른 애들과 공유한 건 아닌지, 나중에 이걸로 협박하는 건 아닌지? 너무 걱정이 됩니다. 본인이 좋아서 한 부분도 있어서 신고해도 불이익이 없을지.. 이런 걸 증거라고 보낼라니 아이가 2차 피해를 입으면서 제대로 해결도 안 될까 무섭습니다.

평소 사이가 좋은 편이라 생각해서…… 자존감에 상처 입지 않게 대화를 시도하고 싶은데 입을 열지 않네요.

답변

걱정이 많으셨을 것 같네요. 딸과 진심으로 진지한 대화를 하는 관계인지 한 번 더 생각해 보시기 바랍니다. 그리고 평소 사이가 좋다고 하셨는데 아주 개인적인 일에 대해서는 아이가 함구하고 있었네요. 관계가 좋다는 기준은 어떤 기준일까 아이의 입장에서 한번 생각해 봐야 하겠습니다. 진심으로 아이의 마음을 들여다본 적이 있는가 돌아볼 필요도 있겠습니다.

자존심에 상처 입지 않게 해결하고 싶은 마음 당연합니다만 진짜 아이를 위한다면 오고 가는 대화 속에서 이 아이가 앞으로 진짜 자존심을 지켜가며 살 수 있도록 핵심적이고 중요한 이야기를 건드려주어야 하는 게 아닌가 싶습니다.

진짜 자존심, 성적 자존심은 무엇일까요? 성이 무엇인가? 어떤 성이 올바른 것인가?에 대한 기준을 가지고 자신이 올바른 방법으로 상황마다 결정하고 책임질 수 있도록 꼭 짚어 얘기해주시면 좋겠습니다.

일단, 어떤 마음이었는지 공감해주세요. '충분히 그럴 수 있겠다' 해주세요. '호기심과 관심 너무 좋았을 것이다' 인정해주세요. '좋아하는 사람을 전적으로 믿고 모든 걸 줄 수 있는 것도 어쩌면 용기 있는 행동이다' 해주세요.

"하지만 이것이 진짜 사랑이었을까? 짧은 기간 동안 이렇게 어린 너에게 성관계까지 요구한 것이 진짜 사랑이었을까? 진짜 사랑은 아껴주고 지켜주고 책임져주는 것이지 이런 것을 사랑이라고 말할 수 있을까? 그저 욕구의 대상이 아니었을까? 너무 쉬운 상대로 인식하지 않았을까? 생각해 보면 좋겠다." 해주세요.

남친의 신상에 대해 어디까지 알고 있는지 그 신상이 정말 진실인지도 의심해 봐야겠죠. 사진이나 영상을 공유하지는 않았는지 지웠다면 제대로 삭제했는지도 함께 점검해보셔야 합니다. 상황으로 볼 때 성관계가 강압적이지는 않은 거 같지만 혹여 강요는 없었는지도 확인해봐야 합니다. 안전하게 성관계를 했는지, 즉 피임은 제대로 했는지 성병에 걸린 건 아닌지 여성의학과(산부인과) 검진도 받아보게 하시고, 불법 촬영의 소지는 없었는지도 짚어볼 수 있게 해주세요.

딸이 자발적으로 성관계에 응한 것이라면 진정한 관계와 사랑에 대해서 제대로 성교육을 할 필요가 있습니다. 또한 소중한 자기의 몸을 제대로 사랑하는 방법을 알려 주세요. 딸이 진심으로 자신을 사랑하는 사람이라면 이런 행동은 하지 않아야 한다고요. 진심으로 사랑하는 사람과 서로의 행동에 대해 책임질 수 있는 상황에서 성관계를 해야 한다고요. 성은 관계입니다. 배려와 존중, 인권과 가치가 있을 때 하는 것이 성관계라고요.

만약 약간이라도 강제성이 있었다고 판단하시면 당당하게 아이를 지키는 모습을 보여주세요. 부모가 나를 위해 최선을 다하고 있다는 모습을 보여주면 아이의 존재감이 살아나고 진짜 사랑이 무엇인지 알게 됩니다. 조건 없이 사랑하는 모습을 보여주시길 빕니다. 강제성을 확인하셨다면 딸을 안전하게 지켜주고자 하는 마음을 보여주는 길의 초석은 신고겠죠. 당당하게 맞서 싸워주세요.

사례 5 : 성 정체성이 걱정되는 사례

질문

초등학교 5학년 딸이 남자처럼 하고 싶어해요. 치마는 절대 안 입고 시커먼 색깔의 옷만 입고 머리도 숏커트고 놀 때도 남자애들이랑 노는 걸 더 편안해합니다. 다리도 일부러 더 쩍쩍 벌리고 앉는 거 같고…… 어릴 때부터 그랬는데 뭐 크면 달라지겠지 생각했는데…… 얼마 전에 여자 친구가 좋아한다고 고백을 했더랍니다. 친구들이 보기에도 남성스러운가 봐요. 그러면서 레즈비언이나 게이는 어떻게 수술을 하는 거냐 뭐 이런 걸 언뜻언뜻 저에게 물어봅니다. 무심한 척 물어보는데 어찌해야 할까요?

답변

천천히 여유 있게 지켜봐 주세요. 정체성을 운운하기에는 아직 많이 어렵습니다. 외려 이제부터 '나는 누구인가?'에 대한 물음이 시작될 시기입니다. 조급함을 내려놓으셔도 되겠어요.

하지만 '인간이란 무엇인가? 성이란 무엇인가?'에 대한 질문을 스스로에게 해봐야겠습니다.

지금 우리가 가지고 있는 남녀에 대한 생각은 지극히 협소하고 편협한 생각입니다. 자연의 질서는 동물을 단순히 남녀 둘로만 나누지 않습니다.

완전히 여성에서부터 10% 여성, 30% 여성, 50% 여성에서 100% 여성까지 우리가 일반적으로 남성의 특성으로 인지하는 무엇과 여성의 특성으로 인지하는 무엇이 혼재되어 있습니다. 동시에 두 가지 성을 한 몸에 가지는 경우에서부터 시기와 환경에 따라 어떤 때는 남성으로 있다가 여성으로 변하기도 하는 등 그저 변화무쌍한 환경에서 살아남을 수 있다면 어떤 형태로든 성은 변화합니다. 불변의 것이 아니라는 겁니다. 정확한 남성, 정확한 여성은 사회가 만들어낸 상입니다.

특히 우리나라가 개인적으로 이런 남녀의 구분이 심한 거 같아요. 남자는 이래야 하고 여자는 이래야 한다는 편견이 심합니다. 조금만 눈을 돌려 다른 나라를 바라보면 우리가 얼마나 우물 안 개구리인가 알 수 있을 거예요.

문제는 이 좁은 기준선 안에 사람을 욱겨 넣으면 소속감을 느끼기 어려워 사회에 적응하기가 더 힘들다는 겁니다. 진정한 '나'의 모습대로 살기 어려우니까요.

게다가 이제는 남들과 다르고, 다르게 생각하고, 다르게 행동하는 사람,

즉 개성 있고 창의적이며 다양한 영역을 넘나드는 그런 존재가 더 빛을 발하는 시대가 왔습니다. 남들과 같아서는 존재를 빛내기가 어려워졌습니다. 다양한 사람들이 각자가 가진 개성을 알고 발휘할 수 있어야 더 잘 살 수 있는 시대가 됐습니다.

그래서 아이를 남자, 여자로 키우기보다 남성적 특징이 필요한 경우에는 그런 특성을 발휘하게 하고, 여성적 특징이 필요한 경우에는 또 그런 특성을 발휘하게 했을 때 문제를 해결할 수 있는 수단이 넓어져 더 융통성 있고 창의적인 사람이 된다는 연구 결과가 아주 많습니다.

아이가 부모님이 바라는 그런 여성으로 살지 않을 수도 있습니다. 그런데 이건 옳지 않은 것이 아닙니다. 그저 남들과 다를 뿐이지요. 그런 모습으로 살고 그런 행동을 하기로 본인이 선택했을 때 가장 힘든 건 부모님이 아니라 딸 본인이겠지요.

적어도 부모님만은 이 아이에게 부담이지 않았으면 좋겠습니다. 세상 누가 뭐래도 부모님만은 딸이 어떤 모습이든 딸 편인 그런 부모님이길 바라봅니다.

에필로그

우리를 지배하게 된 수많은 관념과 이데올로기가 자기 목소리인 것처럼 생각하고 말하면 안 된다. 나의 의식 속에 숨어 들어온 이데올로기는 일종의 무의식이 되어 나를 지배하게 된다. 진정한 주체성은 비판적 성찰을 통해서만 얻어진다.

-김재기

생명이나 성이라는 것은 반드시 우주 전체의 에너지 차원에서 고려해야만 이해가 가능한 것이다.

-린 마굴리스·도리언 세이건

불편한 진실을 넘어 미래의 문을 여는 사람!

우리는 성性이 너무나 익숙하고 당연한 것처럼 여겨지기 때문에 객관적으로 한발 물러서서 성찰할 생각 자체를 놓치고 맙니다.

그런데 인간이라는 종으로 태어나는 순간부터 성性은 우리 몸에 포함된 장기처럼 작동하기 시작합니다. 다른 장기는 소중하게 여기면서 성性, 특히 여성의 성은 왜 오랜 시간 동안 차별을 받아야만 했을까요? 차별이 보편화되고 일상화되고 만성화되면 차별을 차별로 의식하지 못합니다.

인류사가 긴 만큼 여성의 성이 차별받은 역사도 오래되었습니다. 성차별의 역사에 관심을 갖지 않았기 때문입니다. 인간은 생물학적으로 여성과 남성밖에 없는데, 왜 역사적 인물에 여성은 겨우 한두 명뿐일까요? 그마저도 희생과 헌신을 했거나 악녀나 마녀 같은 정반대로 기록되었을까요? 역사는 누가 기록한 것일까요? 왜 역사기록에는 남성들만 등장하는 것일까요? 저는 성교육 강사를 하면서 지금도 여전히 성에 대해 공부하고 새로운 사실들을 깨닫고 있습니다. 여러분에게도 이 책이 질문의 시작을 알리는 계기가 되기를 바랍니다.

고대와 근대의 성 담론으로 몇 권의 책을 쓸 수도 있을 만큼 인류사와 성은 불평등의 역사를 가지고 있습니다. 농업혁명 과정까지 설명하면 방대한 이야기가 됩니다. 그래서 성과 관련된 많은 연구와 책들에서 공통적으로 밝히는 '가부장제'와 '순결 이데올로기'를 중심으로 말씀드립니다.

성은 생물학적으로만 보면 안 됩니다. 특히 여성의 성은 오랜 인류사에 나타나듯 사회, 문화적 영향을 크게 받았습니다. 역사는 남성 중심으로 흘러왔고, 그 속에서 여성의 성은 억압의 대상이 되었습니다. 가부장제와 순결 이데올로기를 따로 설명하기는 어렵습니다. 가부장제와 순결 이데올로기의 역사가 바로 성차별의 역사와 같기 때문입니다. 서양, 동양 할 것 없이 이 두 가지 사상은 여성의 자기 결정권은 물론 성 인권, 인권까지 앗아간 아프고 불편한 세월입니다.

모든 부모는 성 문화를 대물림받고, 가부장제와 순결 이데올로기는 여성에게 폭력으로 자리 잡혔습니다. 사회적으로 학습이 되어 전혀 눈치챌 수 없었던 것이지요.

가부장제는 거의 2500년이라는 긴 시간에 걸쳐 형성된 역사적 산물이라고 합니다. 순결 이데올로기는 가부장제 속에서 전쟁과 계급 등의 시간을 거치면서 형성된 여성의 사물화 현상이었고요. 세계사적 흐름 속에서 우리나라도 제국주의를 거치고 독재를 지나 현재에 이르렀지요. 우리나라는 근현대사에서 가부장제와 순결 이데올로기가 더욱 강조되었습니다.

1968년 이후부터 여성을 소비자로 담론화하기 시작했고, 성 정치 안에서 여성을 남성 안에서 보호받는 자로 의미화했습니다. 여성의 역할은 모성으로 강조하고 여학생들에게 순결 교육이 강화되었습니다.

모든 사건과 문제는 갑자기 나타나지 않습니다. 역사적 흐름 속에서 오랫동안 쌓였기 때문에 일어나는 것입니다. 과거를 성찰적으로 살피지 않는다면 미래를 그려 나가기 어렵겠지요. 괴테도 "지난 삼천 년의 세월을 말하지 못하는 사람은, 깨달음도 없이 깜깜한 어둠 속에서 하루하루를 살아가리." 라고 했습니다.

가장 회피하고 외면했던 역사가 바로 성性, 여성의 성 억압입니다. 인간이 발전시킨 기술력과 인간에 대한 존중과 사랑은 역방향인 것일까요? 아니라고 생각합니다. 인권을 넘어 생명이 존중받는 사회를 위해 역사는 흘러왔다고 믿고 있습니다.

이제 불편하더라도 진실을 알고 받아들이는 성숙한 인간의 모습으로 미래를 열어갈 준비를 시작해야 합니다. 우리 딸들이 그 미래의 문을 여는 사람이니까요.

생명+생명=이토록 아름다운 성

당연하고 원론적인 얘기부터 해야겠습니다. 인권이란 '사람이 개인 또는 나라의 구성원으로서 마땅히 누리고 행사하는 기본적인 자유와 권리'입니다. 사람으로 태어난 자체만으로도 누려야 할 권리라는 말이 되겠지요.

그런데 현실은 어떻습니까? 인권 유린의 사태가 비일비재합니다. 지독하게 역설적인 일들을 인간은 끊임없이 벌이고 있습니다. 학생들이 좋아하는 유머 동영상들 대부분이 차별적인 내용이거나 인간다움을 잃어버린 상태이거나 혐오와 관련된 웃음들입니다. 일상생활에서 웃음의 강도가 이 정도인데, 성에 대한 존중? 남의 일이겠지요. 일상이 폭력화되어가는 현상은 위험합니다.

따라서 어른들의 사회적 책임이 절실한 상황이 되었습니다. 모든 어른은 사회적 책임에서 벗어날 수 없습니다. 인간은 공동체적 삶을 살아야 하니까요.

인간은 누구나 성적으로 즐거울 권리, 안전하게 보호받을 권리, 차별받지 않을 권리, 폭력을 당하지 않을 권리, 성을 학습할 권리가 있습니다. 인간의 권리에는 성性도 포함되어 있다는 뜻입니다. 마땅히 누려야 할 권리를 빼앗긴 채 얼마나 많은 세월이 흘렀는지 깨우쳐야 합니다. 무지를 넘어 자각과 지혜를 갖춰야 미래를 준비하는 딸에게 '성의 아름다움'을 선물할 수 있습니다.

우리 딸이 인간다움으로 세상에 홀로 설 수 있는 사회를 만들어야 합니다. 저는 인간다움을 넘어 생명다움으로 확장하고 싶습니다.

모든 생명은 자체로 아름답고 주체적인 존재입니다. '생명'이라는 놀랍고도 경이로운 발견이 모두의 마음에서 파도처럼 일어나야 합니다. 생명 자체의 아름다움이 또 다른 생명을 만나 새로운 생명을 탄생시키는 과정, 이토록 아름다운 성性!의 세계가 바로 당신입니다.

성 관련 도움처

상담과 도움을 받을 수 있는 기관/단체

사이버 수사대 사이버 피해 신고 센터 온라인 신고 : Ecrm.cyber.go.kr	☎ 182
십대여성인권센터 십대·여성·사이버 성착취 피해 지원 등	☎ 010-8232-1319 ☎ 010-6864-1319
학교·여성폭력긴급지원센터 117 ONE-STOP지원센터	☎ 117
해바라기센터 성폭력 피해자 상담, 의료, 법률, 경제 통합지원	☎ 02-3672-0365 (서울) ☎ 031-708-1375~6 (경기)
청소년 사이버 상담센터 위기 청소년 및 복지지원이 필요한 청소년 상담소, 온라인상담 서비스(웹채팅·카카오콕 상담, 페이스북 상담, 인스타그램 상담, 라인 상담 및 전화상담)도 제공	☎ 1388
한국청소년쉼터 협의회 가정에서 필요한 보호를 받지 못하는 청소년을 위한 의식주 제공, 학업 지원, 심리정서 지원, 문화여가활동 지원	☎ 02-403-9171
한국 성폭력 상담소 성폭력 피해 생존자 상담 및 심리, 의료, 법률적 지원 성폭력 피해 생존자 자조모임 및 치유프로그램 운영 부설 성폭력 피해 생존자 보호시설 '열림터' 운영	☎ 02-338-5801
한국 여성의전화 성폭력 상담소 전화, 면접, 법률 상담, 의료, 법적 지원	☎ 성폭력상담 02-2263-6465
청소년 성소수자 위기 지원센터 청소년 성소수자 상담 및 지원, 보호시설 운영	☎ 02-924-1227
푸른아우성 전 연령대 온라인 성 상담, 전화상담 및 대면상담	☎ 02-332-9978

참고 도서 및 참고 문헌

1. 《진화심리학(마음과 행동을 탐구하는 새로운 과학)》, 데이비드 버스 지음, 이충호 옮김, 최재천 감수, 웅진지식하우스

2. 《가부장제의 창조》, 거다 러너 지음, 강세영 옮김, 당대출판사

3. 《섹스란 무엇인가?》, 린 마굴리스 도리언 세이건 지음, 홍욱희 옮김, 지호. P49

4. 《제1의 성The First Sex(우리가 아직 몰랐던 성의 인류학)》, 헬렌 피셔 지음, 정명진 옮김, 생각의나무

5. 《철학, 섹슈얼리티에 말을 건네다(인간의 성에 대한 체계적이고 전면적인 철학적 성찰)》, 김재기, 향연. P391

6. 《질병이 바꾼 세계의 역사》, 로날트 D. 게르슈테 지음, 강희진 옮김, 미래의 창. P71~76

7. 《성 인권으로 한 걸음》, 엄주하, 을유문화사. P30, P292, P302, P304, P307

8. 《(사랑과 연애의 달인) 호모 에로스(개정증보판)》, 고미숙 지음, 북드라망

9. 《이팔청춘 꽃띠는 어떻게 청소년이 되었나?》, 김현철 고미숙 박노자 권인숙 나임윤경 지음, 인물과사상사

10. 《성교육 어떻게 할까》, 이충민 지음, 구성애 감수, 마인드빌딩. P239~240, P266

11. 《십대들의 성교육(장난기 빼고 존중하며 성에 대해 토론하기)》, 김미숙 지음, 이비락. P18~20, P35, P38, P155

12. 《아우성 빨간책(여자 청소년 편)》, 푸른아우성 글, 구성애 감수, 올리브M&B. P18~30, P39, P61~62

13. 《움츠러들지 않고 용기 있게 딸 성교육 하는 법》, 손경이 지음, 다산에듀. P96~97, P261~263

14. 《당황하지 않고 웃으면서 아들 성교육 하는 법》, 손경이 지음, 다산에듀

15. 《철학 대 철학》, 강신주, 오월의 봄. P30

16. 《이토록 뜻밖의 뇌과학》, 리사 펠드먼 배럿 지음, 변지영 옮김, 정재승 감수, 더퀘스트

17. 《10대의 뇌(인간의 뇌는 어떻게 성장하는가)》, 프랜시스 젠슨·에이미 엘리스 넛 지음, 김성훈 옮김, 웅진지식하우스

18. 《몸은 기억한다(트라우마가 남긴 흔적들)》, 베셀 반 데어 콜크 지음, 제효영 옮김, 김현수 감수, 을유문화사

19. 《느끼고 아는 존재)》, 안토니오 다마지오 지음, 고현석 옮김, 박문호 감수, 흐름출판

20. 《움직임의 뇌과학)》, 캐럴라인 윌리엄스 지음, 이영래 옮김, 갤리온

21. 《수레바퀴 아래서》, 헤르만 헤세 지음, 김이섭 옮김, 민음사. P31

22. 《관계의 물리학》, 림태주 산문집, 웅진지식하우스. P37~38

23. 《살인세대》, 데이브 그로스먼·크리스틴폴슨 지음, 오수원 옮김, 열린책들

24. 《극지의시》, 이성복, 문학과 지성사. P57~58

25. 《소피의 세계》, 오슈타인 가아더, 장영은 옮김, 현암사. P5

26. Falling in love is associated with immune system gene regulation, Author links open overlay panelDamian R. Cole, Department of Psychology, Tulane University, New Orleans, LA 70118, United States

27. Gupta L, Khandelwal D, Dutta D, Kalra S, Lal PR, Gupta Y. The twin white herrings: salt and sugar. Indian J Endocrinol Metab. 2018;22(4):542-551.

28. Number of Android apps on Google Play (Jun 2024) / AppBrain | Statistics

29. 바이엘헬스케어 및 10여개 국제단체 - '전세계 25개국의 15~24세 청소년 5253명 대상 설문조사'

30. HPV infection and cervical neoplasia: associated risk factors, Andrea Alves Ribeiro외 Infectious Agents and Cancer volume 10, Article number: 16 (2015)

31. An alternative hypothesis for the evolution of same-sex sexual behaviour in animals, Julia D. Monk, Erin Giglio, Ambika Kamath,Max R. Lambert and Caitlin E. McDonough

〈시청각 자료〉

1. EBS 다큐프라임 《아이의 사생활 Ⅱ, 1부 사춘기》, 2009년

2. 네이버 웹툰 《시크릿 가족》, 63화, 69화

3. KBS시사기획 창, 《중학생 뇌가 달라졌어요》, 2019년

4. EBS 다큐프라임 《10대 성장보고서》, 2010년

이제 너도 알 때가 됐어 – 사춘기 딸과의 실전 성교육 대화법

ⓒ 이정옥·이태영 2024

발행일	2024년 07월 17일	발행처	인디펍
지은이	이정옥·이태영	발행인	민승원
편집·디자인	정봉수	출판등록	2019년 01월 28일 제2019-8호
		전자우편	cs@indiepub.kr
ISBN	979-11-6756575-4 (03330)	대표전화	070-8848-8004
정가	14,800원	팩스	0303-3444-7982